SIXTINE

DU MÊME AUTEUR

Sous presse ou en préparation.

1° ROMANS, CONTES, POÈMES EN PROSE

Patrice, dernier du nom.
L'Ostensoir.
Proses moroses.
Contes bleuâtres.

2° CRITIQUE LITTÉRAIRE

Les Décadents de jadis.
Villiers de l'Isle-Adam : Notes et Documents inédits.

TOLSTOÏ (Comte Léon)

Dernières Nouvelles, trad. du russe, 4ᵉ édit., portrait	3 50
Que faire ? traduit du russe, 3ᵉ édition	3 50
Ce qu'il faut faire, traduit du russe, 2ᵉ édition	3 50
Ma Confession, traduit du russe, 2ᵉ édition	3 50
Les Décembristes, trad. du russe, avec introduction historique, 3ᵉ édition	3 50
Le Progrès de l'Instruction publique en Russie, trad. du russe, 3ᵉ édition	3 50
Pour les Enfants, trad. du russe, 5ᵉ édition	3 50
L'École de Yasnaïa Poliana, traduit du russe, 2ᵉ édit.	3 50
La Liberté dans l'École, trad. du russe, 2ᵉ édit.	3 50
La Puissance des Ténèbres, drame en cinq actes, trad. du russe, 3ᵉ édition	3 »

BARBEY D'AUREVILLY (J.)

Polémiques d'hier, 2ᵉ édition	3 50
Dernières Polémiques, 2ᵉ édition	3 50
Les 40 Médaillons de l'Académie française, 2ᵉ édit.	2 »

POE (Edgar)

Derniers Contes traduits de l'anglais, avec portrait	3 50

ÉVREUX, IMPRIMERIE DE CHARLES HÉRISSEY

REMY DE GOURMONT

SIXTINE

ROMAN DE LA VIE CÉRÉBRALE

>   …*Status evanescentiæ*.
>   LEIBNIZ.

PARIS
NOUVELLE LIBRAIRIE PARISIENNE
ALBERT SAVINE, ÉDITEUR
12, Rue des Pyramides, 12

1890

Tous droits réservés.

A Villiers de l'Isle-Adam

In Memoriam.

« D'ailleurs, que nous importe
« même la justice!... »
Préface de LA RÉVOLTE.

19 août 1889.

SIXTINE

I. — LES FEUILLES MORTES

> « Lorsqu'elle fait ces sortes de chefs d'œuvre, il est rare que la nature les offre à l'homme qui saurait les apprécier et se trouverait digne de les posséder. »
> KANT, *Essai sur le Beau*, ch. III.

Sous les sombres sapins sexagénaires dont les branches s'alourdissaient vers les pelouses jaunies, côte à côte ils allaient.

La comtesse Aubry, avec sa grâce de négociatrice d'amours mondaines, venait de les joindre brusquement l'un à l'autre, tels que deux prédestinés.

Ils se connaissaient un peu déjà. Ils se souvenaient de s'être entrevus, l'hiver passé, dans le salon de l'avenue Marigny, ce réceptacle de toutes les gloires en mal d'avortement, et, depuis huit jours que le château de Rabodanges les hospitalisait, parmi quelques malades pleins de distinction, ils avaient pu troquer, non sans pitié pour un si vain commerce, quelques joailleries fausses, quelques mots d'une vague luminosité.

L'un savait que Mme Sixtine Magne, veuve, n'avait tendu le col vers aucun collier neuf, — le croyait.

L'autre savait que Hubert d'Entragues s'était voué par goût, non par nécessité, au métier impérieux d'homme de lettres. Du premier mouvement, elle l'eût estimé davantage capitaine de cavalerie, mais le nom la séduisait, ce nom fané dans l'histoire au front d'une jolie femme et qu'un jeune homme, sous ses yeux, restaurait en toute sa verdeur. Amoureuses et royales réminiscences, le souvenir auriculaire lui en était resté dans la tête comme un son de viole, comme un clapotis de perlures sur des soies mourantes, et soudain des froissis d'acier, — aveu où sa préciosité, peut-être, s'amusa, car elle était, par orgueil, très dissimulée.

Entragues, de son côté, fut au moment de confesser à la jeune femme qu'elle aveuglait son imagination, mais il eût fallu dire en même temps l'origine, trop fantastique pour n'être pas futile, de cette blessure, et il craignait d'avoir l'air *d'inventer une histoire.*

« Puis, songeait-il, son esprit travaillerait, elle croirait *me plaire*, s'efforcerait à des grâces voulues. L'expérience serait faussée. Je veux savoir ce qu'il y a en elle, je veux pénétrer froidement dans les obscures broussailles de ce bois sacré. »

Un homme et une femme, à l'âge des utiles mensonges, ne sont jamais, face à face, ni froids, ni vrais. Hubert jugea très habile de prendre le parti du naturel, mais où commence le naturel chez un être doté de quelques âmes de rechange? Sixtine ne fut qu'à moitié dupe et, dès les premiers mots, le laissa bien voir,

— « Le retour, disait Entragues, en connaissez-vous toutes les émotions? C'est torturant et délicieux. On arrive la nuit : si elle était là! On entre, tout secoué, tout déséquilibré, et, dans le confus des pensées courtes, on se dit : Si elle était là! Non, elle n'est pas là : la peur d'une subite douleur a devancé la déception : est-ce que de pareilles joies adviennent, hors du rêve? Elle n'est pas là : *il n'y a pas de danger*. Comment? Pas de double tour? Une veilleuse! Elle est là? — Elle était là, couchée dans sa robe de chambre rose; au bruit de la clef s'est levée, et, pieds nus, cheveux défaits, pâlissante d'émoi, le baisait par toute la figure, au hasard des yeux, lèvres, front, nez, barbe, le bras doucement enroulé au cou, l'autre tremblant de ne savoir où se poser d'abord, et dans l'intervalle criait, comme une hallucinée : « Te voilà! te voilà! » Puis se reculait pour le regarder, semblait douter, disait : « C'est bien toi », et câlinement se donnait en se couchant sur son épaule, se redonnait : « Je suis à toi, toujours, comme avant! » Lui, éprouvait une excessive joie : partir en laissant des larmes, trouver au retour le sourire, un être auquel votre présence rend la vie, c'est un plaisir sérieux, ça, mêlé d'un peu de cette vanité nécessaire : se sentir indispensable à quelqu'un. Vanité spéciale où le mâle éprouve une despotique jouissance.

— « Vous êtes attendu ainsi? demanda Sixtine.

— « Qui? Moi? Non, mais cela pourrait être, et tenez, je l'ai senti en vous le contant. La moindre induction me distrait du présent, le verbe se déroule en une activité intérieure et tout le possible de la vie s'ouvre à moi.

— « Vous devez être admirable pour feindre ? »

— « Hé, madame, reprit Entragues, l'imagination ne détruit pas la sincérité : elle la vêt de brocatelles et de rubis, lui pose un diadème, mais sous le manteau royal comme sous les haillons, c'est toujours le même corps de femme. Orner la vérité, c'est la respecter. Cela me rappelle ces vieux évangéliaires si chargés d'enluminures que des yeux profanes y cherchent en vain le texte saint. »

— « Il y a, reprit Sixtine, de difficiles écritures. »

— « Quand on ne sait pas déchiffrer, il faut savoir deviner. Les femmes, qui sont les illettrées de l'amour, n'ont-elles pas aussi toutes les intuitions de l'ignorance ? Voyons, si je vous disais : « Le cœur sent battre le cœur ? » On se laisse encore prendre à quelques vieux aphorismes. »

— « Rien n'est bon comme de se laisser prendre ! »

Etonnée toute la première d'une hardiesse de paroles dont Entragues cherchait en ses yeux le sens précis, elle riait.

Ce rire purement volontaire et dont pourtant il pénétrait l'essence, le troubla. Prosateur strict et toujours à la quête du mot juste, jeune ou vieux, rare ou commun, mais de signifiance exacte, il s'imaginait que tout le monde parlait comme il écrivait, quand il écrivait bien. C'était de bonne foi qu'il s'entêtait à réfléchir, arrêté soudain par une inquiétude en face de tels mots de conversation, vêtements de vanités pures. La conscience de ce travers ne l'en avait pas guéri, ni la punition de se répéter après chaque faute, ce *meâ culpâ*, arrangé d'après Gœthe à son usage personnel : « Quand il entend des mots, Entragues croit toujours qu'il y a une pensée dedans. »

Cela compliquait beaucoup sa vie et ses dialogues, cela mettait dans ses actes et dans ses répliques de notables retards, mais il n'avait rien à faire que de l'anatomie littéraire, et il aimait à rencontrer des mentalités complexes, des problèmes dont, plus tard, il éluciderait, par déduction, l'herméneutique momentanée.

La noix était peut-être vide, il jeta un caillou dans l'arbre pour en faire pleuvoir quelques autres :

— « Il vaut mieux donner que de se faire voler.

— « Oh ! reprit Sixtine, la sensation est bien différente. D'abord, n'est pas volé qui veut : il ne suffit même pas de laisser sa porte entr'ouverte, monsieur d'Entragues. »

Elle prononça ces dernières syllabes d'une voix insidieuse, croyait-il, mais pourquoi ? En attendant de comprendre, il répondit :

— « Ce serait même, un bien enfantin système : on met, d'ordinaire, des sentinelles aux caisses du Trésor et aux coffres-forts, des serrures. Forcer, briser ou démonter, ce sont les piments du plaisir de voler ; quand il n'y a qu'à forjetter la main, cela rebute les vrais artistes. Mais c'est de la très élémentaire éthique : sans effort, pas de volupté.

— « Vous parlez des voleurs, moi des volés : vous ne pouvez être que des uns, moi que des autres,

— de ceux, de celles, qui sont à la merci d'une éventuelle dévalisation. Je voulais expliquer ceci, qu'en plus de la porte entr'ouverte ou, enfin, facile à ouvrir, car si on perfectionne trop la fermeture, on risque de s'assurer une sécurité vraiment désobligeante, eh bien ! en plus de cela, il faut qu'il y ait à voler des choses visibles ou soupçonnées, il faut que par des apparences, d'extérieures et attirantes promesses, le voleur soit tenté.

— « Vous m'avez devancé, madame, en vous décernant ce compliment personnel, j'allais le faire. Mais vous connaissez mieux que moi vos fiefs et tout ce qui doit attirer vers le coffret rêvé les mains curieuses et voleuses.

— « Trop de franchise et trop d'ironie, monsieur d'Entragues, vous n'êtes pas né voleur. »

— « Hélas, il n'y pas chez moi de cachette assez sûre pour de tels larcins. Ce que volerait ma main droite, ma main gauche ne saurait qu'en faire. »

Elle ne parut pas froissée de la franchise un peu brutale de ce désintéressement. Au contraire, elle songeait :

« Ce n'est pas un sot, un autre se serait jeté sur mon imprudence, m'aurait tout de suite engagée à *me laisser prendre !* »

De son côté, Hubert, voyant que les noix, décidément, étaient pleines et pas trop fades, se disait :

« Je vais m'amuser à *rucher* encore quelques pierres vers les branches, comme on dit en ce pays. »

Sixtine le devança :

— « A quel but prétendez-vous? L'amour est trop fuyant pour votre stabilité, admettons. En ce cas, où s'achemine votre vie? Ah! poète, au succès? »

— « Je ne suis pas poète, je ne sais pas bien couper ma pensée en petits morceaux égaux ou inégaux, selon le hasard du hachoir : ma prose n'est rythmée que par mon souffle; les coups d'épingle de la sensation, seuls, en marquent les accents et la puérilité royale de la rime riche dépasse mon entendement..... »

Un vlouement d'ailes de corbeau troubla l'air au-dessus des arbres. Hubert se tut, écoutant, puis :

— « Vlouement, c'est ça, vlouement d'ailes, avec bien le *vvv*. Est-ce le *vvv* ou le *fff*? Le filement d'ailes ? Non, vlouement est mieux. Fais-le encore, corbeau ! »

Sixtine, un peu effarée, le fixait, la bouche épanouie.

— « Ces diables de bruit d'ailes, on ne peut pas les attraper !... Oh! le succès! Est-ce que le pommier mendie des applaudissements pour avoir bien fleuri, d'abord, enfin bien fructifié? On en ferait de quasi évangéliques paraboles. Si je ne suis pas mon propre juge, qui me jugera, et si je me déplais à moi-même que m'importe de plaire à autrui? Quel autrui? Y a-t-il un monde de vie extérieure à moi-même? C'est possible, mais je ne le connais pas. Le monde, c'est moi, il me doit l'existence, je l'ai créé avec mes sens, il est mon esclave et nul sur lui n'a de pouvoir. Si nous étions bien assurés de ceci, qu'il n'est rien en dehors de nous, comme la guérison de nos vanités serait prompte, comme promptement nos plaisirs en seraient purgés. La vanité est le lien fictif qui nous annexe à une extériorité imaginaire : un petit effort le brise et nous sommes libres ! Libres, mais seuls, seuls, dans l'effroyable solitude où nous naissons, où nous vivons, où nous mourrons.

— « Quelle triste philosophie, mais quel orgueil !

— « Elle contient moins d'orgueil que de tristesse, et j'en donnerais bien l'arrogance pour n'en pas sentir l'amertume.

— « Qui vous a induit-là ? interrogea-t-elle, intéressée par ces choses qui semblaient assez neuves pour son esprit.

— « Mais c'est naturel, comment concevoir une vie différente de ce qu'elle apparaît clairement à tout œil qui sait regarder ? Oui, peut-être qu'une certaine illusion est possible... C'est bien dommage sans doute, bien dommage pour moi, que je ne vous ai pas rencontrée plus tôt, des années plus tôt. Je vous aurais aimée et alors....

— « Qu'en serait-il advenu pour votre destinée ?

— « Vous m'auriez trompé sur la valeur de la vie, madame, continua Hubert avec un lyrisme qui avoisinait le persiflage : j'aurais bu, comme une absinthe éternelle, la fluide illusion de vos yeux glauques et je me serais enchaîné à la vie par la chaîne dorée de vos cheveux blonds. »

Elle se voila d'une indifférence brodée d'ironie légèrement, et, se croyant à l'abri d'un trop inquisiteur regard, répondit avec ingénuité :

— « Il y a des années, en effet, seulement trois,

j'avais vingt-sept ans ; c'est aujourd'hui la trentaine ou bien près. »

Il la considéra, sans insolence, de la tête aux pieds :

— « Cette franchise ! Mais vous ne devez pas mentir. »

Ses yeux étaient remontés à la taille, élargie un peu, jugeait-il.

— « Oui, l'esthétique, n'est-ce pas ? hasarda Sixtine, en levant négligemment les bras pour rattacher quelque épingle à sa coiffure. »

Le geste était joli et favorable à l'amincissement du buste.

Il répondit avec mesure :

— « L'esthétique ? Oh ! non. Elle semble bonne et sans trahisons. »

Un sourire, vite éteint, attesta le contentement de la femme et ce fut la floraison de la plus féminine des vieilles perversités humaines. Elle dit, d'une voix lente, désabusée :

— « Me vouloir aimer, c'est du temps perdu.

— « Voyez, reprit Hubert, vous soufflez sur les bulles et ma seule et dernière chance d'illusion s'évanouit, car en mettant mes désirs au passé je construisais en secret un pont volant vers le présent. Ah ! madame, voilà de la cruauté transcendante. »

Elle eut conscience d'avoir pris un mauvais petit chemin de traverse et de s'y être embourbée.

Ils ne parlaient plus.

L'ombre se propageait en ondes légères. Nerveuse un peu, Sixtine marcha vers la lumière d'une clairière voisine, au bas de l'avenue.

Là, des chênes et des hêtres, le feuillage éclairci déjà, se groupaient en une étroite futaie.

Le vent passa, remuant les feuilles sèches.

Une branche basse et lourde plia avec le bruit d'un large froissis d'étoffes.

Une feuille, comme une goutte de pluie, des feuilles tombèrent en un lent bruissement.

— « Elles me suivent ! Elles me poursuivent ! » criait-elle, prise dans le tourbillon qu'elle fuyait en vain.

Et emportée, de même qu'une feuille, au vol circulaire des feuilles, elle revint égarée et haletante près d'Entragues, criant toujours :

— « Elles me poursuivent, les feuilles, les feuilles mortes ! »

— « Qu'y a-t-il donc ? » demanda Hubert à son tour, surpris d'une si étrange crise.

Froidement il ajouta, pendant que, tremblante encore, elle saisissait son bras et s'y appuyait, affolée :

— « Vous n'avez pourtant pas de crime dans votre vie ? »

Cette ironique interrogation, comme une brûlure à la pierre, changea la nature de la fièvre :

— « Peut-être ! » répondit-elle, soudain pâlie.

— « Alors, vous devenez tout à fait intéressante. »

Relever cette impertinence était au-dessus de ses forces. Avec un tremblement de tous les petits muscles, et sans savoir pourquoi, elle essayait de se déganter. Quand une de ses mains fut libre, elle la secoua, l'agita, en fit craquer les jointures.

— « Permettez, continua Entragues, qui s'amusait méchamment à faire vibrer l'instrument désaccordé, pas de tache au petit doigt?

— « Non, ce fut le poison. »

Cela sortit de ses lèvres avec le calme d'un aveu médité. Les yeux sincèrement troublés, Hubert regardait le monstre qui se dégagea, s'enfuit, jetant, en adieu, ces seuls mots :

— « Je pars demain, venez me voir! »

II. — MADAME DU BOYS

« ... Quid agunt in corpore casto
Cerussa et minium, centumque venena colorum ?
Mentis honor morumque decus sunt vincula sancti
Conjugii... »

CLAUDIUS MARIUS VICTOR, *De perversis suæ
ætatis Moribus.*

Peu de jours après Sixtine, Hubert avait quitté Rabodanges. Le vert éternel des prés pleins de bœufs à la longue le contristait et, malgré l'ingéniosité de la comtesse, privé de la jeune femme qui l'intriguait à l'extrême, le château lui parut d'une viduité funèbre.

Il n'exécuta même pas son projet d'aller visiter la trappe de Mortagne, reprit le train où il l'avait laissé, rentra à Paris, un soir, dans un état de réelle satisfaction.

Paris, ce n'était pour lui, ni la rue, ni le boulevard, ni le théâtre ; Paris, pour Entragues, était confiné dans les bornes assez étroites du « cabinet d'étude », peuplé des bons fantômes de son imagination. Là, s'agitaient obscurément des êtres tristes et vagues, pensifs et informes, qui imploraient l'existence. Entragues vivait avec eux dans une familiarité presque inquiétante. Il les voyait, les entendait, se transportait avec eux dans le milieu nécessaire à leur activité, bref subissait les phénomènes les plus aigus de l'hallucination.

C'est ainsi que dès le lendemain de son retour, Mme du Boys vint l'occuper de ses aventures. Il s'agissait de la réconcilier d'une façon logique avec son mari qu'elle avait abandonné pour suivre à Genève, un comte polonais, retiré là après des aventures nihilistes. Artémise du Boys : elle orthographiait ainsi son nom depuis sa fugue adultère, pendant que son mari, secrétaire-caissier de l'Union de la Bonne-Science, le simple M. Dubois, pleurait l'irréparable malheur.

Il gémissait et Mme du Boys s'ennuyait, excellente occasion pour renouer les fils et mettre en pratique quelques versets de l'Évangile. Irréparable ? Et le pardon ? L'une était au point de consentir à le demander, l'autre attendait qu'on lui forçât la main.

« Ah ! Madame du Boys, songeait Entragues, en considérant sa visiteuse, vous ne connaissez pas votre mari ! Écrivez-lui. Dites seulement : « Je fus une alouette entre toutes les femmes, le miroir me tenta ! » Répétez cette idée simple tout le long de quatre belles pages d'une petite écriture penchée, tremblée, mouillée de larmes (oh ! de vraies larmes, de larmes scientifiques, acidulées et dosées des sels voulus de l'amertume), — fais cela, ô mon amour, et tu verras ! »

Sans attendre la réponse, et pendant que Mme du Boys méditait, modeste et très convenable pécheresse, Entragues alla réconforter le secrétaire de la Bonne-Science. Bureau simple et assez propre : des journaux, des brochures, des registres : liste générale des membres fondateurs, protecteurs, donateurs, résidents, étrangers, honoraires, catégories pesées au poids du préalable versement ; sommes versées, sommes dues et différentes rubriques.

« Vous êtes triste ? Oui, vie brisée : mais, mon cher Monsieur Dubois, toutes les vies sont brisées, comme brisés tous les bâtons plongés dans l'eau : l'existence fausse les âmes, nous ne sommes pas faits pour la vie : une tromperie nous la donne, une duperie nous la conserve. Ah ! la philosophie n'est pas votre fort, je le sais : ni fondateur, ni protecteur, ni rien, mais secrétaire appointé. Si vous n'êtes point philosophe, pourquoi avez-vous épousé une jolie femme, comme Mme du Boys ? Un philosophe seul se peut autoriser de telles imprudences, parce que, le moment venu, il sait faire abstraction. Les chiffres vous ont enseigné d'autres devoirs ; tout compte dans une page de registre et l'absence s'appelle mémoire. La pure vérité, dévoilée de tout symbole, c'est que vous l'aimez encore ? En chrétien, non pas en lâche ajuponné à des habitudes. Soit : vous avez la charge de cette âme faible, et vous devez, comme le Bon Pasteur, la porter sur vos épaules et la garer du lion dévorant ? Mais, puisqu'elle a perdu sa voie, que ne courez-vous après ? De l'orgueil vous enchaîne à vos registres ; vous croyez être chrétien, vous n'êtes que stoïque. Monsieur Dubois, les modernes Bons Pasteurs usent, sans honte, des chemins de fer et des télégraphes : partez ! Ah ! les donateurs ? Eh bien, télégraphiez ! Non, il faut, au moins, que la scabieuse brebis fasse la moitié de la route, que la pécheresse se madeleinise et pleure. Allons, je vous l'enverrai. Ainsi, votre femme vous a quitté pour suivre son plaisir; elle revient un peu tremblante, mais confiante et vous lui pardonnerez? Vous lui ouvrirez votre porte, vos bras, votre lit? Dans le décompte des jours passés, aux jours de maritale solitude, vous écrirez : Mémoire c'est-à-dire, un cette fois, oubli? Le premier repas pris ensemble sera repas de fête, et la première nuit dormie, une nuit de plaisance? Vous ferez tout cela, Monsieur Dubois, parce que vous êtes chrétien et non stoïque : je vous avais calomnié. Me raconterez-vous l'entrevue du très noble pardon, tout bas, pour ma personnelle édification, et la pourrai-je raconter, tout haut, pour l'édification du siècle? »

Revenu de ces songeries, Entragues, pour se distraire, recopia à l'encre, des feuilles de carnet crayonnées en chemin de fer, ou le soir, dans son lit, ou le matin, dans la solitude des avenues.

III. — NOTES DE VOYAGE

RAI-AUBE

> « Et quand tu seras ainsi formé, quand tu seras pénétré de cette vérité : « Il n'y a de vrai, de vraiment existant pour toi que ce qui rend ton esprit fécond ». alors observe le cours général du monde, et. le laissant suivre sa route. associe-toi à la minorité. »
>
> GŒTHE, *Poésies : Testament*, VI.

Dreux. — Voir passer les trains, — voir passer la vie, — ne jamais monter dedans que pour battre les coussins.

Un peu plus loin. — Les trains ont un but ; la vie n'en a pas. Mais c'est précisément l'originalité de la vie de n'en pas avoir, de but. Parfois je lui trouve, ainsi qu'à une vieille dentelle, le charme même de l'inutilité.

Un peu plus loin. — Jusqu'à Dreux, j'ai considéré le paysage : l'inconscience végétale est, décidément, un néant trop attristant. Il faut, pour s'y intéresser, la faire vivre en s'incorporant soi-même aux arbres, aux herbes : mettre dans un corps de chêne son âme sensible d'homme : je suis chêne, je suis houx, je suis coquelicot, mais je le sais et le chêne l'ignore, et le houx et le coquelicot : à cause de cela ils n'existent pas. Les panthéistes sont de bien braves gens.

Nonancourt. — Ces syllabes chantées le long du train évoquent un joli couvent de nonnettes, un peu dissolues avant la réforme de Borromée; après, tout à Dieu jusqu'à l'éparpillement révolutionnaire. Maintenant la maison, plébée à jamais, sert de grange, d'étable, de porcherie. Comme dit le notaire, qui en fit la dernière vente, elle est à usage de ferme, et c'est un grand progrès que là où des feemms priaient, des vaches ruminent.

Tillières. — Un ravin coupe en deux la plaine, comme une lâcheté, la vie.

Verneuil. — J'étais seul depuis Paris. Un monsieur s'installe, ouvre un journal et s'épanouit à une gauloiserie. Si c'était le soir, près de sa moitié, ou si, à ma place, quelque complaisante montrait un bas de jambe ! Pénibles vraiment pour un homme calme, ces montées d'animalité : voilà que l'épanouissement se resserre; la flamme joyeuse des yeux s'avive en une férocité croissante; la cruelle luxure entr'ouvre la bouche et montre les dents. Réveil : un regard quêteur : la mimique peu à peu s'éteint et c'est l'ennui désappointé d'une excitation vaine. Non, je ne veux pas servir d'aphrodisiaque à des bourgeois. Songer à cela vous engagerait vers une littérature monacale, dure, méprisante pour les charnalités viles.
— Viles? Elles sont essentielles.

Bourth ou environs. — Le monsieur parle. Cela devait arriver. Il parle de lui, plein du besoin de se faire connaître, d'introduire le passant dans son petit univers. Il voyage pour une librairie ecclésiastique. De cure en cure, bien reçu par les curés qui le font dîner : bonne clientèle, bons payeurs. Son centre est Verneuil : de là, il rayonne, apôtre. D'ordinaire, un cheval et une voiture, loués pour la saison, l'acheminent d'église en église; ayant affaire à Laigle, il a pris le train pour se distraire; pour se distraire, est monté en premières avec un billet de secondes. (Il n'y a pas de contrôle à ces heures-ci.) « Verneuil, une agréable ville : chose rare, en province (entre nous, n'est-ce pas?), ce gros bourg possède une maison très bien tenue, très renouvelée. » Il est libre-penseur, mais tolérant, enveloppe dans la même pitié sympathique les enfants, les femmes, les prêtres, les dévots, plus bêtes que méchants, assure-t-il. Pour lui, s'il y a un Dieu, il ira au ciel tout droit, n'ayant jamais fait de mal à une mouche. L'instruction intégrale, peu à peu, nous guérira de la religion; là-dessus il est sans crainte et, la conscience bien tranquille, place au mieux ses *Corneille de la Pierre*. Point marié, mais désirant le mariage, afin de procréer de braves petits républicains, vigoureux défenseurs de la Patrie : l'Alsace et la Lorraine, Gambetta, etc.

Laigle. — Il m'offre *quelque chose*. Poliment, je me récuse, il s'éloigne. De par le monde, cela touche au milliard le nombre des cervelles ainsi organisées : pauvres inconscientes abeilles, pour qui travaillez-vous ? L'espèce ? Mais l'intelligence de quelques-uns balance-t-elle l'universelle sottise ?

Rai-Aube. — Village que je ne verrai jamais, village au nom si joli, aurore et rayon, composition pimpante de lumineux vocables, alliance de syllabes mariées par un matinal sourire, herbes arrosées par la fraîcheur de l'aigaille, transparence des sources, murmurante fluidité des eaux courantes sous les joncs fleuris, Rai-Aube, tout cela, et l'oublié, et l'indicible, palpite dans les lettres blanches de ton nom, attirant et fuyant rébus collé au pignon de la gare! Ressouvenance plutôt que vision : en ma jeunesse, je vécus dans ces délices printanières et je m'en imprégnai. Je ne suis pas des villes et le terrain bâti ne m'incite pas à des joies excessives. Tout demeure jeune, qui fut créé par de jeunes yeux, et la campagne a encore souvent, pour moi, le sexe de son orthographe, même sous un surplis de neige. De mes années premières il ne me reste que cela : tout est mort, de la réelle mort ou de la mort du souvenir. L'attendrissement de figures vagues penchées sur ma précoce orphanité, tel est le plus lointain ; du collège l'horreur m'en est encore dure à renouveler, dantesque et inutile horreur infligée à ma pitoyable enfance. Mais déjà, un peu à ma volonté, le monde s'absentait de moi et par une lente ou soudaine récréation, je me refaisais une vie plus harmonieuse à mon sens intime ; mais déjà, en d'orgueilleux moments, je méprisais tout ce qui m'était extérieur, tout ce qui n'avait pas été rebroyé et repétri par la machine sans cesse en mouvement dans ma tête. Hormis l'inconnaissable principe, j'ai tout remis à neuf, et je suis vraiment moi ; du moins, car le scepticisme ronge jusqu'à la personnalité, telle est l'illusion où je me suis sidéré. Avec un tel parti pris, avec ce système kantien, qui se peut dénommer égoïsme transcendant, ma vie a marché d'un pas relativement léger. De toutes les douleurs que ma volonté n'a pu secouer, la plus lourde est ma solitude même. Je ne sais, ne m'étant jamais livré à ses tromperies, si l'espérance n'est autre chose qu'un sanglant éperon, éperonnant l'homme vers un néant futur, je ne sais si la blessure avivée sans relâche et la vue du sang répandu ne sont pas de puissants excitants nécessaires au fonctionnement du mécanisme humain, je ne les ai jamais ressentis. Je ne crois qu'à l'écurie finale, mais sans y aspirer ; la vie ne me déplaît pas encore assez : sans cela, n'ayant point de principes philosophiques à faire converger vers une pratique possible, je serais conséquent avec mon dégoût et lui donnerais sa sanction. Comme Crantor, je mourrai « sans m'étonner » ; si mes organes sont encore satisfaisants quand la mort viendra, peut-être avec regret. Quant à la survie, je n'ai point, touchant ce point, de données aussi tranquillisantes que le placier de Dreux : pour le moment, vraiment suprême, de la décomposition corporelle, le délicieux Inconscient nous réserve peut-être quelques-uns de ses bons tours ? Cette crainte relative me vient sans doute de ma jeunesse chrétienne, et ni l'une ni l'autre je ne les répudie : le catholicisme est une aristocratie. Comment cette positive religion peut-elle s'allier en moi avec l'idéalisme subjectif, je ne sais : c'est un amalgame obscur, comme toutes les hérésies. La théologie me procura toujours les plus agréables lectures : on peut d'Augustin aller à Claudien Mamert : les joies n'y sont pas moindres pour la curiosité. Comme j'aurais aimé être évêque et en une moins moderne Rome, cardinal ! Si je m'appesantissais sur ce bien stérile désir, une sensation me prendrait à la gorge, de vie manquée, sensation vulgaire que mon orgueil repousse avec mépris. Et puis, ne les ai-je pas, à mon gré, goutés, les mystiques bonheurs et les célestes angoisses de l'épiscopat ? N'ai-je point revêtu la robe violette relevée sur les bas pourpres ou traînante sur les marches de l'autel ? N'ai-je point gravi, mitre en tête, les degrés de la chaise présidiale ? De quoi donc me servirait la réalité, quand j'ai le rêve et la faculté de me protéiser, de posséder successivement toutes les formes de la vie, tous les états d'âme où l'homme se diversifie ?

Surdon. — Des plumes frisées surgissent à la vitre, plongent. A me voir seul la voyageuse hésite, mais le sifflet a stridé, un employé la pousse. Elle me fait vis-à-vis, tombée là, un peu essoufflée, inquiète, mais non rougissante. L'hésitation venait de la crainte de paraître avoir exprès choisi le compartiment d'un homme seul. Par des phrases très polies, je la rassure, mais à moitié seulement, et bien certain que tel bon proverbe l'amusera et la piquera je termine par : « L'occasion fait le larron. » En province les proverbes, cette archéologie grammaticale, sont encore monnaie courante de conversation : cela permet de ne rien dire du tout en ayant l'air de dire beaucoup. Elle me sait gré de mon adage et se plaint de l'habituelle grossièreté des hommes. Je lui réponds : « C'est que les femmes ont toujours envie de ce qu'on ne leur offre pas et méprisent ce qu'on leur offre. Un homme délicat, par d'indéfinissables gestes, laisse deviner sa fantaisie, ne fait un mouvement décisif qu'au moment précis où il la sent partagée. » Elle sourit : « Comment sent-on cela ? » Je reprends : « Les acquiescements sont divers, mais il y a un spécial battement de paupières, très lent, auquel la méprise est difficile. » Elle me regarde avec étonnement. C'est une très honnête femme, amusée à cette scabreuse controverse, mais sans expérience. Sa jeunesse et la roseur de son teint disent un mariage récent, peu de maternité : curieuse candide, ayant devant elle, pour appendre le secret, une éternité de dix années. D'ailleurs jolie et pleine de distinction, ce moderne nom de la grâce ; entre brune et blonde ; des yeux clairs assez grands, le bas du visage sans brutalité. De Surdon à Argentan, le trajet est de seize minutes ; nos quelques demandes et nos quelques répliques les avaient épuisées. Le frein mord, nous nous traînons. Avant que j'aie pu prévoir le geste, elle ouvre la portière, jusqu'à l'arrêt la retient, et me voilà bien surpris de recevoir, en même temps, un salut équivoque et un regard d'une surprenante intensité.

Est-ce l'invitation de courir après elle ? Je le crois et je cours, mais je ne l'ai pas retrouvée. J'avais, rapidement, rassemblé mon léger bagage manuel, valise, couverture, pardessus, etc., je ne suis donc pas contraint de retourner vers mon wagon et je sors de la gare, en quête de la voiture aux armes de la comtesse Aubry. Elle m'attend et Dieu merci je suis le seul attendu, ce jour : je ferai la route tête à tête avec mon désappointement ; une heure, me dit le cocher, j'ai une heure pour me morigéner de tant d'émotion inutile. Nous partons : voici l'Orne, les deux ponts voisins et le long du fleuve encaissé de murailles, une amusante maison à balustrades et à balcons sur l'eau ; un marchand de parapluies à l'enseigne d'un très beau parasol rouge de chanteur ambulant ; nulle voiture dans les rues paisibles et celle-ci amène aux portes des hommes, des femmes, pas d'enfants : la cage sans oiseaux, la maison sans enfants : c'était une prophétie. L'école, le lycée, la caserne, le bureau, l'atelier : la Révolution française a perfectionné l'esclavage, il est unanime. Une église à demi gothique, quelques vieux pignons et des façades moins égalitaires me distraient ; mais, malgré la montée, nous passons vite ; puis le maigre faubourg, la route plate, l'étendue d'herbe unie et grise, des carrières et des roues, quelques peupliers.

2.

IV. — INDICATIONS

> « In carne enim ambulantes non secundum carnem militamus. »
> Saint-Paul, *Cor.* II, 10, 3.

Entragues n'écrivait que le matin, prolongeait souvent ses matinées jusque dans les après-midi. Quand il ne se sentait pas assez de lucidité pour la logique de la prose, il s'amusait : la poésie, simple musique qui n'admet ni la passion ni l'analyse, se destine seulement à suggérer de vagues sentiments et de confuses sensations ; une demi-conscience lui suffit. A l'imitation de l'admirable poète saint Notker, il composait d'obscures séquences pleines d'allitérations et d'assonnances intérieures. Aujourd'hui, Walt Whitman, avec son intuitif génie, restaurait sans le savoir, cette forme perdue de la poésie : Entragues, à certaines heures, s'y délectait. Cette littérature des environs du dixième siècle, ordinairement jugée la puérile distraction de moines barbares, lui semblait au contraire pleine d'une ingénue verdeur et d'un ingénieux raffinement. Notker le charmait encore par l'audace sanguine de ses métaphores, le charmait et le terrifiait en le jetant à genoux devant ce Dieu pour lequel la prière est un holocauste sanglant, et qui exige, comme un égorgement d'agneaux, « des louanges immolées ».

Il se plaisait aussi à une courte et délicate séquence de Godeschalk, où sainte Marie-Madeleine « enveloppe de baisers » les pieds de Jésus « que de ses larmes elle a lavés ». Un moine du onzième siècle avait écrit un ouvrage intitulé : *Le Rien dans les Ténèbres* ; Entragues ne put jamais en trouver d'autre trace que la mention du titre : c'était un des livres inconnus qu'il aurait voulu lire.

Mis à part deux ou trois contempteurs de la vie actuelle, un strict logicien de la critique, un rêveur extrême et absolu, un extraordinaire fondeur de phrases et tailleur d'images, quelques poètes modernes, il n'ouvrait plus guère que de vétustes théologies et des dictionnaires : il avait la manie des lexiques, outils qui lui paraissaient, en général, plus intéressants que les œuvres, employait à collecter de tels instruments, souvent bien inutiles, des heures de flânerie. Ainsi se termina la première journée de son retour.

Le lendemain, après une nuit, où il avait revécu quelques-unes des minutes les plus caractéristiques passées avec Sixtine au château de Rabodanges, Hubert eut le soupçon que sa vie allait changer d'orientation, qu'une crise inévitable le menaçait. C'était une occasion propice au recueillement. Dans quelques semaines peut-être, — oh ! seulement peut-être ! — son *moi* aurait-il subi de sensibles modifications : il fallait, pour plus tard s'en rendre compte, noter les traits dominants de son état d'esprit actuel, procéder à un sommaire examen de conscience. Son carnet de voyage contenant déjà quelques remarques assez précises sur ce sujet, il se borna à les compléter par les indications suivantes :

« J'ai honte de l'avouer, tant cette maladie est banale : je m'ennuie. J'ai des réveils déchirants. Je ne crois à rien et je ne m'aime pas. Mon métier est triste : c'est d'expérimenter toutes les douleurs et toutes les horreurs de l'âme humaine, afin que les hommes se reconnaissent dans mon œuvre et disent : Bien rugi, lion ! Pourtant, je suis libre : sans obligations nocturnes, ni parasite, ni mondain, ni critique dramatique, je me couche tôt, quand il me plaît. Arrivé à la trentaine sans guère de relations sociales, ayant assez de revenu pour être indépendant, j'agis en tout à ma guise, insoucieux des habitudes générales et satisfait, par exemple, de témoigner mon mépris de la civilisation au gaz en soufflant ma lampe sur les dix heures. — Je suis libre, je n'ai ni femme, ni maîtresse. Les maîtresses, je les crains pour le trouble où elles jettent la régularité de mon travail ; mais des principes aux actes, une large lagune se creuse, chez les êtres sensitifs : à deux, je regrette la solitude ; seul, je ressens les inquiétudes du vide. Quand le commandement de la chair m'accroupit à des adorations sexuelles, je rougis d'une telle servilité et je me honnis, au premier instant lucide ; lorsque j'ai longtemps emmagasiné le poison concentré des semences vaines, des martellements me tympanisent, mon organisme s'affaisse et mon cerveau se trouble. N'ayant pas été dressé au cilice, aux pointes de fer, aux plaies adolories par la perpétuelle écorchure, au jeûne impitoyable, à la privation de sommeil, ni à aucune des manœuvres mystiques et franciscaines, je dompte ma chair en la menant paître, mais sans plus de péché dans l'intention qu'un malade qui rompt l'abstinence pour prendre un remède. Que le plaisir suive, c'est l'obéissance aux ordres inéluctables qui régissent la matière animée ; que je l'accepte, c'est faiblesse humaine. — Aimer jusqu'à vouloir mourir, j'ai eu cette épreuve à l'adolescence et la raisonnable insensibilité de la femme que j'adorais ne m'a jamais amertumé ce lointain souvenir. Je ne souris pas avec pitié de ces jours de folie bocagère. Après dix et douze ans je suis aussi sûr qu'à la première heure d'avoir été privé du plus grand bonheur mis par les Décrets à la portée de ma main et en des moments d'émotion ce regret peut encore attrister ma rêverie. — Depuis cela, rien que de passagers effleurements ; à peine, de temps à autre, un essai de lien brisé au premier tiraillement. — Loin d'être le but de ma vie, la sensation en est l'accident : je réserve mes forces volontaires pour les histoires que je raconte à mes contemporains : on les a trouvées froides et ironiques, mais je n'ai pas qualité pour être enthousiaste de mon siècle ni pour le prendre trop au sérieux. — Un autre motif m'éloigne des recherches émotionnelles : sans être pessimiste, sans nier de possibles satisfactions, sans nier même le bonheur, je le méprise. Je ne cherche pas à aggraver mes misères par des méditations sur l'universelle misère, que mon égoïsme, d'ailleurs, me rend à peu près indifférente : un état plutôt ataraxique me convient. Regretter une joie non éclose, cela m'est possible, je ne voudrais ni en provoquer, ni en guetter l'éclosion. — Enfin, cela est hors de doute, je ne sais pas vivre. Perpétuelle cérébration, mon existence est la négation même de la vie ordinaire, faite d'ordinaires amours. Je n'ai aucune des tendances à l'altruisme réclamées par la société. Si je pouvais jamais m'abstraire de moi, au profit d'une créature, ce serait à la manière d'un imaginatif, en recréant de toutes pièces l'objet de passion, ou bien, comme un analyste, en scrutant minutieusement le mécanisme de mes impressions. — Tel est mon caractère : on voit que je ne me suis pas appliqué à éluder la connaissance de moi-même ; et pourtant nul ne sait mieux que moi à quel point cette science est puérile et malsaine. »

V. — SUITE DES NOTES DE VOYAGE

LA LUNE PALE ET VERTE

> « In hac horâ anima ebria videtur,
> Ut amoris stimulis magis perforetur. »
> SAINT BONAVENTURE, *Philomena*.

*Château de Rabodanges, en la chambre au portrait,
12 septembre.* — Je suis reçu à mon arrivée par Henri de Fortier, directeur de la *Revue spéculative*, et Michel Paysant, dont les romans, pleins de corsages bombés et de regards caressants, charment les familles qui prennent l'impuissance pour de la chasteté. Fortier me nomme les autres invités du moment : personne de connaissance. Séparée du général, son mari, la comtesse Aubry emporte à la campagne, vers les fins d'été, son salon cosmopolite, où fréquentent les grands danseurs de la Littérature académique et mondaine. Le bruit a couru que Fortier succède, dans ses nuits courageuses, au député bonapartiste mort récemment, et avec lequel elle avait une liaison avouée : il se donne en effet des airs modestes d'amphitryon. Au dîner, quelques aristocrates des environs parlent de l'ouverture de la chasse, je ne remarque aucun visage intéressant que celui d'une jeune femme, blonde, aux yeux vifs, qui se tait

ou ne parle qu'à Mᵐᵉ Aubry. Ensuite, promenade au clair de la lune, puis les voisins demandent leurs voitures; Fortier disparaît avec la comtesse. Paysant me prend le bras et bavarde.

Il gémit sur ses ennuis de chef de bureau de la littérature ; son goût maintenant l'arrêterait au repos, même à la fainéantise, mais pas une semaine qu'un éditeur, ancien ou nouveau, ne vienne lui supplier un volume pour relever ses affaires ou lancer sa librairie. Aussi, sa gauloiserie comprimée s'éveillerait volontiers en quelques contes gaillards : mais l'unité de son œuvre? Cela ne serait plus du Paysant, et l'Académie froncerait peut-être le sourcil. Il essaie de rire, mais on sent au fond de sa respectueuse cervelle une craintive vénération. Un silence, et goulûment il me décrit la jeune femme que j'avais remarquée. La technique du praticien donne à son éloquence un ton désintéressé, mais on devine la bouche mouillée et la main, avec des gestes pétrisseurs, caresse les formes absentes. Je prétends que les femmes ne sont ni belles ni laides, et que tout leur charme s'irradie de leur sexe; le désir esquisse la beauté et l'amour l'achève. Tel laideron, au sens du vulgaire, a pu revêtir une idéale beauté; telle autre femme que tous jugèrent admirable n'a pas franchi les limbes de l'ébauche, n'ayant jamais été aimée. Paysant a hurlé au paradoxe : la beauté féminine est réelle et indépendante du sentiment. Elle se palpe, n'est-ce pas? Sans doute, c'est même un plaisir spécial, oui spécial. En le poussant adroitement, on lui ferait avouer des goûts de frôleur et de toucheur sénile, mais, je ne sais pourquoi, j'ai peur que sa pathologie ne reprenne Mme Sixtine Magne pour sujet de démonstration : nous rentrons. Tout le monde a cédé au plaisir rare de se coucher de bonne heure. Seul, Fortier nous attend, pour me conduire à ma chambre. Il paraît qu'un ami de la comtesse s'est épris de la *Revue spéculative* et va l'épouser sous le régime dotal, en lui reconnaissant comme apport cinquante mille francs qu'elle n'a pas. Ce Fortier a la manie de proférer d'incompréhensibles métaphores. — « Quelqu'un met cinquante mille francs dans la *Revue?* — Précisément. — Et vous devenez? — Rédacteur en chef au lieu de directeur. — Et le directeur? — Pseudonyme. » Je connais Fortier, il ne se fâchera pas : « Avouez donc que c'est la comtesse. » Il sourit et le voilà galopant dans les prés fanés du dithyrambe : — « Elle est charmante, généreuse, dévouée à l'art, sans ambition personnelle. — Que d'être aimée? — Cela, je m'en charge. » Cet abandon intéresse ma native curiosité et avec de petites contradictions poudrées d'un peu de scepticisme, je l'excite au point qu'il me conte tout. Il lui fut présenté par Malaval que sa grâce de chien tondu fit le Triboulet de la comtesse. C'était une mauvaise entrée, mais Fortier montra de l'esprit (à ce qu'il prétend) : s'ensuivirent les agaceries, les sournois clins d'yeux, l'habitude de se quereller, une absence, quelques lettres où papillonna une tendresse légère. Au retour, elle était seule : sans phrases, les bras s'entr'ouvrent, les voilà palpitants et amants. Fortier est incapable d'inventer et peut-être de mentir : il a même l'air de trouver cela naturel et un peu fatal : cela devait arriver. — « N'est-ce pas? — Sans doute. » Je le congédie. En sortant il me demande des pages pour le numéro 1 de *la Spéculative*, nouvelle série. Cette ligne finie, je m'endors, mais pourquoi cette chambre s'appelle-t-elle la chambre au portrait?

13 *septembre, le matin*. — J'ai rêvé de ce portrait et je le cherche à tous les coins et sur tous les pans. Cette pièce est même remarquablement nue : un papier gris uniforme; au-dessus de la cheminée Empire, une glace qui monte jusqu'au plafond; le lit occupe un des côtés du carré; à droite de la porte, une bibliothèque de livres anciens; à gauche, une commode à panse et à cuivres, surmontée d'une nouvelle glace; en face, deux fenêtres; entre les deux fenêtres, une toilette et encore une glace. Rien que cela.

14 *septembre, le soir*. — Nous avons fait une excursion aux Roches-Noires. M. de B..., qui était notre guide, a tué une vipère de quelques coups de baguette. Alors, Mme Magne a pris le reptile et un instant, s'est fait un bracelet de la bête encore mouvante. La comtesse a poussé des cris, il a fallu jeter la vipère dans un trou et j'ai réfléchi à la biblique et singulière sympathie de la femme et du serpent, car la comtesse criait sans conviction et Mme de B... plaignait la pauvre créature du bon Dieu.

14 *septembre, le matin*. — J'ai vu le portrait. La lune pâle et verte planait dans ma chambre; je venais de me réveiller, et d'obscures et ophidiennes visions me hantaient encore. L'œil fiévreux, je regardas

autour de moi avec défiance, des raisonnements logiques et absurdes se multipliaient dans ma tête et leur fugacité me laissait un doute sur le lieu précis de mon existence actuelle : étais-je au milieu des broussailles et des précipices des Roches-Noires? Non. Etais-je dans ma chambre et dans mon lit, loin des vipères et des grimaçantes pierres? Peut-être. Voilà qu'au-dessus de la cheminée, la glace lentement change de teinte : son vert lunaire, son vert d'eau transparente sous des saules s'avive et se dore. On dirait qu'au centre de la lueur, comme sur la face même de la lune, des ombres se projettent avec des apparences de traits humains, tandis qu'autour de la vague figure, une ondulation lumineuse serpente comme des cheveux blonds dénoués et flottants. Sans que j'aie pu analyser le reste de la soudaine transformation, dans l'intervalle d'un clin d'yeux je la vois achevée. Clair et vivant, le portrait me regarde; c'est, trait pour trait, celui de la jeune femme au reptile. Pendant des minutes, de longues et inoubliables minutes, la vision a resplendi, puis, comme sous un souffle, s'est évanouie.

15 *septembre, le matin*. — Je me suis réveillé vers la même heure, mais la glace est restée verte et je n'ai pas revu le portrait. Je ne pense qu'à cela : toute la journée d'hier, tant que Mme Sixtine Magne était avec nous, je la regardais; quand elle n'était plus là, je l'évoquais.

15 *septembre, le soir*. — La comtesse, tantôt, sur les bords de l'Orne, m'interpelle : « A propos et le portrait? L'avez-vous vu? Non, vous l'auriez dit. D'ailleurs,

maintenant, il faut, paraît-il, être prévenu, pour le voir, prévenu avec un certain mystère. C'est un tour que l'on a joué quelquefois aux imaginations faciles à troubler. Il y a une histoire. M. de B... la raconte fort bien ; vers la fin du dîner, mettez-le sur ce chapitre. » Je n'ai pas trouvé un mot à répondre : j'ai vu le portrait, mais comment m'aller vanter de ce privilège? La pêche aux écrevisses continue ; on me somme d'y prendre part. Dans un cadre de feuilles, sous des aulnes argentées, la jeune femme, qui a désormais des droits à m'intéresser, semble absorber avec passion un livre dont elle coupe les pages du doigt. — M. de B... n'a pu rester à dîner et personne n'a reparlé de la chambre au portrait. Tant mieux. . . . . . .

(Fin des Notes de Voyage.) — Là, en effet, s'arrêtaient les pages crayonnées, Hubert s'étant mis à rêver à ses impressions, au lieu de les écrire. Il ne voulut pas les rédiger après coup, sans minutes préalables, afin de ne pas s'exposer à brouiller la chronologie des petits faits dont l'ordre logique est l'intérêt premier. — Le reste du carnet était blanc. Toutefois, en le feuilletant définitivement, il aperçut une feuille de papier détachée où se devinaient des intentions de vers. Ceci fixa plus étroitement encore sa pensée sur Sixtine : c'était bien d'elle qu'il était question dans sa prose, dans ses vers, dans sa vie.

VI. — FIGURE DE RÊVE

« O Créateur de l'universel monde,
   Ma pauvre âme est troublée grandement ! »
   Heures à *l'usaige de Paris*, 1488.

Sixtine était loin de lui, et pourtant il croyait la voir à ses côtés.

Toute l'après-midi, il garda l'illusion de se promener en sa compagnie. Elle apparaissait dans une robe aux couleurs changeantes : l'étoffe, une soie légère et pâlement verte, avait des cassures dorées. Ses bottines ne faisaient aucun bruit; le sourire, au lieu de paroles, et diverses inflexions de muscles exprimaient ses pensées; cependant, mais une seule fois, il entendit positivement le son de sa voix : « Si vous voulez, je vais vous la raconter, l'histoire de la chambre au portrait ? » Préoccupé d'établir le son fondamental de la séquence retrouvée et qui depuis un instant le tyrannisait, Entragues écouta la question, sans en percevoir immédiatement le sens. Il allait répondre et acquiescer, mais Sixtine, sous l'ombrelle qu'elle venait d'ouvrir, lisait : il n'osa la troubler. L'ombrelle, aussi, par son étrangeté, l'induisit en distraction : elle était d'un jaune si limpide et si transparent qu'il voyait au travers, à peine estompées d'une ombre lumineuse les épaules de Sixtine et sa tête ployée vers la lecture.

Ils marchèrent le long du quai, depuis la rue du Bac où il avait commencé de sentir sa présence jusqu'à la place Saint-Michel. La Seine charmante et radieuse s'irrisait des rayons obliques qui la frappaient à contre courant; les proues soulevaient une étincelante écume; la frange dentelée des toiles bises claquait comme des flammes; les pontons çà et là grondaient sous le choc; les parapets multicolores s'en allaent.

Entragues ne collecta aucun lexique; il regardait les dos serrés des livres, sans lire seulement les titres noirs ou dorés.

En un endroit désert, le long de la balustrade de bois, et comme le premier gaz s'allumait au café, en face, un jeune homme qui passait pour poète, peut-être à cause de la rare beauté de sa figure, l'aborda et lui dit :

— « C'est singulier, vous êtes seul et on jurerait qu'une invisible personne vous accompagne?

— « Je suis seul, maintenant, mon cher Sanglade. »

Sixtine, en effet, venait de disparaître aux yeux d'Entragues, et Sanglade eut l'impression d'avoir maladroitement troublé un tête-à-tête, impression toute métaphorique, car il ajouta, avec son air de timidité railleuse :

— « Vous cherchiez des rimes, je vais vous en donner, je les ai toutes à mon commandement. Sans cela, serais-je poète.

— « Oui, sans cela, vous pourriez être poète.

— « En prose, peut-être, reprit Sanglade, mais en vers ? »

Entragues se laissa battre exprès, n'ayant point l'âme à des tournois esthétiques. Ils remontaient le boulevard. Au Luxembourg, Sanglade, ennuyé de monologuer, profita d'un ami passant pour redescendre. Durant qu'Entragues s'acheminait vers un calme café favorisé de tapis, où son horreur du bruit volontiers se reposait.

Depuis son retour, sauf, le premier matin, une courte entrevue, il avait pu abstraire Sixtine de son immédiate préoccupation. C'était avec une parfaite froideur qu'il avait recopié, en les francisant, les brèves notes de voyage où, sur la fin, le nom de cette femme, à peine connue, revenait à chaque verset, comme un *amen*. Mais, et il reconnaissait là l'occulte puissance des mots, la transcription matérielle de ces syllabes avait agi violemment sur son imagination. Il venait de vivre des heures entières avec elle, et maintenant que la puissance mystique de la vision était épuisée, il pensait encore à l'absente.

« Elle devait aller à Bagnoles pour un de ces maux imaginaires que les femmes ne songent à traiter qu'en leurs phases d'ennui. Inquiète ou ennuyée, elle avait ces deux airs voisins à presque égales doses. Alors si elle a un amour en tête, elle n'en serait qu'à la période où on s'interroge : incertaines questions, réponses incertaines ? Et l'ennui ? Il faut, pour l'expliquer, admettre que la marche ou le recul de ce caprice naissant ne tienne pas à sa volonté et qu'elle soit inconsciente de son propre sentiment. C'est cela : elle aime, d'où l'inquiétude ; sans le savoir, d'ou l'ennui. Il faut observer cela. Peut-elle être revenue ? »

Hubert ne se croyait atteint que d'une simple fièvre analytique. Souventes fois, pour le seul plaisir de se rendre compte, il avait suivi, en leurs évolutions psychiques, d'intéressants sujets. Surtout des femmes, mais trompées par une attention de motif indevinable, elles en avaient imaginé un autre, plus fréquent, s'étaient mises à minauder avec le scrutateur. Cela finissait ainsi, soit qu'Entragues s'éloignât, soit qu'un ricochet l'induisît à une secrète expérience de laboratoire.

Dans ce dernier cas, même, c'était court, car il n'avait presque jamais essayé ses réactifs que sur des âmes viles appartenant à des organismes souvent prostitués.

Sixtine était de la caste numéro un ou deux, provenant d'un couvent aristocrate et d'une famille oisive.

Rien d'assuré, au premier abord, à cause du moderne mélange et du reclassement personnel, mais plutôt déchue un peu que parvenue ; de celles, du moins, qui cultivent une vertu relative dans une avouable indépendance. Quant à certains autres problèmes qui l'inquiétaient, il s'amuserait à les résoudre peu à peu, chez elle, à l'aide de questions subtiles, car il obéirait à l'invitation, irait la voir.

Une rêverie si minutieuse dénotait une prise de possession certaine : Entragues ne s'en doutait pas encore, ou peut-être ne voulait pas condescendre à s'avouer que la forme féminine et agréable du grimoire agissait sur sa fantaisie, plus encore que sur sa curiosité.

Sixtine avait de la grâce et les contours s'accordaient selon le rapport voulu pour évoquer le mot de beauté. Blonds, les cheveux, et d'un vert doré, les yeux ; violente, la bouche et très blanches, les dents. Ah ! la bouche violente rompait l'harmonie, un esthéticien froid l'eût déclaré, mais, et preuve qu'Hubert était déjà la proie du désir, il en aimait la destructive violence, n'y voyait qu'une plus assurée promesse de plaisir. Les yeux faisaient un contraste de nonchalance et l'ensemble du visage vraiment avait de l'équivoque. A ce moment, Entragues tressaillit en un sursaut si excessif que des joueurs voisins restèrent le cornet en l'air et le six-quatre à la bouche. Les dés resonnèrent dans le cornet de cuir, Entragues assagit ses nerfs.

« L'équivoque, mais c'est la cause, c'est la cause mon âme ! L'équivoque versa le poison. »

Les yeux sur le va-et-vient des dés, il réfléchit :

« Oh ! allait-il prendre pour une sérieuse confession des paroles jetées par jeu, comme un volant, au vol d'une causerie ! N'était-ce point, vraiment, cette fois, la vieille maladie des noix vides ? Il sourit de lui-même, alla presque à se fâcher. Hé ! ne pas l'accuser sur un aveu, ne pas se montrer aussi dénué de critique qu'un accusateur public, mais ne pas lui dénier la virtualité criminelle. Quelle poupée pleine de son au lieu de sang, cousue de fils au lieu de nerfs, qu'une femme incapable d'un crime ! Autant dire incapable d'une passion ! Notre lâche civilisation, elle-même, absout les sanglantes conséquences de l'amour, épargne à de telles femmes l'inutile expiation d'un acte

3.

inéluctable. L'équivoque lue sur la face de Sixtine, c'est la marque d'élection, le signe de la passion possible, la preuve qu'elle est femme. »

Cette déduction rassura Entragues : désormais, avant de trembler devant le mot crime, il faudrait le qualifier. Une préalable distinction lui eût évité le ridicule sursaut dont s'étaient effarés les joueurs de jacquet. Maintenant, il acceptait volontiers une Sixtine voisine du crime et même une Sixtine criminelle : dans ce dernier cas, cela voulait dire, par exemple : elle aimait, on la trompait, elle empoisonna le trompeur. Ah ! il y a le pauvre empoisonné dont le sort peut troubler les sensibilités d'après coup : mais si au lieu de se défendre, Sixtine s'était laissée mourir, quel eût été l'assassin ?

Ce crime si gênant, d'abord, gagnait, insensiblement, des valeurs d'attraction. Un vieux désir, comme une autre vipère, remuait la queue : Ah ! baiser des mains empoisonneuses ! S'accoler à la chair d'une tueuse ! Par mépris de toute morale, donner du plaisir à celle qui provoqua, pour sa paix, des hoquets d'agonie !... Et il n'y avait peut-être rien que, vraiment, un jeu ! Oh ! elle en avait trop avoué, d'un seul mot, pour ne pas aller, tel jour, au bout de l'aveu : il saurait capter sa confiance. Pour le moment, comme il était impossible de pénétrer plus avant, faute de suffisantes lueurs, Entragues laissa toute analyse et dîna.

Ensuite, il recopia la séquence : parmi la rêverie, elle s'était obscurément refaite. Les mots voulus prenaient leur place assignée, le rythme assouplissait ses trop rudes cassures, les tares s'effaçaient.

Elle venait ainsi :

FIGURE DE RÊVE

SÉQUENCE

La très chère aux yeux clairs apparaît sous la lune,
  Sous la lune éphémère et mère des beaux rêves.
La lumière bleuie par les brumes cendrait
D'une poussière aérienne
Son front fleuri d'étoiles, et sa légère chevelure
Flottait dans l'air derrière ses pas légers :
La chimère dormait au fond de ses prunelles.
Sur la chair nue et frêle de son cou,
Les stellaires sourires d'un rosaire de perles
Etageaient les reflets de leurs pâles éclairs. Ses poignets
Avaient des bracelets tout pareils ; et sa tête,
La couronne incrustée des sept pierres mystiques
Dont les flammes transpercent le cœur comme des glaives,
  Sous la lune éphémère et mère des beaux rêves.

Il signa, avec la date, ajouta plus bas, en envoi : A Madame Sixtine Magne. Pour s'éviter toute réflexion de ce genre : l'enverrai-je, ne l'enverrai-je pas ? ayant libellé une adresse, apposé un timbre sur l'enveloppe, il la fit immédiatement porter à la poste.

Enfin, voulant se récréer en gagnant l'heure du repos, il se répéta une histoire, dont M. de B..., les avait amusés, un soir, chez la comtesse, — une histoire toute nue, comme il convient à une telle babiole, — comme pourraient en écrire ceux dont l'occasionnelle simplicité n'a pas pour cause l'indigence vocabulaire et l'infécondité imaginative.

VII. — MARCELLE ET MARCELINE

CONTE DANS LE GENRE DE « CENDRILLON », MAIS PLUS MODERNE

> « Ni vers, ni prose ; point de grands mots, point de brillans, point de rimes ; un ton naïf m'accomode mieux : en un mot, un récit sans façon et comme on parle. »
>
> Mme D'AULNAY, *l'Adroite Princesse.*

Il y avait une fois un gentilhomme qui se remaria avec une femme du plus mauvais cœur qu'il fut possible de voir. Il en eut une fille qui ressemblait à sa mère et toutes deux bientôt tyrannisèrent la maison, car ce gentilhomme les aimait, leur passait toutes leurs volontés. La fille surtout en profitait pour faire mille misères à sa sœur du premier lit, dont l'aînesse lui semblait un vol sur ses droits d'enfant gâté. L'une s'appelait Marcelle et l'autre Marceline. La méchante Marcelle haïssait sa sœur, mais la bonne Marceline le lui rendait bien Cependant comme son père, par pure bonté d'âme, et pour avoir la paix dans le ménage, prenait toujours le parti de Marcelle, Marceline apprit à souffrir.

Marcelle était jolie comme un bouquet de roses : instruite au sourire par les sourires penchés sur son berceau et sur ses jeux, elle savait rayonner à propos et chacun la tenait pour la plus aimable personne.

Grande, bien prise et faite au tour, elle avait une peau blanche et fine, des yeux bleus, des lèvres fraîches et une longue chevelure blonde.

Marceline était laide, petite, noire de teint et de cheveux ; à la vérité elle avait des yeux très vifs, mais d'une couleur sombre et sans aucune expression tendre. On la prenait pour la gouvernante de sa sœur, et quelquefois pour sa femme de chambre, car, et bien qu'on ne fût pas assez cruel pour lui refuser de la toilette, elle affectait un goût pour les vêtements simples.

Marcelle avait déjà refusé plus d'un parti, parmi les plus avantageux, lorsqu'un jeune seigneur, nommé Lélian, toucha son cœur par ses bonnes manières, son titre, qui était celui de marquis, et sa fortune.

Le jour du mariage fut fixé, Lélian fit sa cour d'une manière fort galante et l'on ne s'occupa plus que des fêtes qui devaient marquer un si grand jour.

Marceline se garda bien de montrer aucun dépit de ce que la cadette se mariait avant elle. On la vit au contraire aimable comme jamais. Elle reçut avec une bonne grâce inaccoutumée le jeune marquis destiné à sa sœur, tout le monde lui sut gré de cet effort, et on commença de la trouver moins laide et moins déplaisante. Au milieu de sa joie même, Marcelle gardait toujours cet air hautain qui sied à une fille bien née, Lélian, ressentait pour elle plus d'admiration que d'amour et il n'était pas fâché de causer un peu avec Marceline. La « petite », ainsi qu'on la nommait dédaigneusement, lui parut bientôt plus intelligente et plus gracieuse que sa sœur. Elle parlait de tout avec esprit, sa bonne humeur ne se froissait d'aucune taquinerie, et quand elle était par hasard seule avec Lélian, une flamme étrange d'un charme presque mystérieux, éclatait dans ses yeux obscurs. A force de les regarder, Lélian découvrit que ces yeux, d'un brun noir, avaient une gamme d'expression parfaitement nuancée ; ils parlaient. Dès lors, et dans les moments qu'il ne consacrait pas à Marcelle, il s'ingénia à épeler le langage des yeux de Marceline.

Il y songeait autant qu'un homme, à la veille de se marier, peut songer à des yeux qui ne sont pas ceux qu'il épouse, lorsque Marceline subitement souffrante, garda pendant trois jours la chambre. Ce hasard fut décisif : les yeux noirs reprirent leur langage et si clairement qu'il fallut les comprendre.

C'était le jour même du mariage, le matin. Tout à fait guérie, mais pâle encore un peu, Marceline errait dans le jardin, agaçant çà et là les fleurs, d'une chiquenaude, sans en cueillir une seule. Lélian, de son côté, se promenait pour duper son impatience : ils se rencontrèrent.

Que se passa-t-il entre eux pendant qu'ils allaient, par les allées, silencieux et lents ? Que disaient-ils, par les allées ? Lélian entendit sans étonnement ces paroles de Marceline qui les jeta comme une flèche, en le quittant soudain :

« Surtout ne vous trompez pas de porte, ce soir, nous sommes voisines, ma sœur et moi ! »

Au retour de l'église, il y eut un grand repas qui se prolongea vers la soirée et ensuite des danses et des jeux dans les salons illuminés, puis un souper magnifiquement servi, puis de nouvelles danses et de nouveaux jeux. Les paysans, sous une tente dressée exprès, prirent part aux réjouissances; ils chantaient des chansons, tiraient des coups de fusil, dansaient, s'embrassaient, buvaient à la mariée.

Au milieu de la plus grande animation du bal, Marcelle disparut sans que personne y prît garde, si ce n'est les hommes entre eux et les femmes derrière leur éventail; quelques jeunes filles rougirent; d'autres, méditatives suivaient des yeux la fuyante traîne de soie blanche. La toilette de la mariée, son attitude, les moindres paroles qu'elle avait prononcées depuis le sacrement, d'une voix bien distraite, ses larmes, ses sourires, ses baisers, tout cela fut passé en revue. Les vieilles femmes, craignant le ridicule, dissimulaient l'émotion des lointains souvenirs; les jeunes cherchaient dans la foule les regards de leurs maris.

Lélian monta d'un pas ferme et rapide. Il vit les deux portes voisines. L'une était fermée; l'autre était entr'ouverte : il la poussa et entra. Sans bruit et avec une diabolique adresse, Marceline tourna la clef et poussa le verrou.

Au matin, et comme cela avait été convenu, avant le lever de la maison, Lélian emmena Marcelle. Un carosse les attendait, attelé en poste.

Après le voyage de noces, qui fut court, pour la bien naturelle impatience des nouveaux mariés à s'installer chez eux, ils habitèrent le château de Lélian.

Comme les deux domaines se touchaient, pour ainsi

dire, Marcelle put retrouver quelque bonheur près de ses parents et de sa sœur qu'elle avait cessé de haïr. Le malheur amollit certaines fiertés et Marcelle, qui se promettait des joies sans nombre, s'était trouvée, comme il arrive, la plus infortunée femme du monde.

Instruite par l'expérience, Marceline refusa de se marier. Quand on lui parle du misérable état de vieille fille, elle sourit et demande :

« Voyons, en êtes-vous certains que je sois une vieille fille ? »

Alors, il faut bien convenir qu'une sorte de beauté s'est épanouie en la noire Marceline, et qu'elle est devenue presque laide, la blanche Marcelle.

Je crois que Marceline était fée, mais cela n'est pas bien sûr.

VIII. — LE RIDEAU TRANSPARENT DU TEMPS

> « En posant son *Cogito, ergo sum*, comme seul certain et en considérant l'existence du monde comme problématique, Descartes a trouvé le point de départ essentiel de toute philosophie. »
> SCHOPENHAUER, *Le Monde*, I, liv. 1, 1.

Entragues se leva d'assez bon matin et ses porteplume sous la main, feuilletant des papiers, buvant du thé, fumant des cigarettes, cet appareil était son magistère, il partit pour le sabbat.

M. Dubois, par un mémorandum administratif, avait la bonté de le prévenir. Il y avait eu des supplications postales et des pardons télégraphiques : Mme du Boys rentrait à la caisse. L'enveloppe contenait la lettre et la minute de la dépêche : Entragues fut touché de cette attention qui allait lui permettre de suivre, sans fatigue, le développement de l'oratorio.

La lettre, datée de Genève, était une réponse. Le secrétaire, parmi des phrases imprécises, avait sans doute laissé tomber de la semence d'espérance, car Mme du Boys semblait accepter en même temps qu'elle implorait. Se croyant de la dignité, elle n'était pas fâchée de cette corde lancée au milieu de son barbotage, elle l'aggrippe avec joie, avec la joie vaniteusement naïve de pouvoir dire : C'est lui qui fait le premier pas ! Comme il tient à moi ! Ah ! le pauvre homme, je ne veux pas le faire davantage souffrir. Cela se lisait autour des pages, en exergue, dans les blancs, jusque sur l'enveloppe, écrite à main posée. Aussi, il fleurait l'ennui, ce papier international : Je m'amuse encore plus à Paris, même aux côtés d'un mari stupide et solennel, que sur les bords du lac de Genève, seule avec ma femme de chambre, de neuf heures du matin à six heures du soir, sans nombrer les jours où des affaires retiennent M. le comte et où, pour m'endormir, je bois, à même la *Revue des Treize Cantons*, de lymphatiques fluidités sur la course à la vie et le sens de la mort !

« P. S. — Dire que je passe une saison en Suisse pour ma santé. »

Elle arrive, laisse tomber ses petits paquets, ouvre les bras et M. Dubois, très ému s'y jette :

« Ah ! mon cher ami ! je te retrouve donc ! quelles épreuves ! »

Elle a pardonné.

M. Dubois s'essuie les yeux et ne sait que dire, son discours envolé lui laisse la bouche vide.

(Penchée vers un des petits paquets qu'elle relève, Mme du Boys murmure, serpentine et câline :)

« J'ai pensé à toi, mon chéri, je te rapporte une boîte de cigares. »

Entragues s'amusa beaucoup à ce dénouement imprévu. Il achevait d'en rédiger la notice, on sonna ; c'était une lettre à écriture inconnue. Le libellé en était court : « Monsieur d'Entragues est attendu ce soir pour donner un commentaire à son *Rêve*. Seuls auditeurs : les quatre murs et

« Sixtine MAGNE. »

Déjà deux joies et il n'était pas midi. A cette heure seulement on lui montait sa rare correspondance, les précieuses matinées ne devant être troublées par aucune intrusion du problématique monde extérieur. Même au milieu d'un assez fiévreux contentement, il ne regretta pas la consigne donnée une fois pour toutes ; le billet de Sixtine arrivait à un moment où il pouvait songer à loisir et sans remords. Son plaisir se manifestait par une vivacité de mouvements toute juvénile ; de sa précoce maturité surgissait une apparence d'adolescence. Bien qu'alors il fût incapable de se rendre clairement compte de ses impressions, il se sentait *rajeuni* soudain et s'en étonnait. Ce mot ne lui semblait pas banal et il s'étonnait encore. Des gestes prestes l'eurent vite habillé.

La rue Notre-Dame-des-Champs était presque gaie.

Le Luxembourg qu'il traversa ensuite resplendissait d'une mordorure ensoleillée, plein d'enfants jolis et de flambants rubans. Vers l'Odéon il commença à ne plus rien voir autour de lui, une nuée rayonnante l'enveloppait. Dans l'après-midi, ayant déjeuné sans trop savoir où ni comment, il se trouva sur le Pont-Neuf, et se recueillit un peu. La présence d'esprit lui revint et d'un dernier souffle dissipant son nuage, il se mit à jouir consciencieusement de son bonheur. Le moment fut court : accoudé, regardant l'eau éternelle, il sentit le précurseur frisson qu'il connaissait bien, l'aure glacée du spleen siffla dans ses oreilles et bornant l'horizon comme un mur l'Idée noire se dressa devant lui. Une misère infinie l'accablait et loin d'en vouloir secouer le fardeau, il y ployait les épaules, se laissant écraser jusqu'au suicide. La souffrance lui ferma les yeux, il tremblait de froid, de fièvre et d'horreur, et un reste de raison, pourtant au fond de lui-même l'avertissait de l'absurdité d'une telle douleur soudaine et sans cause. N'importe, il y persistait, couché maintenant sous l'avalanche d'ombre, immobile, subissant le garrot de la mort solitaire, l'écorchement lent de l'agonie morale. Cela dura une heure pendant laquelle il pâtit des semaines de réelles et profondes peines, des peines les plus cruelles qu'ait inventées la tortionnaire imagination humaine, des peines sans espoir, des peines infernales. Il se réveilla tout endolori, et chancelant poursuivit son chemin.

La distraction du bouquinage lui fut d'un grand secours. Les momies, rangées par douzaines dans leurs cercueils, attendaient d'une fantaisie la résurrection momentanée. Il en sauva quelques-unes, les *Promenades*, de Stendhal, qu'il ne possédait pas, un vieux bréviaire historié d'armoiries et un lexique vénitien. Le Stendhal il regretta de l'avoir acquis. C'était encore un sujet de tristesse qu'il emportait et dans l'état maladif où l'avait laissé sa crise, le seul matériel contact de ces petites notules sans art, mais amères pouvait être dangereux. Amères! Pour lui seul, peut-être, car il y trouvait de telles désolations : « Cette Rome des Papes, cette matrice de l'idéal, cette Ninive de la pourpre, cette Babylone de la croix, cette Sodôme du mysticisme, cette arche des rêves sadiques, cet incunnabule des folies sacrées, cette génitrice de la passion nouvelle, cette Rome, je ne la verrai jamais ! » Un petit royaume avait volé au monde sa capitale traditionnelle et la lâcheté moderne avait ratifié le vol.

La tristesse tournait à la colère : Entragues sourit de ce donquichottisme, mais la violence d'une indignation, même passagère, acheva de le rendre tout à lui-même, et retrouvant sa pleine conscience, il respira.

Dans la rue, Entragues ne sympathisait pas avec la sourde conscience éparse parmi le fluide humain émané de la foule : les passants lui semblaient trop des fantômes, il ne les connaissait pas, les jugeait aussi inconsistants que les vignettes d'un livre illustré. Le plus tragique événement populaire n'éveillait en lui qu'un acquiescement ou une répulsion d'artiste : lever les épaules ou crier : Bravo, Hasard ! Observateur très dédaigneux et bien persuadé d'avance que rien de nouveau ne se peut produire au choc des individus entre eux ou contre les choses, puisque les cervelles élaboratrices sont éternellement d'une fondamentale identité et leurs visibles différences seulement l'envers et l'endroit d'une indéchirable étoffe brodée d'une inusable broderie, conscient de l'inutilité de sortir de sa maison pour entrer dans une autre maison, toute pareille, Entragues aimait le voisinage des livres qui lui démontraient la probabilité de sa philosophie. Il ne se lassait pas d'admirer la courageuse persévérance des hommes à redire toujours la même chose. Tout ce qui avait été rédigé depuis l'Ecriture se pouvait résumer en trois mots ; flambés en un fantastique creuset, la totalité des livres donnerait pour résidu chimique : COGITO, ERGO SUM : Descartes était le seul homme qui eût jamais écrit une parole nécessaire et treize lettres y suffisaient. Il aurait voulu les voir gravées au front des monuments.

Hors de ces trois mots, rien n'existait, sans doute, que l'art parce que lui seul, doué de la faculté créatrice a le pouvoir d'évoquer la vie. Lui seul, sans pourtant refaire ni la trame ni la chaîne, peut varier la broderie de l'étoffe, parce qu'il brode à l'abri des contingences. L'existence de Marie-Antoinette est problématique ; celle d'Antigone est certaine. La reine morte sur l'échafaud est à la merci des déductions et des négations ; Antigone est éternelle, comme le familial Amour qu'elle symbolise et l'écroulement des étoiles n'étoufferait pas l'aveu pitoyable et charmant de son cœur de femme qui murmure à travers les siècles : Je suis née pour aimer et non pas pour haïr ! Le symbole est impérissable comme l'idée dont il est la forme transcendante et qui lui devient nécessaire dès qu'il l'a revêtue. Quand on persécute Galilée, c'est un homme qui souffre, quand on sépare Roméo et Juliette, c'est l'espèce entière qui ressent leur déchirement.

Ayant mis l'art au-dessus et même à la place de la vie, Entragues doutait encore. L'art n'était-il pas, lui aussi, une illusion ? Si le monde extérieur n'est que fantômes que peut-il recréer, sinon des fantômes, à moins de se borner à l'éternelle reproduction du moi éternel? Mais à son plus haut degré de personnalité, la conscience individuelle contient toutes les formes, et, de même que, par une nécessaire objectivité, elle en projette extérieurement les silhouettes sur le rideau transparent du temps, ce qui est la vie, elle peut les projeter hors du temps, ce qui est l'art.

La fourmi angoissée nageait fermement vers le dernier brin de paille, forte contre les flots durs : elle ne sombrait pas dans les cavités du ruisselet, plus large que le fleuve Océan, et lorsqu'aux mouvements alternatifs de leur période les vagues l'élevaient au pinacle, elle voyait le salut.

Subitement, comme l'eau d'un bassin où plonge à l'improviste et s'ébroue un cygne, ses méditations se troublèrent. Le jovial instinct reprenait son jouet. Il n'y avait pas moyen, cette fois, d'arguer de l'illusion pour ne pas souffrir : les coups de fouet du pressentiment lui cinglaient les reins, si réels et si aigus qu'il était clair que la main ne se laisserait amadouer par aucun raisonnement : l'enfant s'amusait trop. « Pourtant ! pourtant ! » — Tout fut vain, et c'était vrai : En rentrant chez lui, Entragues trouva ce mortel billet, mortel, dans l'état d'exaltation où il vivait depuis le matin, rabat-joie vraiment consubstantiel à la mort.

« Dîner impromptu chez la comtesse de passage pour affaires. Regrets. Que demain remplace aujourd'hui. S. M. »

Ces lignes sous les yeux, assis tout vêtu comme dehors, chapeau, gants, pardessus, canne, la tête dans les mains, il eut le malheur de vouloir chercher les causes secrètes et passa, sans bouger aucunement, deux ou trois heures très pénibles. Son raisonnement débutait ainsi : évidemment, hier, en m'écrivant le premier billet, elle savait à quoi s'en tenir. Il se demandait ensuite : pourquoi s'est-elle jouée de moi? A résoudre cette difficile question il employa sa soirée. Enfin, après avoir entrevu quelques solutions très diverses, il conclut : c'est peut-être vrai ce qu'elle dit, un simple contre-temps. Aussi endolori, après cette séance de torture, qu'un pensionnaire chéri de l'Inquisition, il s'endormit en maudissant l'Espérance, tortionnaire plus subtile que le chevalet, les aiguilles et les araignées, aperçu illustré naguère par Villiers de l'Isle-Adam.

Il s'endormit, revivant dans un terrifiant cauchemar les pages du maître et sur le matin seulement atteignit le repos.

Au lever, il était tout autre et jusqu'au soir la certitude, la pure et claire certitude ne l'abandonna pas un instant : à huit heures et demie, heure choisie et fixée par lui, il la verrait. Jusqu'à ce moment, il marcha les yeux clos, presque comme un aveugle, toutes les puissances de son esprit, toutes ses facultés d'idéalisation noyées avec sa défiance et avec son scepticisme dans cette goutte d'eau, Sixtine. Il n'avait même plus l'énergie de l'étonnement : lune montante, l'amour naissant dominait son horizon : cette contemplation unique, peu à peu et très doucement, l'isola dans l'extase.

IX. — LA PROMENADE DU PÉCHÉ

> « Cette boucle de cheveux appartient à une fille de Ra-Hor-Xuti, qui a en elle toute l'essence de la divinité. »
> *Papyrus d'Orbiney, Pl.* xi, 4.

Elle avait l'air assez quatorzième siècle, prisonnière en sa chaise abbatiale. Vêtus de rouge, ses pieds foulaient un coussin noir ; ses doigts illuminés de grenats et d'opales, de cassidoines, peut-être, et de chélonites jouaient avec la corde blanche qui serrait à sa taille une robe aux lourdes ondulations pourprescentes ; vers la boiserie sculptée, fleur pâle, la tête se penchait ; l'ombre de l'ogive encadrait l'auréole blonde.

Tout dépaysé par l'attitude qui semblait exiger la génuflexion d'un fidèle, plutôt que la cordiale salutation d'un ami, il restait debout près de la porte, cherchant un exorde. Sixtine, plusieurs secondes, se donna la jouissance de l'étonnement qu'elle avait prévu, puis bravement se leva, et avec un reste d'arrière vanité, lui tendit la main. Il la prit froidement, voyant qu'on avait voulu le duper par une mise en scène.

Le fil se cassa, et toutes les perles de la broderie l'une après l'autre tombèrent : ce fut l'œuvre de cette soirée de rénover le fil de soie, de réintégrer en leur dessin les joyaux épars.

Tous deux s'y occupèrent avec bonne volonté et Sixtine, qui sentait le péril d'avoir travesti, même de parures dignes, l'image primitive restée aux yeux d'Entragues, redevint vite la femme simple, et sincèrement étrange de la première heure. Hubert, du moins, au vu de quelques gestes, au son de quelques mots, la recréa telle, peu à peu reprit son aise et renoua avec la Sixtine de là-bas la causerie commencée là-bas.

Les sapins au-dessus de leurs têtes courbaient leur lourds ramages ; un cerf passa, passèrent des chiens, passa Diane au croissant d'or.

Sur le globe rose de la lampe, Sixtine jeta un voile de soie verte en disant :

— « Diane s'éclaire elle-même : la chasse va se continuer au clair de lune. Est-ce bien lunaire, ainsi ?

— « C'est dans une pareille lumière que je vous vis une nuit, une surprenante nuit de rêve ou de vision : *E par che sia una cosa venuta...*

— « *Die cielo in terra*, continua Sixtine. Ma mère était vénitienne : elle me faisait lire des poètes italiens. Des bribes m'en sont restées, et ce fut tout mon héritage : elle ne m'a même pas donné ses cheveux, je suis blonde comme mon père, d'un blond pâle qui me désespère, car je n'ai pas l'âme blonde.

— « Croyez-vous ? L'âme et les cheveux sont toujours de la même couleur, à des nuances près. Il est vrai que les nuances importent : la crinière féminine revêt plus de trente teintes parfaitement différentes et caractérisables par des mots précis, dont la moitié sont prononcés journellement mais un peu à l'aventure. Ces teintes se mêlent et s'entremêlent à l'infini et la vue même peut à peine les définir par immédiate comparaison; cela est si vrai que, vous le savez bien, on ne peut pas réassortir des cheveux. Ne serait-il pas amusant d'ordonner une classification des caractères de femme sous le vocable des nuances de leurs cheveux ? Il suffirait de déterminer le ton exact pour se prononcer sur le caractère, les facultés passionnelles, le penchant à l'amitié ou à l'amour, le sentiment du devoir, la tendresse maternelle, etc. Les somnambules, qui se servent de ce principe sans méthode et sans préalables études, arrivent parfois à de curieuses révélations. Dans cinq ou six cents ans, cette science sera faite et ceux qui la possederont en perfection, au vu d'une mèche de cheveux, détermineront le caractère de l'homme, et sauront comment il faut le prendre pour le dompter. Mais les sots, les ignorants, échappent toujours au pouvoir de l'intelligence ; ils acquerreront la facile ruse de se faire raser le crâne, et prouveront ainsi une fois de plus l'inutilité de toute science et la vanité de l'esprit.

— « Appliquez-moi la science de demain, quelle est la couleur de mon âme ? demanda Sixtine, ramenant à soi, comme toutes les femmes, les moindres idées générales.

— « Blond changeant, blond flamme, ou, si vous voulez, en décomposant la nuance, fauve, cendre et or. Fauve c'est la sauvagerie, cendre, le nonchaloir, or, la passion. Votre horoscope viendrait ainsi : Femme partagée entre le désir de s'enchaîner à une tendresse et son amour de l'indépendance, mais qui se résignera à un choix, que les circonstances feront pour elle ; comme l'indolence est un mauvais garde du corps, il est vraisemblable, qu'elle sera conquise...

— « Volée, cria Sixtine, volée ! c'est moi qui vous l'ai dit, j'attends le voleur !

— « Eh bien, parfait ! cela concorde. Conquise ou ..ée par quelqu'un qu'elle n'aimera peut-être pas, mais qui aurait été plus fin et plus fort que les autres. Conclusion : l'acquiescement final de sa nonchalance.

— « Cela, non. Il faut que le voleur me plaise. Mais pourquoi le futur ? Les destins sont peut-être accomplis, qu'en savez-vous ?

— « Oh ! rien, fit Entragues, un peu troublé. Seulement, en présence d'une femme les hommes songent au lendemain et non pas à la veille. Il semble que l'avenir leur appartienne, comme une nécessaire conséquence de la minute présente, et quand ils ne peuvent l'ordonner selon leur profit personnel, la vanité, du moins, ne serait pas fâchée de le réglementer un peu par insinuation. Le plus sot d'entre eux se croit né pour être directeur de conscience, et au fait, comme ils ne savent pas se conduire eux-mêmes, c'est peut-être leur vraie vocation.

— « Il est certain, reprit Sixtine, que les femmes n'en sont pas plus heureuses pour avoir conquis la liberté de la bride sur le cou. Elles veulent, en général, trop de choses à la fois pour en vouloir une seule bien sérieusement et c'est leur rendre service que de préciser la route où doivent plus à l'aise galoper leurs désirs. La tyrannie malheureusement voisine avec le bon conseil : on ne sait pas toujours les distinguer l'un de l'autre, d'où révolte : puis la tentation est grande pour l'homme de légiférer sur tous les points, dès que la femme sur quelques-uns accepta ses avis ; viennent les ordres, le despotisme commence et l'insurrection est justifiée.

— « Vous parlez madame, comme un homme d'État, et je m'étonne que vous ne soyez pas Égérie quelque part ?

— « Je le fus et je m'en lassai. Vous me raillez donc bien mal mal à propos. Les femmes, peut-être, sont amusantes à conduire, non pas les hommes. L'Egerie qu'il leur faut tient en laisse un petit être rondelet aux oreilles tombantes ; Rops l'a dessinée, et bien que je ne fréquente pas les musées secrets, je l'ai vue. Une Egérie par jour et c'est toujours la même, dont l'âme se rend visible à leur spiritualité sous de plus secrètes, et de plus révélatrices toisons. C'est là qu'ils vont chercher la couleur de l'âme. »

Sixtine avait parlé avec une chaleur juvénalienne, qui découragea Entragues. C'était l'indignation de la femme dont l'intelligence a été dédaignée qui, se croyant une collaboratrice politique, avait vu son rôle abaissé à celui d'instrument charnel. Il feignit de n'avoir remarqué que le côté piquant de son discours et reprit :

— « Je n'avais pas osé, en ma théorie de la science des cheveux, mettre en lignes toutes les concordances possibles. Le vêtement, d'ailleurs, rend tout à fait

4.

puérile, et d'assez malsaine curiosité, une plus lointaine recherche ; cependant, l'accord des tons est loin d'être toujours parfait, il faudrait en tenir compte. Avouez aussi, madame, que si ce n'est pas là le palais de Psyché et son habituel logis, c'est du moins sa maison de campagne.

— « Allons fit Sixtine, en riant de bon cœur, je vous pardonne pour ce dernier mot, mais ne recommencez pas.

— « Mais c'est vous...

— « Moi, ce n'est pas la même chose. D'abord je n'ai pas insisté. Chut ! vous me gâteriez tous les vers où se déroulent des chevelures et celle de Bérénice même me deviendrait suspecte. Vous m'avez vue « sous la lune éphémère », je voudrais bien savoir à quel moment, par exemple ?

— « Vue, oui. J'ai de particulières facultés de vision et maintes fois je vous appelai près de moi par des magies. L'objet auquel je pense très fortement s'incorpore devant mes yeux en une forme visible, et à mes sens tactiles en une palpable matérialité, quelquefois. J'ai senti des présences de personnes certainement bien loin de moi, selon le commun jugement, et cela ne m'étonne point, car la sensation régulière n'est qu'une hallucination vraie. Vraie ou fausse, pour moi, cela est bien indifférent, je ne m'en inquiète guère.

— « Alors, toutes les femmes sont à votre merci ? Si une femme aimée de vous, se dérobait à vos prières, l'imagination vous... vous... suffirait.

— « Non, le stupre, c'en serait un, est le plus vil

des péchés, le plus sacrilège et le plus inutile. Que vaut un plaisir de chair non partagé ? Non, ces sortes d'actes sont vraiment trop solitaires. Je ne suis pas l'impur passant du poète, je ne me complais à de ridicules, incomplètes et fades profanations ; je ne suis pas non plus un Jean-Jacques : le Très-Haut ne m'a pas favorisé d'un don funeste à mes contemporaines.

— « Croyez-vous que cela leur serait si désagréable, ces stupres, comme vous dites, ces stupres imaginatifs ? Quand on veut plaire, on veut plaire jusqu'au bout.

— « Il y a des perversités de femme, reprit Entragues, assez peureuses pour se contenter de la métaphysique du plaisir ; mais je vois au delà : de parallèles rêves s'évertuant, au même moment, vers le même but ; résultat : la possession mutuelle à distance. Quel triomphe pour l'amour ! quelle ressource pour les amants séparés !

— « C'est bien à vous, vraiment de parler de notre perversité, vous en êtes doué d'une assez perverse, vous, d'imagination. »

Elle haletait un peu, s'éventait, oh ! sans peur, le sexe faible, la tête ferme.

Il y eut un court silence.

Cet original costume qui avait brisé chez Entragues le fil des sensations, maintenant lui plaisait. Il savait gré à Sixtine de ne pas lui être apparue dans une robe d'intérieur à la dernière mode, ce qui, sans arrêt possible, eût dévié la causerie vers la damnable sottise d'un bavardage parisien ou d'un dialogue de comédie moderne. L'intimité avec cette Sixtine un peu différente lui semblait extrêmement désirable: une seconde et identique bifurcation amenait au désir son sentiment parti de la curiosité. « M'introduire dans ton histoire », il se répétait les premières mesures du symphonique sonnet, et l'effarouchement même, en son recul, talonnait la convoitise.

Elle le regardait réfléchissant, non sans de petites impatiences dans les doigts ; il répondit :

— « Celle qui en fera son esclave l'assagira, sans doute.

— « Oui, sans doute. »

Ces seuls mots, Sixtine les prononça gravement, sur un mode cordial.

Sous les verdures de la vieille tapisserie tendue au plafond et revenant couvrir tout un pan, dans la pièce encore un peu froide, une tiédeur de printemps se répandit en ondes dorées; de l'intimité soudain vaporisée flottait.

Disant des riens nécessaires, auxquels répliquait légèrement Entragues, Sixtine se leva, alluma une flamme bleue sous la bouilloire de cuivre, ouvrit un coffret à cigarettes, se remua dans un ménage si adorable que Hubert souriait de joie à la voir aller et venir, prodigue de jolis mouvements et de gestes d'un arc pur.

Elle versa le thé.

— « Maintenant souvenez-vous. Il me faut mon commentaire. Quelle est donc cette vision où j'apparais « le front fleuri d'étoiles ? »

Hubert fit le récit de la surprenante apparition,

ajoutant qu'il y avait une histoire, que M. de B... la connaissait...

Sixtine l'interrompit et prononça les paroles déjà entendues :

— « Si vous voulez, je vais vous la raconter, l'histoire de la chambre au portrait. »

Entragues eut un sursaut et pâlit. Ceci franchissait les bornes de la vraisemblance. Il répondit d'une voix faible :

— « Dites, je le veux bien. »

Sixtine commença :

HISTOIRE DE LA CHAMBRE AU PORTRAIT

— « C'est une tragique et assez singulière histoire...
Elle se tut, paraissant convoquer ses souvenirs, puis :

— « Non, décidément j'aime autant ne pas vous la raconter.

— « Oh! je vous en prie, fit Entragues, pareil à un enfant qui ouvre déjà deux grands yeux curieux.

— « Non, plus tard, dans quelque temps, peut-être. Si vous me l'aviez demandée là-bas, avant ces vers, avant une coïncidence que je devine et qui me gêne! Non, maintenant, je ne pourrai pas. Quand vous la saurez, vous comprendrez, et cette réticence même vous semblera si claire ! trop claire ! Ce serait étrange, étrange... On dit qu'elle n'a jamais menti...
Eh bien, écoutez : « Le château de Rabodanges était

alors le domaine héréditaire... » C'est plus fort que moi... Un enfantillage ? Ne dites pas cela !

— « Mais je ne l'ai pas dit, l'émotion où je vous vois ne me suggère pas de tels mots. Laissons cette histoire...

— « Eh bien, reprit Sixtine, tâchez de la deviner, vous le pouvez, et je vous le permets. C'est peut-être vous qui me la raconterez. N'en parlons plus et allez-vous-en. Je me lève de bonne heure et je devrais dormir. Vous voyez que je vous traite tout à fait en ami. »

Elle avait l'air si nerveux, que Hubert ne demandait pas mieux que d'obéir, ne se souciant pas de gâter sa soirée par la gaucherie d'un quant-à-soi désormais nécessaire devant une femme qui ne paraissait plus maîtresse d'elle-même. C'était le moment de la retraite ou le moment des audaces ; il prit le premier parti, le second ne lui était pas venu à l'idée. Quand il s'agissait d'autrui ou quand il réfléchissait à loisir sur ses propres aventures sentimentaires, Entragues avait une remarquable lucidité d'esprit ; devant la cause elle-même, la cause en personne, agissante et parlante, il se troublait, comme un éternel écolier, obéissait, sans se rendre compte de sa sottise, à ces fausses insinuations des femmes qui demandent une violette pour avoir une rose.

Il fit donc le mouvement de prendre congé, tout en disant :

— « Je ne voudrais pas troubler de si honnêtes habitudes.

— « N'est-il point écrit, répondit-elle sur le même ton léger : « Fuyez les occasions de pécher. »

— « Et même saint Bernard, en ses *Méditations*, considère le péché futur comme aussi grave que le péché perpétré. Ne pas fuir l'occasion, c'est aller au-devant de la faute, et la rendre inexcusable. Mais je ne vois pas bien en quoi le lever matinal s'accorde spécialement avec ce précepte : il me semble au contraire que plus longue est la journée, plus nombreuses sont les pierres du chemin. Puis, est-ce que vous tenez tant que cela à gravir la voie de la perfection ?

— « Je tiens à ce que ma vie ne soit souillée d'aucune promiscuité de hasard. Les mauvaises conjonctions ne sont-elles pas moins à craindre de sept heures à midi que de sept heures à minuit ? La plus élémentaire astrologie le démontrerait, je crois, facilement.

— « Ah ! fit Hubert qui sentait le besoin d'avoir l'air d'être méchant, vous savez les heures où le Péché fait sa promenade, vous l'avez rencontré ?

— « Souvent, répondit Sixtine, en se moquant, souvent et son Altesse me fit toujours la grâce d'un sourire. Elle n'est pas fière et tend volontiers la main ; on voit qu'Elle aime les hommes en camarade plutôt qu'en prince : il y a entre eux une vieille familiarité. Son Altesse est mariée à la Nuit et bien qu'Elle ait domestiqué toutes les Heures à son esclavage, Elle revient avec joie, quotidiennement au légitime lit qui lui fut dévolu. Par une surprenante multiplication de visages, de statures, de gestes, de voix, le Péché capte les femmes, en revêtant la forme rêvée de leur désir adoré, et voilà pourquoi j'aime autant avoir fini ma promenade quand il commence la sienne. Mais je vous en supplie, allez-vous-en. Oui, à la même heure, venez de temps en temps. A bientôt. »

X. — LA PATE AZYME

> « . . . . »
> VAUVENARGUES.
> « La beauté, c'est la forme que l'amour donne aux choses. »
> ERNEST HELLO.
> « Flaubert, pas de sentiment... S'il avait cela, il aurait tout. »
> *Conversations* de VILLIERS DE L'ISLE-ADAM.

Fumant, déambulant, paradoxant, ils étaient une demi-douzaine sous la distraite présidence de Fortier qui corrigeait les épreuves de son numéro un (nouvelle série).

— « Bonjour, Entragues. Vous avez reçu mon petit papier et vous m'apportez quelque copie. Maintenant que nous paraissons tous les quinze jours, je vais devenir très affamé, je vous préviens.

— « A-t-on jamais vu une revue manquer de copie, une revue qui paie ? répondit Hubert. Imprimez du Constance. Vous devez cela à vos abonnés : « Toutes les femmes voudront lire cette nouvelle étude du jeune psychologue. L'originalité de la pensée, le pur relief du style, joints à une profonde connaissance de tous les mystères du cœur féminin, en font un exquis chef-d'œuvre d'analyse passionnée. — Prière d'insérer. »

— « Il m'a promis un roman...

— « Dont le titre est alliciant », interrompit une voix brève.

Entragues tourna la tête. Un jeune homme l'air correct et froid, le regardait. Fortier les présenta l'un à l'autre : c'était un cousin de la comtesse. Ils avaient dû se rencontrer avenue Marigny? Entragues asquiesca à cette insinuation, en songeant : Demain, ou après demain, mon pauvre Fortier la comtesse et la *Revue spéculative* appartiendront à Lucien Renaudeau.

— « Ce titre?

— « Alliciant, répéta Renaudeau. Cela se dénomme : *Pure comme le Feu*.

— « Il me plaît assez, à moi, ce fleuriste des âmes, dit, d'une voix lente et chaude, Jean Chrétien, je repasse, dans ses livres, « la Sagesse des Nations » : c'est plein d'incontestables vérités. On se promène dans un jardin ami : tous les aphorismes de Stendhal et de Balzac viennent vous manger dans la main. Mais, si nous voulons faire une revue sérieusement symboliste, il faudrait peut-être tenter la culture d'animaux moins familiers. »

Sylvestre entra, l'air nuageux, et Renaudeau, tout de suite, l'apostropha d'un ton rêche :

— « Dites-moi donc, quelle est cette contrefaçon de la vieille Sand qui vint hier ici, se recommandant de vous?

— « Avec un chien sous chaque bras?

— « Un noir et un blond. Elle nous a offert de la copie, des protections, des emprunts, son expérience, des souvenirs romantiques, les dernières bottes d'Alexandre Dumas, des cartes de la préfecture de police, l'adresse d'un photographe et de trois copistes, une entrevue avec Bouvier, le droit de reproduction des œuvres complètes de feu son mari, des billets pour le prochain bal de l'Elysée et, je crois bien aussi des femmes, mais c'était obscur.

— « Oh! répondit très doucement Sylvestre, elle est vieille, pauvre, il faut bien qu'elle gagne sa vie.

— « Je n'en vois pas la nécessité, fit Renaudeau.

— « Jolie silhouette pour un roman « parisien », dit Fortier.

— « Parce qu'elle serait vraie, sans doute? demanda Jean Chrétien, un poète qui faisait profession de bouddhisme. Est-ce que vous seriez devenu moderniste?

— « Naturaliste, dit Fortier en riant, je veux gagner de l'argent.

« — Je crois que vous viendriez un peu tard, dit Entragues. La caverne originelle est vide. Prenez-vous Huysmans pour un naturaliste? Mais son *A Rebours* est la plus insolente dérision de cette école même, quand au lyrisme « naturiste » et démocratique de Zola, il répond simplement : « La Nature a fait son temps! »

— « C'est un livre.

— « Un livre désespérant, continua Entragues, et qui a confessé d'avance, et pour longtemps, nos goûts et nos dégoûts.

— « Oui, reprit Chrétien, mais je parle des autres, des naïfs, de ceux qui croient que dès qu'une chose remue elle existe. La nature! mais c'est l'artiste qui la crée la nature, et l'art n'est que la faculté d'objectiver en un simulacre la représentation individuelle du monde.

— « Et, fit Passavant, l'homme n'est lui-même que le simulacre de l'idée.

— « Soit, reprit Chrétien, mais loin de pouvoir atteindre à la vérité absolue, comme s'en targuent ces niais, l'art n'est donc qu'un ricochet, le simulacre d'un simulacre. Ce n'est plus la volonté qui agit directement, mais seulement une volonté déjà fixée dans l'individu, soumise à l'intelligence, affaiblie par le dédoublement, en somme limitée à des velléités.

— « Ces sortes d'écrivains, remarqua Entragues, sont, ainsi avec la plupart des hommes, que l'humanité entière, ou à peu près, victimes d'une illusion d'optique. Ils s'imaginent que le monde extérieur s'agite en dehors d'eux, c'est une transcendante sottise, mais dont ne s'engendre pas nécessairement leur esthétique spéciale. Le monde, c'est l'idée que que j'en ai, et cette idée, les spéciales modulations de mon cerveau la déterminent : ils ont de laides cervelles, voilà tout. On pourrait ordonner d'amusantes esquisses ainsi conçues : le monde vu par un crabe, le monde vu par un porc, le monde vu par un helminthe. On se raconte soi-même, on ne peut même raconter que cela : l'œuvre d'un artiste, c'est la lente et quotidienne réaction de l'intelligence et de la volonté sur tel amas de cellules individuelles.

— « Il faudrait donc, dit Renaudeau, les accepter tels qu'ils sont! Eh bien, non. On peut se recréer, soi-même, nettoyer sa sale nature, la mener au bain turc, l'éponger, la frotter jusqu'au sang. Vous êtes trop indulgent, Monsieur d'Entragues.

— Entragues, fit Calixte Héliot, qui entrait, n'aime que l'art et ne s'intéresse qu'au style.

— Quelle nouveauté! répliqua Entragues. Par malheur, l'art ne suffit pas à produire le style; un don est nécessaire. Sans ce que Vauvenargues appelle le cœur, Villiers le sentiment, Hello l'amour, la littérature est une pâte azyme. Voyez Flaubert c'est l'artiste péremptoire et souverain mais qui, nativement, manquait d'amour. Pensez-vous que Villiers, par le plus incessant labeur, aurait pu effacer de son œuvre l'estampage de sa personnalité hautaine! Comparez *Bouvard et Pécuchet* aux *Contes cruels*, c'est le génie patient et le génie spontané, le mépris résigné et le mépris indigné, l'esprit froissé et l'âme blessée...

— « Vous m'apportez votre poème, Héliot, n'est-ce pas? demanda Fortier. Bien, qu'on le mette dans l'armoire aux chefs-d'œuvre.

— « Merci, dit simplement Calixte, en ouvrant un vaste portefeuille.

Il en tira son manuscrit, où, formulé en très belle bâtarde, se lisait à la première page le nom de l'auteur, Calixte Héliot: de ce prénom rare il était fier; puis, un petit carton dont il dénoua lentement les cordons bleus :

— « Tenez, Fortier, en voilà un, de chef-d'œuvre. Hein, qu'en pense Van Baël ? »

Le critique d'art prit le petit papier jaune, une fine eau-forte et prononça :

— « Joli, très joli, un peu noir, trop de morsure : de

loin, il allongeait le bras, de loin ça tourne à l'aquatinte, mais c'est fait.

— « De qui, savez-vous ? Il y a un S et un M entrelacés au coin à gauche.

— « S M, S M, répétait Van Baël, je ne devine pas. C'est un portrait. Attendez je vois encore des lettres après le monogramme. Singulier, singulier... on lit ceci: S.M. à S.M. Laconique dédicace de l'auteur à lui-même ou bien étrange rencontre d'initiales. »

Personne, ni Entragues qui s'y acharna, ne trouva la clef du chiffre.

Hubert et Calixte étaient de vieux amis qui se devaient l'un à l'autre de précieux services. Calixte remarquait l'insistance de Hubert : une fatidique attirance, plutôt que de la curiosité, fascinait ses yeux à la gravure.

— « Garde-la, mon cher Entragues, veux-tu ?

— « Oui, répondit Entragues, j'accepte, mais avec la permission de pouvoir te la rendre un jour ou de la jeter au feu. »

XI. — POUSSIÈRE DE DIAMANT

> « Chino la fronte e con lo sguardo a terra
> L'amoroso Pensier rode se stesso. »
> Cav. Marino, *l'Adone*, viii, 12.

Plus de quinze jours avaient passé depuis la fiévreuse et douteuse soirée accordée par Sixtine au désir deviné d'Entragues. Trois tentatives, trois fois personne : irrité, exaspéré, attristé, tels furent ses trois états successifs.

Après la porte close sur l'adieu, à la lueur d'une instantanée clairvoyance posthume, il avait vu et déchiffré l'ironie finale de Sixtine : « Tu ne me prends pas? je suis pourtant à ta merci. J'ai l'air de penser, d'écouter, de parler, mais je ne pense pas, je n'écoute pas je ne parle pas, je fais semblant et j'attends. Encore une demi-heure, encore dix minutes, cinq, une, la suprême, rien! Va-t'en! tu m'impatientes! » Tiens, se dit Entragues, c'est assez bien reconstitué, il ne faut pas perdre ça, et vers son logis cheminant par le plus long chemin, méditatif, il refaisait la scène, intérieurement l'écrivait. Comment cela ferait-il au théâtre? Il organisa le jeu. Pendant que l'amoureux partenaire explique la tendresse de ses sentiments, la femme dans cet a-parté se dévoile. Il haussa les épaules : cela ne serait pas compris, on croirait à de la grossièreté. Si Platon le comique l'avait fait déjà, puis, Andronicus, puis quelques Destouches, quelques Picards et quelques Augiers, à la bonne heure.

On ferait passer une petite note aux éminents professeurs qui professent la grammaire dramatique (cette vaste science en trois cent mille feuilletons) : Note. — *Cf. : Plato com. Frag. ed. Brulend. § 3; — Andron. ap. Taschend. t. XXXVII*; etc. Faites des livres, la critique vous enterre, faites du théâtre, elle vous écrase. Ecrire pour son seul plaisir, avec l'absolu mépris des jugements présents. Oui, mais s'ils sont justes, c'est-à-dire favorables, on s'en glorifie. L'isolement est difficile, sans cesse la vanité ressoude, infatigable, le câble qu'on a coupé. Vanité ! Fatuité ! Et en tout. Ainsi ce monologue prêté à Sixtine. Je raisonne comme un mâle ; et elle sent comme une femelle et je ne saurai jamais ce qu'elle a senti en tel moment, par ce que en supposant même un aveu et la volonté d'être sincère elle mentirait par état de nature. Le vrai c'est ce que l'on croit ; quand, on ne croit plus à rien, néant ! Il reste la sensation, mais la sensation analysée, poussière de diamant !

Il se coucha lamentable, s'évanouissant dans la conscience de son impuissance morale, saisi d'une crise pareille à l'abattement stupide où s'affaissent devant la femme désirée les impuissants physiques. Incapable d'aimer, incapable d'arracher de son cœur la science parasite dont les tentacules le strangulaient. Il lui semblait avoir avalé du plâtre et que son sang boueux stagnait en ses veines ; ou bien ses artères charriaient lentement un magnétique curare qui peu à peu endormait les muscles. L'esprit obstrué des plus contradictoires métaphores, il les essayait l'une après l'autre, indéfiniment choqué de leur absurdité. Enfin dans un ressaut de vitalité, il reconquit un peu de logique et cessa de s'avilir : je souffre, donc j'aime ! Cette pensée, bien qu'il en perçût ironiquement la douce naïveté, le réconforta, une très longue et décisive inhalaison rétablit l'hématose, il put s'endormir en paix.

De tels doutes et aussi douloureux plus d'un soir revinrent le suffoquer; il n'en fut délivré que par la colère, la première fois qu'il frappa sans réponse. Certaines déceptions, à de certains jours, déterminaient en lui cette volte-face, quand le désir très vif avait un but précis; c'était, en ce moment, voir Sixtine, seulement la voir, seulement le plaisir des yeux.

L'effet fut pareil au second échec, mais accentué jusqu'à une sorte de rage, crise peu dangereuse et dont le coup de fouet même était salutaire.

La dernière moquerie du sort, l'avait au contraire jeté dans un abattement résigné : Elle ne veut plus me voir, je lui ai déplu, comment? Pourtant, je l'aime ! Ainsi déplacé du sujet à l'objet le doute était supportable comme une souffrance imposée, que l'on accepte sans en ressentir la responsabilité : Ce n'est pas ma faute.

Alors il traîna dans les rues, chez ses amis, à la « Revue spéculative », une tristesse pâle comme une végétation de cave. Le matin, à l'ombre d'une forte habitude qu'aucune commotion n'avait déracinée, il travaillait encore, mais en abrégeant les heures, impatient des distrayantes flâneries. Ses imaginations ne l'accompagnaient plus; il semblait qu'à toujours projeter sa pensée vers une créature extérieure, il eût diminué en proportion l'intensité de sa faculté évocatrice.

En sortant de la *Revue*, comme Fortier venait de lui dire que la comtesse, réinstallée presque définitivement, pour cause d'affaires, recevait quelques amis, volontiers, tel soir, vers neuf heures, il découvrit que la présente journée se nommait mercredi, jour indiqué.

« J'y trouverai peut-être Sixtine ? »

Cette bien naturelle réflexion guida son somnambulisme vers l'avenue Marigny. Dans l'intervalle, il s'était habillé, il avait dîné avec une parfaite inconscience. Un système de rêverie, nouvellement organisé, lui adoucissait le lent et rude frottement des transitions : nanti d'un problème quelconque de métaphysique, de commerce, d'art, de politique, de n'importe quoi nécessitant de sagaces déductions, il s'y absorbait si parfaitement, que les heures le piquaient en vain de leurs épingles, les minutes : il marchait insensible, inexistant. Involontaire, le repliement d'esprit qui le cloîtrait entre les murailles de l'idée fixe, était un emprisonnement douloureux contre lequel se rebellionnait sa volonté ; au contraire, choisie et déterminée en toute liberté, cette incarcération le sauvait, sans l'impôt de la souffrance, de l'ennui d'attendre. Rien ne lui était aussi pénible que les changements de rythme : il les voulait brusques ou insensibles, d'une brutalité soudaine ou d'une douceur infinitésimale, l'unité de force subie selon toute sa violence initiale ou décomposée en l'infinité de ses décroissantes fractions. Réduire la sensation du temps à une progression évanescente, Leibniz lui en avait enseigné la méthode arithmétique : il l'appliquait à la vie. Vivre et ne pas savoir que l'on vit, idéal dont les sens, menteurs, mais impitoyables, lui barraient trop souvent la route : ce jour-là l'obstacle fut franchi.

Dans le petit salon du rez-de-chaussée, moderne et capitonné, beaucoup de monde : quelques sursauts de tête à son nom, le mouvement et les chuchotements habituels : « Un Entragues? — Quel Entragues ? — Oh! une épave d'Entragues! Le nom est commun dans le Midi. — Pourtant il le porte bien. — La comtesse nous dira cela. » Hubert, sitôt délivré du cérémonial, chercha des yeux un ami près duquel assurer sa contenance : il trouva les yeux de Sixtine : un geste l'appelait.

Sans étonnement, il obéit, car il avait vu qu'une chaise attendait près d'elle, gardée par un éventail.

— « Je vous ai aperçu et comme je me juge très criminelle envers votre amitié et votre insistance... Voulez-vous donc me faire dénombrer vos cartes de visite? Pourquoi ne pas m'écrire ?

— « Mais c'était vous voir dont j'avais besoin.

— « Eh bien, l'écriture a des magies étrangères aux formules imprimées. Au lieu de me chercher, il fallait m'appeler. Et vous avez cherché si mal !

— « Non puisque enfin je vous trouve.

— « Par hasard! Êtes-vous content? Vous vouliez me voir, regardez-moi.

— « C'est ce que je fais, répondit Hubert, et avec délices. Je ne m'en lasserais jamais, madame.

— « J'avais cru tout le contraire, reprit Sixtine, et

qu'un secret ou très indiscret pressentiment vous renseignait sur mes absences. Comme on accuse ses amis ! Depuis trois semaines, je suis sortie trois fois, le soir, pour venir ici, trois fois et naturellement le mercredi de chaque semaine. Avouez qu'il est singulier que ces trois mercredis, en rentrant chez moi, j'aie trouvé votre carte.

— « Si vous croyez que je l'ai fait exprès, répondit Hubert, me voilà perdu, car toute explication est trop simple pour paraître vraisemblable. Je vais vous donner la meilleure, encore que ce ne soit peut-être pas la vraie : le premier soir où je passai quelques instants chez vous était un mercredi : une puissance latente m'aura conduit à votre porte les mercredis suivants, et cela, sans nulle participation de ma volonté. Ce périodique retour, pareil à la culminance régulière d'un état fiévreux, est en somme, très naturel...

— « Ce sont là, répliqua Sixtine, les raisonnements d'un automate, qui se mettrait en peine de faire comprendre pourquoi il joue le même air de flûte, tous les jours, à la même heure. Mais vous êtes venu chez la comtesse, au lieu d'aller sonner à ma porte, on ne vous a donc pas remonté ce matin ? A quelles mains échoit cette besogne ?

— « Ce serait aux vôtres, madame, si vous y consentiez ? »

A tous les deux, mal à l'aise, la même pensée vint de se taire et de partir. Sixtine, d'une ancienne mauvaise humeur, enfin explosée, non calmée encore, craignait de blesser Hubert, de le faire saigner de trop de piqûres. Hubert, qui simulait la politesse attristée, souffrait une étouffante agonie. Lui-même s'était jugé, et Sixtine avait prononcé la sentence, avec quelles aggravations pour le misérable ! Incapable d'aimer, peut-être ; très sûrement, incapable de faire partager son amour. Nul mirage de sensation ne pouvait donc le tromper avec persévérance, avec assez de certitude pour lui donner le courage d'emporter à travers le désert, vers l'oasis, un fantôme d'amour vivifié par le désir ? Elle le raillait et il capitulait ; elle fuyait, il la regardait fuir.

Au bas de l'escalier descendu vite, le remords tira Sixtine par le pan de son manteau ; elle tourna la tête et quelques secondes attendit. Puis, secouant ses jupes, elle se hâta vers la voiture qu'à son arrivée sur le trottoir un gamin aux aguets faisait avancer avec de faux gestes d'obséquiosité. Profitant d'une nouvelle indécision le remords essayait de la séduire par de telles insinuations : « L'air est très doux, le ciel est clair, il serait agréable de s'en retourner à pied, tout en devisant. Ce pauvre Hubert m'en saurait gré et vraiment j'ai été un peu dure pour lui : il demande si peu ! Mais que fait-il ? » Elle écoutait : nul bruit de sortie du côté de la maison. « Comment, souffla la voix fluette et chuchotante de la Vanité féminine, mais vous avez l'air de l'attendre ! Quelle attitude pour une femme ! » Elle dit son adresse et monta en voiture.

Hubert était descendu pas pour pas, avec des arrêts à chaque degré de l'escalier, fléchissant sous une crise de mépris. Toute sa personne, et jusqu'aux mouvements nécessaires de ses membres lui semblaient une injure à la vie. Son reflet, entr'aperçu dans les glaces lui donnait l'horreur de l'inutilité agissante. Cette toilette soignée, quelle prétentieuse obéissance à la vanité ! Comme il était laid avec ces joues pâles, ce regard vide ! Ah ! poussière comprimée en une forme humaine, quel amour-propre t'empêche donc de reprendre ton état naturel, de te mêler humblement, comme ce serait le devoir, au sable meurtri et méprisé qui crie sous tes fantômes de pieds ?

Il arrivait à la grille; une voiture, se détachant de la file, partait : « C'est peut-être elle ? Non, elle doit être loin, maintenant. L'air est très doux, le ciel est clair, il aurait été agréable de s'en retourner à pied, devisant. Ce plaisir n'est pas fait pour moi, et même le rêve en est ridicule. Cependant, si je l'en avais priée, m'aurait-elle refusé ? La prière était bien au-dessus de mes forces. Peut-être n'ai-je manqué que de présence d'esprit ? Eh ! voilà que je raisonne comme si cette femme avait le plus faible penchant pour moi. Je ne me guérirai donc jamais de la stupide outrecuidance où si douloureusement je m'illusionne ? Alors, à quoi bon ma philosophie ? Tout est inutile. Ah ! je souffre moins ! L'inutilité de ma vie n'est pas unique : elle se confond avec l'universel néant. Oui, mais je ne puis pourtant considérer que moi et moi seul, puisque je ne connais rien en dehors de ma conscience. Eh bien ! je reste seul, indemne et invulnérable. Quelle est cette nuée, appelée Sixtine, qui viendrait troubler ma royale indifférence et me cacher mon soleil, la mort ? je ne veux pas m'endormir à l'ombre de sa beauté. Aimer, à quoi bon, puisque le réveil est certain. Ah! si l'éternité m'était donnée! Indispensable éternité, sans toi la vie n'est qu'une bien méprisable passance. Est-ce que l'heure présente existe pour le condamné qui sait que l'heure suivante ne lui appartient pas? Et cette vie est moins qu'une heure pour celui qui sait la valeur de ce qu'on lui a pris en lui volant l'éternité. Comme il aurait sacrifié son génie pour être chrétien et non plus dilettante de christianisme, croyant, non pas à la beauté seule, à la vérité de la religion, assuré non seulement de sa nécessité sociale, mais de son immuable, absolue et solaire vérité! »

Vers le Pont-Royal il sortit de ce nuage métaphysique, et retomba dans sa misère actuelle. La femme qu'il aimait ne l'aimait pas et ne l'aimerait jamais. Il avait beau se mépriser, s'accuser de sentimentaire impuissance, tout au fond de lui-même, l'homme protestait et redisait encore : « J'aime, puisque je souffre. »

Mais, chez Entragues, l'homme ne prononçait jamais le définitif aphorisme. Après les tumultuaires divagations de l'amoureux, le romancier venait, artiste ou fossoyeur, qui les recueillait, les attiffait de la verbalité, comme d'un linceul aux plis chatoyants et avec des soins, du respect, de la tendresse, les couchait dans le caveau sur la porte duquel des lettres d'or disaient : LITTÉRATURE.

Il se coucha, rêvant à l'embryon de roman qu'un autre, plus désintéressé, trouverait en cette naissante aventure. Mais ce désintéressement nécessaire, il l'acquerrait peut-être un jour! Cette idée lui fit horreur d'abord, puis il s'y habitua, et mentalement esquissa un premier chapitre, celui de la rencontre : il transportait la scène à Naples, vers la fin du quinzième siècle et les personnages devenaient de purs symboles. L'Homme, un prisonnier, concrétant en lui l'idée de l'âme confinée dans sa geôle de chair, presque ignorante du monde extérieur dont elle refaçonne à son gré la vision vague apportée par les sens; la Femme, une madone, une statue que l'amour du prisonnier a douée de la vie, de la sensibilité et qui devient pour lui aussi réellement existante qu'une créature de Dieu. Et sur ce thème toutes les divagations de l'amour, du rêve et de la folie.

Il commença, dès le lendemain matin, cette histoire étroitement basée sur son actuel état d'esprit et dans laquelle il devait s'amuser à transposer, sur un mode d'extravagance logique, le drame qu'il jouait naïvement avec Sixtine.

C'était la femme *nouvelle*, cette madone, *la Madonna Novella*, et quel nom donner au prisonnier, *proie* de sa propre imagination (comme moi-même, songea Entragues), si ce n'est celui de *Della Preda*, puisque nous sommes en Italie? *Veltro* convient pour l'indispensable porte-clefs, et, comme titre : l'*Adorant*.

XII. — L'ADORANT

« *Ave, rosa speciosa!* »
INNOCENT III.

COULEUR DE SANG

« Sainte Napolitaine aux mains pleines de feux
Rose au cœur violet, fleur de sainte Gudule,
As-tu trouvé ta croix dans le désert des cieux ?
GÉRARD DE NERVAL. *Les Chimères*.

La nuit par la meurtrière entra, conclusion d'une journée d'horreur. On l'avait oublié ; il n'avait pas eu sa promenade quotidienne. Peut-être allait-il périr là, sans revoir la Novella ?

Matin, midi ou soir, selon les arabesques de sa fantaisie, Veltro, son geôlier, d'un violent tour de clef, ouvrait la porte : « A la tour ! » Della Preda, l'air obéissant, montait les raides degrés de l'escalier étroit et obscur ; il montait lentement, comme s'acheminant à un service irrécusable, car il le savait, on ne lui donnait ces quotidiennes minutes de grand air et de factice liberté que pour lui faire plus sûrement sentir les affres de la cellule, empêcher qu'il ne perdît la notion du temps et de la durée de sa peine. C'est afin d'atteindre rationnellement ce but, sans doute, que les rigides philanthropes modernes instituèrent le strict règlement des prisons nouvelles. En

1489, les barigels de Naples connaissaient déjà le moyen d'éviter ces abus de confiance par lesquels le condamné transmue son châtiment en un mauvais songe ; mais on le réservait aux prisonniers de marque. Guido della Preda, comte de Santa-Maria, était accusé d'avoir conspiré, les uns disaient contre la sûreté de l'Etat, les autres contre l'honneur de la reine. On ne l'avait pas pendu parce qu'il était gentilhomme ; on ne l'avait pas décapité, parce qu'il était innocent ; une peine spéciale lui avait été dévolue, car il faut bien faire une différence dans une geôle royale entre les prisonniers qui sont coupables et ceux qui ne le sont pas.

Il était au secret : la conscience de l'injustice subie aurait pu l'induire en des tentatives d'évasion ou de révolte et son intelligence en eût fait le chef nécessaire des gredins vautrés de compagnie sur la paille du commun cachot ; et il n'est pas bon qu'un prisonnier sorte de prison par la fenêtre ou qu'un geôlier soit étranglé dans une bagarre : c'est d'un très mauvais exemple et bien fait pour déconsidérer les prisons. Ce raffinement, privilège discuté et accordé en conseil d'Etat sur la prière du Saint-Office (car Della Preda était l'un des treize pairs du royaume) avait encore une autre raison : « Notre Guido est innocent selon les lois passagères, mais qui peut se vanter de l'être selon les lois éternelles ? Qu'il souffre donc d'avance le châtiment que Dieu lui réserve pour son début dans l'autre vie! Qu'il souffre plus que les autres, puisqu'il est moins coupable! Que chaque heure de sa vie mortelle soit un acheminement douloureux vers la mort libératrice, par qui s'ouvre l'éternité! Ah! c'est un grand bonheur pour lui que d'avoir été impliqué dans ce procès! »

La dix-neuvième heure sonna, ce qui fait sept heures du soir selon la mode française; par habitude Della Preda leva les yeux vers le cadre que la muraille encastrait à trois hauteurs d'homme au-dessus du sol, vers la naissance de la voûte, mais il ne vit que de la nuit. Cette horloge lui mesurait le temps par des sonneries violentes comme des trompettes, et vraiment le vœu pieux du Saint-Office s'accomplissait : les mortelles heures de sa vie mortelle tombaient sur sa tête une à une, comme des balles de plomb.

Mais tout n'avait pas été prévu! Quel moine pieux pouvait deviner que le prisonnier trouverait en lui-même des joies et des tourments tels que n'en fit jamais jaillir en nul cœur la plus délirante passion de la vénéneuse Parthénope?

La Tour de la Croix (*Torre della Croce*), qui se nomme à cette heure et depuis quatre cents ans la Tour de la Proie (*Torre della Preda*), domine de ses créneaux tout le quartier populaire de Naples. Elle se dressait à l'extrémité d'un amas de vieilles masures qui sert encore de prison, par habitude, et à laquelle le peuple a conservé son appellation de Prison du Lévrier (*Carcer del Veltro*). A la fin du quinzième siècle, ces masures de reconstruction peu ancienne, avaient un apparence de château-fort et un espace de cent cinquante pieds devait rester libre entre les murailles bordées de fossés, et les premières maisons basses du faubourg.

Au centre de la plate-forme où Della Preda était chaque jour amené, un logis de corps de garde s'édifiait qui la partageait en deux, hormi d'étroits passages et bornait la vue du côté de la campagne. En mettant le pied sur la dernière marche, le prisonnier avait en face de lui, à sa gauche, la ville qui se projetait au loin, pleine de clochers carrés et de dômes ; à droite le golfe bleu.

Une église aux fuyants contreforts, écrasée et lourde, attirait d'abord le regard inexpérimenté et par la splendeur de sa madone enrubannée le fixait. Quand le soleil déclinant allait au fond de la niche ogivale la baigner de rayons, les rubis et les péridots de sa tiare, les lépidolithes et les topazes de son auréole étoilée réverbéraient l'éclat d'autant d'astres et la figure aux yeux diamantés s'extasiait.

La première fois que Guido monta sur la tour, c'était un soir vers l'heure du couchant. Ni de la flambante ville, aux terrasses vertes, ni de la cérulante baie aux blanches voiles, il ne vit rien, mais demanda, poussant un cri :

— « Là-bas ! Là-bas ! quelle est cette dame ?

— « Cette dame ? quelle dame ? répéta Veltro, l'œil étonné, inquiet déjà.

— « Oui, cette dame, devant l'église des Orphelins ?

— « Ah ! Au-dessus du portail, voulez-vous dire ? C'est la Novella, seigneur, répondit Veltro, en se découvrant au prononcé de ce nom, une bienheureuse et bénévolente madone. On ne la voit guère bien d'en bas, la rue est trop étroite, mais on sait qu'elle est là, et cela suffit.

— « Quelle agréable femme ! reprit Guido. O Novella ! protégez-moi et aimez-moi !

Il s'agenouilla, baissant le front, et quand il se redressa aux derniers mots du suppliant *ave*, la Novella souriait pleine de grâce et de tendresse.

— « Ainsi vous acceptez ma prière ? Merci, madone ! Daignez me recevoir comme votre fidèle, que toutes mes respirations soient des hommages à votre immaculée tendresse, à votre souveraine grâce. Ouvrez votre complaisance à l'irrévocable don de ma vie : que je sois à vous comme la pupille à l'œil qui la meut selon l'esclavage de son gré. Foulez-moi du poids béni des adorables pieds qui écrasèrent le serpent ! Que, pour l'amour de vous, ma chair soit desséchée, mes os brisés, mon sang répandu. Ah ! je vous aime, O Novella ! bienheureuse et bénévolente madone.

La madone accepta le pacte : un signe marqua sa volonté, son choix et son plaisir : par trois fois ses paupières s'abaissèrent sur ses yeux et par trois fois se relevèrent. Puis la nuit tomba et il parut à Guido qu'un très notable miracle avait quelques instants suspendu le soleil au bord de l'horizon.

« Il est coupable, bien coupable, se disait alors Veltro, mais il a de la piété, il regrette ses crimes, que la madone l'entende ! »

— « Ecoutez-moi, seigneur, ajouta le geôlier, et sachez qu'il n'y a de meilleur recours au monde que d'implorer la Novella. Ce n'est pas pour rien allez qu'on la nomme la Madone des Orphelins ! Ses bras sont tout grands ouverts et elle ne porte pas le

Bambin parce que celle-là, toutes les créatures de Dieu sont ses enfants. C'est la seule, à ma connaissance du moins. *Santa Madonna degli Orfani, ora pro nobis.*

Depuis deux mois que la Novella était l'occulte maîtresse de Guido, elle ne lui avait donné que des joies, de charmantes et adorables joies. Il l'aimait et elle souriait à son amour. A peine si, tel ou tel jour un nuage léger avait cendré le front pur ou les yeux clairs de la bien-aimée. Il aimait, et tout à son culte, se sentait aimé. Craintive d'abord, sa tendresse maintenant osait. Le doux, mais éternel sourire, ne lui suffisait plus; l'amant sentait naître en son cœur la hardiesse de la passion, comme une rose prisonnière que la sève incite à jeter au grand jour le trésor vivant de sa pourpre. L'heure approchait où le timide adorant allait demander à la muette adorée quelques preuves, oh! les moindres, de l'adoration partagée, l'heure approchait, l'heure du dialogue, l'heure spirituelle qui tient par la main sa sœur, — l'heure aux yeux sérieux et tendres, l'heure aux sanglantes caresses, l'heure charnelle.

La journée sans lumière qu'il passa sous le martellement de l'impitoyable horloge, fut d'autant plus pénible à Guido, qu'il l'avait choisie pour les définitives interrogations. Comme les autres, comme tous les amants, il voulait savoir *à quoi s'en tenir*, quand il est si simple d'ordonner soi-même les demandes et les réponses : mais c'est peut-être ce qu'il fit, et que faire autre chose?

Veltro s'expliqua. C'était la fête de San Gaetano, le pays de sa femme, à deux lieues de Naples. Il avait eu permission, était parti, comme un étourdi, sans prévenir le valet chargé du service. Le seigneur prisonnier voudrait bien lui pardonner ?

— « C'est bien, Veltro, je vous pardonne. Vous n'êtes pas méchant et je crois que cela ne vous arrivera plus, quand je vous aurai dit que j'ai beaucoup souffert. »

Il montait lentement, comme à une joie certaine, fermant à demi les yeux sous les caresses prolongées du désir, comptant les marches, frissonnant à l'approche de la dernière et trente-troisième.

Un soudaine inquiétude arrêta son habituel élan vers l'appui des créneaux : il avançait pas à pas, hésitant, avec les gestes de l'étonnement et de la déception.

— « Pourtant c'est elle, c'est bien elle, et je ne la reconnais pas!

— « Rassurez-vous, seigneur, il n'y a pas de mal, au contraire. On lui a mis sa robe d'été, voilà tout. La Novella fait sa toilette aux quatre saisons. C'était donc fête aussi, par ici! Ah! si j'avais su! Mais qu'elle est belle! Elle est belle comme une reine. »

Oui, elle était belle, mais Guido fut un bon moment avant d'admettre cette transmutation à laquelle il n'avait point participé. Tout triste, il regardait la nouvelle Femme, tout triste et les yeux pleins de reproches :

« Est-ce qu'il y a des saisons pour mon amour? Est-ce qu'il y a des jours, est-ce qu'il y a des heures? J'aimais la robe couleur de ciel que tu avais revêtue pour notre rencontre première? Pourquoi donc l'as-tu laissée? Est-ce à mon intention, du moins? As-tu voulu me faire la surprise d'une plus riche vêture habillant plus noblement ta sereine beauté. Ah! reine, ce trop beau manteau ne rapproche pas ton cœur de mon cœur, ni tes lèvres de mes lèvres ; alors, à quoi bon? Tu étais bleue comme le ciel et comme la mer, bleue comme le rêve, bleue comme l'amour, pourquoi ce pourpre sanglant? Dans quel fleuve de sang as-tu trempé ta grâce? Ne t'avais-je pas offert le torrent de mes veines? Reine, tu m'as trahi! Tu me souris encore, mais ton sourire est cruel, tu railles, tu méprises! Jour hostile où loin de mes larmes, tu as permis que de barbares mains soient venues profaner les membres que j'adore! C'était à moi de te dévêtir, c'était à moi de t'envelopper, divine et nue, dans le manteau sacré de mes effusions. Ah! vous me faites pleurer, Novella! Quoi! tu pleures aussi, chère Passion, tu m'aimes donc toujours? Oh! ne pleure pas! Pardon, pardon, c'est moi le méchant, c'est moi l'inclément, et de plus, j'étais fou. Cela se comprend : j'ai cru te perdre. Mais non, n'est-ce pas? Tu es à moi, plus que jamais, à moi seul! Eh bien, que je sois tout à fait heureux! Non? Je t'en prie, je t'aime tant! Pas encore? C'est vrai, j'ai douté de toi, il faut souffrir, je veux souffrir.

XIII. — *CHRISTUS PATIENS*

> « Elle ne jugeait pas, ayant d'autre pensées. »
> VILLIERS DE L'ISLE-ADAM, *Isis*.

« En ce champ labouré d'un bien superficiel labour, emblavé à peine d'une rapide volée, se disait Entragues, je ne moissonne que des problèmes, ivraies, folles herbes, graminées ridicules ! Depuis trois jours, je n'ai plus que des inquiétudes de mathématicien penché sur d'insolubles x.

SÉRIE DES x

$x\,a$. — « Ce fut le poison ».
$x\,b$. — « Histoire de la chambre au portrait. »
$x\,c$. — « S. M. à S. M. »

$x\,a$

« J'avais cru trouver la solution. A dire vrai, le problème était enterré ; il vient de resurgir, évoqué par les deux autres.

$x\,b$

« Est-ce une histoire où elle fut mêlée ? Une page de sa vie s'est-elle écrite dans cette mystérieuse chambre où d'innocents voyageurs sont favorisés d'aussi surprenantes visions ? Faudrait-il joindre ce second x au premier ? Un crime a pu être commis là.

$x\,c$

« Sans nul doute, si le ciel m'a doué de quelque esprit divinatoire, sans nul doute, un des monogrammes signifie Sixtine Magne et peut-être les deux se résolvent-ils en les mêmes syllabes : hommage du présent au passé, de la Sixtine d'aujourd'hui à la Sixtine d'hier : portrait de l'amant ou du mari, puisqu'elle fut mariée. Eh ! m'y voilà ! Son mari portait un prénom commençant par S. Il s'agit et c'est aisé chez un marchand d'estampes, de trouver un graveur du nom de S... Magne; ou bien, dans le cas d'un amant, S... M... Sur quoi j'appuie cette déduction ? Sur rien. Les initiales deux fois répétées, de la femme que j'aime doivent me troubler, sinon je ne l'aimerais pas. Elles ne cachent, peut-être, que des noms de nul intérêt pour moi, mais le peut-être suffit à justifier mon inquiétude. Le passé ? Passe pour le passé. Le présent ? Ah ! l'ennemi inconnu que l'on devine dans les sourires, les phrases suspendues, les gestes, les menues privances mêmes de la femme qui se laisse aimer ! Agréable sensation et qui me manquait encore ! La jalousie sans objet, la jalousie dont rien ne peut guérir, pas même la possession !... Il faut noter cette remarque, elle est juste. »

Il écrivit quelques lignes sur son carnet : « ... L'abandon suprême d'une femme prouve-t-il son amour ? Non, cela peut être l'occasion, l'ennui, le besoin de mentir, la vengeance, la perversité qui la jette en vos bras. Pour se sentir aimé, il faut croire; l'amour est une religion. Il faut avoir la foi, il faut aimer soi-même. Aimer soi-même? Oui, pour être plus facilement trompé, c'est le moyen. Se dévêtir d'abord du raisonnement, puis plonger vers la vérité! Absurde. Alors, croire? Oui, croire, et la vérité elle-même, est-elle autre chose que la croyance? Vérité, croyance, double face de l'unité, mystère d'un Dieu en deux personnes. Ah! si je croyais être aimé de Sixtine, elle m'aimerait, j'aurais le repos, la joie de l'union, je le puis. Comment? Il n'y a peut-être qu'à ne pas réfléchir. S'embarquer sur la barque légère et au fil de l'eau descendre... Vers l'océan, n'est-ce pas, vers l'inéluctable abîme? Evidemment, mais ce détail est insignifiant. Le tout est de s'embarquer et de ne point passer sa vie à regarder les autres partir pour le délicieux inconnu. Mais on en revient! Alors à quoi bon? Si le courant est un circuit, autant demeurer chez soi à lire la *Divine Comédie*. Lui aussi en est revenu, l'Alighieri! Il n'y a que la mort. Mais on n'en revient pas, et se dresse un autre à quoi bon : mais celui-ci a sa réponse toute prête qu'il nous glisse à l'oreille quand il lui plaît. Amère la vie, plus amère la mort. »

Une église se dressa près de lui. Il reconnut l'humble Saint-Médard, entra et s'agenouilla :

« O Dieu de la Croix, *Christus patiens*, Christ éternellement souffrant, écoute-moi! je cherche la joie, je cherche l'amour, je cherche la douleur, et je ne trouve que le néant. Je ne sais ni jouir, ni aimer, ni souffrir, prends-moi par la main et conduis-moi comme une mère qui mène son enfant. N'est-ce pas, il faudrait d'abord souffrir avec toi? Puis viendrait l'amour, ainsi qu'une pluie dans le désert, et naîtrait la joie, joie d'aimer, joie d'avoir souffert... »

« Je crois prier, se dit Entragues, en relevant la tête et je fais de la littérature. Elle est assez bien venue, cette prière, et si je puis m'en souvenir, je l'utiliserai. Prendre mon carnet, la rédiger, ce serait blasphématoire! Pourquoi non! Il faut profiter de l'inspiration, cela ne se retrouve pas.

Avec de très légères variantes, il nota son éjaculation.

« Je me suis arrêté à temps. L'inconsciente comédie à la fin m'eût fait rougir. Je prie sérieusement et suis-je chrétien? Oui, je veux l'être, et du plus mystique et du plus abstrait catholicisme, quand cela ne serait que pour me séparer de l'abjecte foule, reniant comme une vile affranchie la religion qui l'a tirée de l'esclavage. Il est bien évident qu'au fond de moi-même je crois plutôt à la divinité de Jésus qu'à celle de Cakya-Mouni et que je me ris de la vanité d'un créateur inconscient!...

« Ah! quelles sont énervantes, ces rondes solitaires! »

Puis, tout d'un coup :

« Il faut que je la voie, il faut que je la voie! Ah! pourvu que cela ne soit pas mercredi? »

Les journaux échelonnés le long d'une petite librairie le renseignèrent : vendredi 27 octobre. Ainsi, il y avait déjà dix jours passés, dix irrévocables jours, depuis le mercredi fâcheux où s'était écroulé son amour. Ecroulé ! eh bien, cela se reconstruit. Mais c'était vraiment et un peu trop, à la lettre, aimer à distance. Sixtine n'occupait pas, comme lui, ses heures, à l'analyse du tout et du rien : pour se faire aimer, il faut se faire voir. Dorénavant, il en chercherait toutes les occasions, il la suivrait, comme un chasseur, la presserait impitoyable jusqu'à la curée des baisers. Cesser de réfléchir, ne penser qu'au but et compter pour rien les obstacles. Dès ce soir, il allait commencer.

Au train de cette activité mentale, ses jambes, déjà, obéissaient. Il remontait vite une rue populaire, pleine d'enfants, petits dauphins démocratiques, marmaille du souverain moderne. L'inventeur du suffrage populaire lui semblait, en ce moment, le plus exécrable monstre produit par l'humanité et parallèlement à ce lâche inconnu, Néron et Attila, refondus en un seul exemplaire, étaient des créatures dignes de la génuflexion. Nul n'avait à ce point abaissé l'Idée, nul n'avait tâché à faire du monde une aussi désolante écurie, où seraient maîtresses les ruades des Houyhnhms respectés. Il fut pharisien et se rendit la justice de n'avoir jamais mangé le foin aigre de ce râtelier royal : il avait à l'âge de raison renoncé, plein de dégoût, à sa part de souveraineté et jamais un bulletin de vote n'avait souillé ses doigts d'aristocrate. Cela tenait moins à sa première éducation qu'à de subséquentes et personnelles réflexions, car la moderne dégénérescence accepte l'accomplissement des faits et il n'y a plus que des protestations uniques, intérieures et inutiles.

En descendant le boulevard Saint-Michel, son pas se rythma paresseusement selon la démarche des flâneurs. Il regarda autour de lui et jugea que de cet autre milieu n'émanait pas un parfum d'essence supérieure : c'était la même évaporation d'inconscience. En bas, comme à mi-côte, comme en haut, par des voies pas très diverses, on cherchait le bonheur, sans se douter, comme dit le pasteur Manders, que chercher le bonheur dans cette vie, c'est là le véritable esprit de rébellion. Quant au droit social des uns ou des autres à même de l'illusion politique il était égal et également chimérique. Là-dessus, Hubert décida de lire un peu Hobbes, à la première occasion.

Mais, lui-même ? se croyait-il, par exemple, au-dessus ou seulement à côté de l'humanité ? Eh ! c'est là l'intime pensée de chacun des nobles exemplaires de la terre cuite que jadis un Dieu modela sur les bords du Tigre : moi et les autres, moi et les hommes, moi et le reste, etc. C'est grâce à ce procédé que l'on juge, que l'on écrit le roman ou l'histoire, que l'on raille en des comédies ou de plus brèves plaisanteries, que l'on juge. Juger, c'est l'universel et le particulier, c'est tout, c'est la vie. Le tribunal fameux, le tribunal de la conscience, avec l'égoïsme pour président et les vices pour assesseurs, n'est-ce pas ? Et lui aussi jugeait : au mépris de toute raison, il pesait l'impondérable et sondait l'impénétrable, c'est-à-dire la pensée d'autrui, sans réfléchir que l'on ne peut rien connaître en dehors de soi et que juger les hommes, en somme, c'est juger l'idée qu'on a des hommes. Comme le premier venu de ces accusés, il s'était laissé prendre au piège de la réalité : se moquant de ceux qui cherchent le bonheur, il se moquait de lui-même car depuis sa naissance au monde de la sensibilité, qu'avait-il fait sinon de consumer à cette enquête vaine, le meilleur de ses forces ? Vaine, et plus vaine que jamais maintenant qu'il s'égarait vers les nuages extérieurs. Où prétendait-il, en aimant Sixtine, et les faciles nuages écartés, aurait-il aussi beau jeu avec la nuit fondamentale ? Quand il la briserait entre deux pierres, cette tête chère, verrait-il ce qu'il y a dedans ? On peut, sans doute, user de moyens plus humains et, par exemple, de l'inoffensive fascination.

De là, il revint, à sa précédente rêverie et le cercle fut fermé : décidément ne plus réfléchir, agir.

Il se trouva de très bonne humeur et tout dispos, cette fois, à compter sans ennui les quarts d'heure aux horloges du chemin. Volontiers même il eût ri avec un compagnon de rencontre, ou considéré le trottinement des femmes, ou musé devant d'égayantes images. Le Louvre, qu'il aperçut de l'autre côté de l'eau, le tenta : il alla revoir la fulgurante Clytemnestre qu'une torche si drôlement éclaire et dans cette salle qu'à d'autres jours il aurait nommée un coin de honte, quelques minutes, il s'amusa. Cela ne valait pas, comme intensité de comique, les terribles Hogarth et les navrants Daumier, mais David et les siens, cependant, avaient ridiculisé l'antiquité avec succès. Le sobre Flaxman n'était jamais arrivé à délinéer des personnages aussi complètement stupéfaits d'avoir été découpés à l'emporte-pièce.

Entragues s'était laissé dire que pour faire de la place à cette exhibition foraine, on séquestrait en des armoires divers tableaux de maîtres d'une immorale nudité : c'était le cabinet secret des gardes de la peinture du Peuple. Restait à déterminer si la mauvaise peinture n'a pas son immoralité et si le *Serment des Horaces* ne devrait pas être mis sous clef aussi bien qu'*Atalante et Méléagre*, le Parhasius, un peu excitant peut-être, où se délectait Tibère ?

De l'arbitraire stupidité des Néo-Romains Entragues remonta un peu vers les têtes poudrées de ces ennemis de la Nation et de l'Humanité que David put desdessiner, enfin dépouillées de leur fard, mais si méprisantes que, dit-on, il en baissait les yeux. Cette galerie du Pierrot était charmante et faisait comprendre la Révolution, l'envie de la Plèbe et sa haine pour des grâces si haut et si loin.

En sortant, et sous les portiques de la rue de Rivoli, il se mit à suivre une femme dont la démarche inquiète avait, dès la cour du Louvre, séduit sa curiosité. Elle n'était pas mésavenante, portait bien une toilette plutôt originale, de la dentelle noire en ondes et rien d'éclatant. Le tour des yeux énombré d'un pigment brun donnait du lointain au regard, mais aucune attirance magique : elle était assez grande, maigre, brune, très pâle et les deux moitiés de sa face semblaient inégales, par l'inégal abaissement des coins de la bouche, l'inégal relèvement des sourcils sur de lourdes paupières, l'une toute distendue, l'autre à petits plis toute froncée.

Rien de caricatural, mais l'impression subie était pénible.

L'éventaire d'une marchande d'oranges, au coin de la rue de Marengo, et, sous les trois arcades suivantes, divers embarras de caisses, de petits camions parurent l'exaspérer ; elle prit son élan, courut alla frapper du genou le quatrième pilier, puis le cinquième, puis les autres, mais posément, maintenant, comme une personne qui se promène avec indifférence. Si des causeurs masquaient un pilier, elle attendait, donnait son coup de genou, repartait ; si la distraction des étalages l'avait attirée vers l'autre côté du promenoir elle revenait sur ses pas, vite, comme avec un remords d'avoir franchi un des degrés de sa voie douloureuse. La stricte obéissance à l'impulsion ne l'empêchait pas de prendre garde à la curiosité des passants, mais elle avait acquis, sans doute par une longue pratique, une telle habileté, une telle rouerie d'allure, que nul ne la remarquait.

Elle traversa la place du Palais-Royal, gagna de refuge en refuge l'avenue de l'Opéra, tout en se frôlant aux becs de gaz, aux arbres, aux colonnes. Là, elle recommença son manège avec cette variation qu'elle cognait du genou chaque porte de boutique, les portes seulement. L'une était ouverte ; elle attendit, comme devant un précipice, considérant les rideaux de peluche rouge d'une modiste mal famée, ayant l'air si malheureux qu'Entragues, d'un très discret salut, osa l'aborder :

— « Vous semblez embarrassée, madame, puis-je vous être utile ? »

Elle le regarda, n'observa sans doute rien de désobligeant dans le ton ni dans les gestes, répondit :

— « Oui, vous pouvez me sauver, si vous avez quelque magnétisme. Appelez une voiture, obligez-moi de monter et reconduisez-moi ; je demeure avenue de Clichy, j'y vais à pied, sans pouvoir... sans pouvoir faire autrement... Vous m'avez vue ? Ainsi dès que je sors toute seule, je marche, je marche... et quand je rentre, c'est pour m'évanouir de fatigue et de honte. »

Entragues avait déjà, de sa canne levée, fait signe à un cocher qui s'approchait du trottoir.

— « Vous êtes seulement un peu névrosée, vous avez besoin de repos, voici la voiture, venez. »

Il prit son bras ; elle résistait, disant, car l'abîme venait de se clore :

— « Encore celle-ci, rien que celle-ci, la dernière. »

Elle était repartie, tournant la tête, suppliante, mais sans volonté.

Eh ! se dit Entragues, si je la prends de force, cela va ameuter les passants. Quant au magnétisme, je ne me vois pas faisant des passes à quatre heures du soir, en pleine avenue de l'Opéra. Il y a le regard sévère, la voix impérieuse. Singulière aventure et quelle drôle d'hystérique !

Cependant il l'avait rattrapée.

— « Voyons, fit-il brusquement, la voiture attend. Venez. »

Elle leva les yeux et sous son regard fixe, se laissa emmener.

Une fois en voiture, elle fut aimable, très aimable, même, commença des confidences, parla de son mari, de sa petite fille, son seul enfant, si jolie brunette, capricieuse et volontaire, brisant la tête à ses poupées pour les punir, jetant des charbons sur les tapis pour sentir la bonne odeur de brûlé, n'aimant que la salade, les oranges et les carottes crues, et pas encore huit ans !

— « Vous allez descendre là, dit-elle en arrivant à la place Clichy, mais je vous dois beaucoup, il faut venir me voir. Voulez-vous être mon médecin, soyez mon médecin, je vous obéirai bien.

— « Mais...

— « Vous n'êtes pas médecin, qu'est-ce que cela fait ? Au contraire. Pourvu que mon mari le croie, n'est-ce pas ? Le matin, à dix heures, il est parti. Entre nous, c'est un bureaucrate sans idéal... Ah ! je ne suis pas comprise !

Ses yeux, allumés comme des braises, indiquaient un proche danger. Entragues, qui avait bien autre chose en tête que la consolation, même occasionnelle, des hystériques, fit arrêter et descendit, en disant :

— « A bientôt, je vous comprends, moi. »

Elle sourit avec un vif mouvement de tête ; la voiture repartit.

Elle est en pleine crise, songeait Entragues. Tel autre en profiterait, car elle n'est pas laide et doit en de certains moments, acquérir une sorte de beauté de ménage, mais j'aime Sixtine et me sens, avec toute autre, une impuissance décidée au plaisir. Mais pourquoi trente-six femmes dont on n'a cure se jettent-elles à votre tête, tandis que se refuse à votre joie, la seule que l'on désire ?

XIV. — LE FAUNE

> « Sancte pater, sic transit gloria mundi. »
> *Le Pontifical romain.*

Sitôt en présence de Sixtine, Hubert sentit tout son plaisir gâté par les points d'interrogation qu'un schéma algébrique avait posés, non résolus. De même sa volonté d'agir faiblissait sous le poids du présent. D'abord, déchiffrer les pantacles.

Il s'avança froid, avec un calme sourire, baisa la main qu'on lui tendait ; ce contact pacifia son besoin de savoir. Alors, il se demanda si les feuillages entrelacés des deux ou trois problèmes ne faisaient pas autour de ce front blond la nécessaire auréole.

« Et quand j'atteindrais à de précises explications, aurais-je ajouté une beauté à ce corps plein de beautés ? Pour l'âme, je sais que c'est un coffret à secret, dont nul pas même elle, n'a la clef. Et qu'en ferai-je, et qu'en ferait-elle ? Donc, mes inquiétudes sont bien inutiles. Si je la prenais, tout simplement par de captieuses paroles, comme l'appeau, par son chant mécanique, prend les oiseaux en liberté ? »

Pendant cela, ils parlaient de plusieurs choses, notamment de la chute des feuilles et Hubert menait très bien, sous le même fouet, sa rêverie et la causerie.

Un Ziem, dans le fond le fond de la pièce, habilement éclairé avec des lumières dérobées, une resplendissante rade italienne, avec des voilures teintées de pourpre, de versicolores nuages au ciel, et tout cela profond de transparences, et tout cela lointain de plusieurs lieues, et sous les rutilances de l'atmosphère, la divination des bleus éternels :

« Naples, plus Naples que je ne le vis encore, ah ! c'est que je ne regarde presque jamais du côté du golfe, puisque la Novella est mon ciel et mon océan. »

— « Monsieur d'Entragues, vous avez l'air bien distrait ? »

Ceci le ramena à la vérité : il n'était pas Della Preda, elle venait de lui donner son nom authentique, Naples s'évanouit ; il se retrouva, après une minute d'absence, à Paris, près de Mme Sixtine Magne et devant une assez bonne vue de Venise.

— « C'est ce tableau, continua Sixtine. Il me délecte, mais ne l'observez pas avec tant d'attention, vous seriez forcé de convenir qu'il est médiocre et doué seulement de quelque puissance d'illusion pour des esprits imaginatifs. »

Pendant que de fugitives paroles s'échangeaient sur les peintres et leur peinture, Hubert, sans cause déterminable revivait une des plus significatives impressions de son adolescence. Jugeant impossible d'y échapper et craignant de trop inclusives distractions, il la résuma tout haut. Le mot de madone qui fut prononcé par Sixtine lui en fournit le prétexte :

« Un soir d'orage, l'été. Toute la journée, j'avais ressenti des inquiétudes ; de soudaines langueurs me prostraient ; tous mes nerfs à chaque coup de tonnerre vibraient comme des cordes de harpe. Il y avait la harpe de ma grand'mère dans un coin du salon et quand on daubait une porte, elle résonnait ainsi. Je me comparais à cet instrument mystérieux qu'on avait une fois devant moi dévêtu de son étui de soie rose, j'écoutais les intérieurs murmures de ma vie surexcitée, des bruits qui montaient à l'extrême, me faisaient mal, lentement s'en allaient en une mort dont il semblait que je devais mourir. Puis des peurs, de douces peurs de voir d'entre les branches surgir une femme inconnue qui m'aurait souri. Enfin les chatouillements indiscrets de la Puberté qui passait, jouait, soufflait comme un vent tiède sur ma peau tendue. C'était à la campagne, pendant les vacances : on me laissait m'amuser à ma guise et je me roulais sur l'herbe, j'en mangeais, je coupais des gaules et des scions aussitôt laissés, je grimpais aux arbres et à moitié je me laissais glisser, sans plus de force assez dans les muscles. Il me revenait d'obscènes couplets vaguement entendus. Alexis et Corydon me préoccupaient et je me figurais comprendre pour la première fois les obscures ardeurs du poète. Au fond, mes désirs étaient tout à fait imprécis, de très chastes baisers de sœur ou de mère m'auraient peut-être calmé, peut-être sensibilisé davantage. J'avais encore une autre angoisse : quelle était, au vrai, cette maladie qui me prenait ? Est-ce que j'en guérirais jamais ? S'il fallait vivre ainsi, cela ne serait pas supportable. La nuit m'apaisa un peu. Comme je tracassais tout le monde, c'est-à-dire ma grand'tante

Sophie, ma tante Azélia, vieille fille, et les deux chats de la maison, chères et précieuses créatures, on me donna des images à regarder avec ordre de ne plus bouger. C'était je ne sais plus quoi, des livraisons dépareillées, sacrifiées aux enfants pas sages. Je regardais et je lisais et voilà que je m'arrête, ayant trouvé mon idéal d'enfant : la Madone de Masolino da Panicale. Ce nom je le revis plus tard sous une lithographie bien différente, hélas ! encore qu'elle représente le même tableau et la même madone. Je me sentais pâlir d'émotion et de confusion : les yeux demi-ouverts me fixaient avec tendresse et l'inflexion de la tête était si câline, si amoureuse que mon cœur battait. Mais les yeux bientôt m'occupèrent uniquement: je dresse en rempart un des feuillets, je fais mine de lire plein d'attention, je suis chez moi, seul avec les divins yeux et je les contemple. Il se passa une heure, peut-être, ainsi, mais je voyais tant de beautés dans ces yeux profonds qu'il me sembla les avoir à peine regardés quand l'inflexible Azélia prononça la phrase quotidienne c'est-à-dire : « Le couvre-feu vient de sonner. » Rien ne sonnait dans la maison, ornée, pour pendules, de cartels de l'ancien temps; c'était donc une métaphore; elle y tenait et moi d'ordinaire je n'en souriais même pas. Ce soir-là je me mis presque en colère et je raillai tellement la vieille fille qu'elle m'envoya me coucher, « comme les chats vont au grenier, sans chandelle ». Brisé de ma journée je m'endormis et dormis comme on dort à treize ans, mais, dans la nuit, les yeux de la Madone me firent une visite et la physiologie seule pourrait expliquer l'inexplicable plaisir qui depuis s'est toujours associé en moi, à la contemplation de deux yeux pareils aux yeux de la Madone de Masolino da Panicale. »

Entragues en finissant s'aperçut que Sixtine les avait, ces yeux tout pareils; il s'agenouilla et dit:

— C'est donc pour cela que je vous aime, Sixtine, et que je vous aimerai toujours !

— « Je vous en prie, relevez-vous et rendez-moi mes mains !

— « Laissez-les-moi, laissez-moi vous aimer. Ah! vous n'êtes pas indifférente, ce n'est pas possible.

— « Mais, reprit Sixtine, je suis surprise... Vous me contez une anecdote très intéressante, très curieuse, moi j'écoute sans défiance et voilà que cela se termine par une déclaration... C'est très imprévu.... Voyons asseyez-vous et causons en paix... Je ne veux pas vous décourager, ce n'est pas mon rôle, et d'ailleurs je tiens à être sincère... Si je vous aimais je vous le dirais, ce serait même une belle occasion... Franchement, je n'ai pas senti ce petit mouvement, ce petit rien... Enfin comment dire, je suis très inexpérimentée... Cela viendra peut-être, une autre fois. Allons, vous recommencerez, partie remise... Je ne demande pas mieux, moi que d'aimer, au contraire... J'ai l'âme vague et vide, il y a une place à prendre, c'est vrai, mais il faut la prendre... Comment? C'est votre affaire... Et puis, vous savez, pour moi, aimer, ce serait l'éternité... Alors, de tels liens, cela ne s'improvise pas. Il est nécessaire de se connaître, de s'apprécier, de s'être raconté un peu sa vie passée.

de sonder les caractères, d'analyser les goûts. Nous ne sommes pas des enfants... Tout cela... »

« Ah! le sot, se disait en même temps Sixtine, à elle-même, dans l'intervalle des points de suspension. Mais je ne la reprends pas, ma main, je fais semblant... Emue aussi, je ne voudrais pas en convenir, cela a été délicieux... Non, c'est un aveu... Imprévu ? Je m'y attendais et c'est du contraire que j'aurais été bien surprise et bien peinée... A mes genoux, il est là, à mes genoux, oh! reste ainsi... Si je l'étais, sincère, je parlerais bien différemmment, mais ces doutes, ces supplications c'est si bon. Il va me supplier encore, encore, encore... Ça, je n'en sais trop rien. Est-ce que je l'aime? Je puis l'aimer, du moins je n'en suis pas loin, je sens que tel mot, tel geste... et je serais dans ses bras, mais le dira-t-il, le mot? Le fera-t-il, le geste ?...Oh! si ! j'ai éprouvé quelque chose d'indéfinisable ...Oui, mais je n'en suis pas à ce point d'ignorance... Est-ce que cela se retrouve, de tels moments?... Ceci est vrai, vrai, vrai, crois-moi, je veux aimer... Eh bien, prends-la, mais prends-la donc... Le mot est trop dur. Mon Dieu je vais peut-être le décourager. Tant pis, ce sera l'épreuve... Oh! être fixée, être liée à jamais! A lui? Je ne sais, mais s'il le voulait! ... C'est assez juste, mais un peu froid, et puis, je le connais déjà, il est capable d'un sentiment profond... Comment, il se lève, il abandonne ma main, il va s'asseoir sur cette chaise, si loin, si loin de moi... Bien, c'est fini, je me suis trompée... Attendons.

— « J'ai eu tort, je crois, répondit Entragues, de

vous laisser parler si longtemps. Vous avez repris possession de votre calme naturel et vous voilà inatteignable.

— « Je le crois aussi, fit Sixtine, que cette réplique maladroite blessait, mais je puis vous assurer que je ne perds pas si facilement la tête. J'ai résisté à de plus dangereux assauts et ma vertu s'en est tirée intacte. Si vous avez pensé me conquérir par surprise, vous vous êtes trompé. Des muscles très puissants y pourraient peut-être parvenir; la conquête serait bien précaire.

— « Vous vous méprenez, madame, je vous aime trop vraiment pour compter sur l'occasion et une unique possession physique, acquise par la force de l'un ou la lassitude de l'autre, n'est pas du tout mon but. Je ne voulais qu'en retour d'un aveu, obtenir un aveu...

— « Il y a des femmes muettes, interrompit Sixtine. »

Entragues ne poursuivit pas. Il contemplait les magnifiques yeux qui le regardaient, inquiets, se demandait comment les attendrir, comment les faire parler, car les prunelles parlent sans le savoir et ne sont pas, comme les lèvres, maîtresses de leur langage. Enfin, il reprit, avec l'amertume de la déception :

— « Il faut perdre la tête.

— « Il faut, il faut, c'est bientôt dit. Si celui qui profère cet aphorisme la perdait d'abord, il la ferait peut-être perdre. Soyez indulgent pour une allusion très banale : Qui veut faire pleurer doit pleurer le premier.

— « Il y a des rebelles et l'esprit de contradiction fait de grands ravages dans les âmes orgueilleuses.

— « J'avoue un peu d'orgueil, sans cela, pas de dignité, mais suis-je spécialement atteinte par l'esprit de contradiction ? je ne le pense pas. S'il vous était donné de pénétrer en l'intimité de moi vous verriez au contraire, une âme malléable à l'infini, une âme sans forme précise et qui attend, pain de glaise, le modeleur divin, une âme de femme enfin. Mais les hommes jugent les femmes comme des hommes inférieurs ; de même qu'en général les hommes, pour les femmes, sont d'autres femmes armées d'une supérieure puissance. Ce sont, au vrai, deux sortes d'êtres aussi différents qu'un chien et qu'un chat et c'est encore leur destinée misérable de ne pas s'entendre mieux qu'un chien et un chat. Fatalité désolante, car ils n'existent que l'un par l'autre. Peut-être ne sont-ils vraiment des êtres complets qu'au moment fugitif où ils se joignent ? Mais cela devrait être l'œuvre de la civilisation et de l'intelligence de perpétuer ce moment par des liens spirituels, de forts et souples liens dont les jonctions physiques seraient les nœuds consolidatoires. Non, il n'y a rien de plus que le désir actuel et quand il a fui, inassouvi, et qu'on est bien élevé, on fait de l'ironie.

— « C'est une consolation, répliqua Hubert, mais je me la suis refusée, je n'eus jamais assez de présence d'esprit pour jongler avec mon chagrin et m'étourdir en suivant de l'œil le jeu des balles de verre. Peut-être ma nature est-elle compliquée à l'excès ? La sincérité, comme un diamant, a plus d'une facette...

— Alors, interrompit Sixtine, c'est de la sincérité décomposée. Il faut un travail pour la ramener à l'état de lumière pure et toute cette physique psychologique est d'une trop difficile manœuvre pour ma simplicité. Si vous saviez comme je suis simple, comme toutes les femmes sont simples, d'une simplicité effrayante, mon ami ! En vérité, il n'y a qu'à les prendre par la main ! »

« Comme celle de tantôt, se dit Entragues. Celles que l'on croit malades ne sont que des femmes plus femmes, poussées par leurs nerfs jusqu'à l'extrême de la féminité. C'est juste, il faudrait les étudier spécialement pour arriver à dominer les autres. N'est-ce point dans la pathologie mentale que Ribot a trouvé les lois de la mémoire et de la volonté ? Il serait excellent de faire d'analogues études sur l'hystérie, mais si le maître ne les entreprend, qui en est capable ? Enfin, les sujets eux-mêmes de l'expérience m'ont donné aujourd'hui deux leçons précieuses. Malheureusement, il est à craindre qu'elles ne me servent de rien dans la vie pratique. Je suis en train de vivre et je ne sais comment m'y prendre. Voyons, je vais la pousser un peu et me guider sur ses répliques. Simples, les femmes sont simples, soit, mais elles paraissent tortueuses et nous ne pouvons agir vis-à-vis d'elles que selon les impressions reçues. Simples comme une dépêche chiffrée, simples quand on en possède la clef. Que me disait-elle ? Il faut répondre. Elle me regarde. Les beaux grands yeux ! Ah ! je l'aime, vraiment ! »

— « Accueillez-moi ! continua-t-il, en retombant à

genoux. Je vous aime, je ne sais rien dire de plus. »

Impatients, les doigts constellés mordaient un peu les genoux vêtus de rouge. Hubert embrassa les genoux et baisa les doigts. Ce fut comme il arrive des petits serpents en vieil argent qu'on trouve sous les fougères sèches, au soleil ; dès qu'on les touche, ils se raidissent, deviennent, cassants comme verre. Sixtine, à ce brusque contact, se dressa sur son séant, rigide ainsi qu'une châtelaine de pierre dans sa chaise armoriée et Hubert sentit que la moindre insistance allait briser cette âme. Il était trop tard. Sixtine l'avait bien prévu, l'occasion effarouchée venait de fuir. La même femme qui l'instant d'avant, ce que Hubert ne soupçonnait pas, se serait donnée au premier baiser pour le présent et pour l'éternité, cette même femme ressentait une nouvelle tentative d'intimité comme une tentative de viol.

Il obéit, se releva, mais cette fois, car le désir physique le serrait en ses pinces de fer, avec plus de colère que de confusion. Tenaillé aux narines par l'appareil de domptage, le taureau regimbe parfois sous la douleur, renverse son bourreau et se dresse vers de vains accomplissements.

Avant de partir, contenant d'un violent effort de volonté ses forces brutales déchaînées, Hubert essaya par de l'amabilité enjouée de rassurer Sixtine. Sans revenir semer de sottes explications sur le long du chemin parcouru et qu'un mur avait borné, soudain surgi, il métaphorisa doucement sur les généralités de l'amour, fit luire un peu de poésie crépusculaire, s'arrêta aux scintillements du lyrisme et réussit à faire sourire, amusée et peut-être touchée de cette bonne volonté, la jeune femme inquiète.

Il sentait bien que cette soirée avait été plutôt mauvaise, mais la désespérance ne l'atteignit pas. En somme il n'y avait rien d'irréparable. Puis, il avait agi et c'était un grand point, croyait-il.

XV. — L'HEURE CHARNELLE

> « Tous ces gens-là ignorèrent totalement ce que c'est que d'avoir une âme, et pourtant, Monsieur, ils firent l'ornement de la société. »
> E. Poe, *Bon-Bon*.

Sitôt dans la rue, Hubert vit briller dans l'ombre, regards ardents d'un invisible spectre, deux yeux terribles, incitateurs et impérieux. Il les reconnut et une oppression l'écrasa ; c'était les deux yeux de la Luxure.

« Pour les femmes, le fantôme rôdeur a nom Péché c'est un mâle; pour les hommes, c'est la femelle Luxure. Ah ! oui, je la reconnais. C'est une compagne d'enfance. Elle est ingénieuse : jadis elle raclait des ballades à la lune sur mes nerfs adolescents. Aujourd'hui, elle tambourine sur ma nuque la ronde des Lupanars. Elle veut d'un seul coup prostituer l'amant et l'amour : j'irai aux vils chatouillements et celle que j'aime sera l'opératrice. »

Il se rendait compte : un voluptueux rêve amené aux premier temps pubères, par la contemplation des yeux de la madone ; depuis cette saison, l'association avait été constante et très souvent inexorable : il fallait obéir ou souffrir d'absolues insomnies endolories encore par la spéciale excitation du lit, ou courir noctambule vers une fuyante proie : dans ce dernier cas les engageantes paroles des coins de rue faisaient peu à peu fondre le désir au feu lent du dégoût. Mais quelle terrible nuit, quand les jambes détendues ployaient, quand la honte de l'obscène vagabondage écrasait l'échine d'une pleine dossée d'horreur !

Pourtant il ne voulait pas, comme un bourgeois obsédé, comme un compagnon, les jours de paie aller frapper à la porte grillagée d'une basse maison, traîner son idéalisme sur les divans spermeux et mettre sa chair aux enchères des moins saumâtres peaux ! Il hésita entre un assez propre harem, voisin, et des semblants de calmante intrigue : il ne détestait pas un choix mutuel d'apparence libre, l'excuse d'un désir précisé vers celle-ci plutôt que celle-là, des préliminaires publics et lavés de toute vergogne par la complicité du milieu, Bullier, par exemple, ou les Folies-Bergères. En prenant une rapide décision et une voiture, il pouvait arriver avant la fermeture en l'un de ces marchés d'esclaves. A la réflexion, Bullier fut écarté : les locatis de cette reprise faisaient relâche. Quant à l'autre exhibition, elle était bien lointaine.

Indécis, il se calmait. Un moment, il eut l'espoir d'en être quitte à bon compte, mais les yeux ressurgirent, les implacables yeux, obscènes étoiles qui ne devaient s'arrêter et s'évanouir que sur la maison d'élection.

C'était dans une petite rue du marché Saint-Sulpice.

Une femme demeurait là, dont les prunelles, adéquates à ses rêves primordiaux, jadis l'avaient séduit, jadis, vers sa vingtième année, alors que nul dégoût raisonné n'enfrène les sens. Ses charnelles obsédances venaient chaque fois converger en cet agréable souvenir et avec un entêtement animal, il croyait, chaque fois, retrouver la même femme et les mêmes jouissances.

Comme elle ne cédait pas au premier quémandeur, ayant la coquetterie d'une certaine propreté amoureuse, on la surprenait souvent seule ou capable sous le prétexte d'un protecteur jaloux, de mettre à la porte l'hôte du soir si le nouveau venu lui plaisait davantage.

« Ainsi, se disait Entragues, voilà donc l'aboutissement ! Les femmes honnêtes savent fort bien à quelles promiscuités les exposent leurs refus : elles devraient au moins céder par dignité. On devrait leur apprendre cela : ce serait un des utiles chapitres du cours d'amour, que de vieilles séculières professeraient si bien et avec tant de joie ! Mais si elles cédaient, adieu le plaisir des duels de vanité. »

Sans se douter de l'inutilité et du mal à propos de ses réflexions, — il suivait l'étoile.

« Voyons, que va-t-il se passer ? Oh ! je le sais d'avance. N'importe, j'y vais ! »

Il frappa d'un certain doigté.

« Dire que je me souviens de cela. Il y a pourtant longtemps que je suis venu. Depuis des années, ces soudaines et irrémissibles tortures m'avaient été épargnées, Des années ! Elle va être changée, vieillie, laidie. Tant mieux, ce sera la douche nécessaire et peut-être que dans une demi-heure, je rirai de moi au lieu d'en pleurer. Serait-elle absente, ou endormie ou occupée? Occupée! J'ai envie, comme un collégien, de fuir avant qu'on ne m'ouvre. Une, deux... je m'en vais. »

Non, il frappa une seconde fois.
— « A qui ?
— « . . . . . .
— « Toi ! »
« Elle me tutoie, c'est effarouchant. »
— « . . . . .
— « Toujours pour toi ! »
« Encore! Enfin je lui plais. C'est moins vil que l'indifférence. »

Maintenant, il entendait des chuchotements qui lui venaient coupés par un va-et-vient de portes. Il eut la sensation de conversations de nonnes perçues à travers une cloison de bois plein. Ce mauvais lieu avait des mystères de couvent ; l'approche des femmes, et leurs remuements donnent toujours à l'homme de pareilles impressions, quelque divers que soient les milieux. Elle parlementait : enfin le verrou sonna, la clef tourna : nouvelle attente, bien plus courte, dans une antichambre noire : bruit d'une seconde porte extérieure, des pas descendent l'escalier : il est parti.

Elle était habillée, son chapeau sur la tête, gantée.

« Au moins elle ne sort pas récemment de bras quelconques. »

Elle n'avait pas vieilli : c'était un plein été chaudement épanoui et que n'avaient pas fané les souffles des « minutes heureuses » et mutuelles. Des femmes résistent à tout ; ni les veilles, ni les jeûnes, ni les contacts multipliés ne les atteignent et bien, au contraire, il leur faut, pour fleurir, l'arrosoir incessant du jardinier.

En petites exclamations et menus propos assez déréglés, elle formulait de la joie ; Entragues songea qu'autant valait cueillir l'heure présente et il s'efforça vers un aimable libertinage.

Elle le trouvait beau et fait pour tous les baisers ; il laissait dire, plutôt content de donner cette impression et conscient de faire passer à cette fille qui prévalait ses pareilles, un moment de plaisir sincère.

« Ces créatures, après tout, pensait-il, ne sont pas pas plus répulsives que les adultères ; il leur manque c'est vrai l'auréole du mensonge, mais elles ne sont ni plus ni moins partageuses : avoir à la fois deux hommes, ou en avoir dix, où est la différence ? Passé un, le vice commence et s'il faut mépriser les unes, le même mépris est de droit pour les autres. Sans doute, transgressant une plus stricte loi et un serment spécial, les adultères devraient s'amuser plus infernalement : le piment de l'enfer craque sous leurs dents et poivre leurs baisers d'un feu anticipé, si elles ont eu la grâce d'une éducation chrétienne, mais combien sont capables d'une si cuisante jouissance, de savourer au moment de l'amour l'inéluctable damnation conquise pour le plaisir de celui qu'elles aiment ? Il faut leur reconnaître encore une possible supériorité : c'est quand il y a des enfants : la progéniture des filles n'a pas de père : la progéniture adultère en a deux, prévoyante assurance contre l'orphanité. »

Pendant cela, Valentine apportait de vagues gâteaux et une bouteille de ce vin aumalien, qui donne au peuple l'illusion d'un régal princier. Puis elles s'anonchalit aux genoux d'Entragues, les yeux pleins de blandices, de promesses et d'attirances.

Elle le regardait tremper ses lèvres dans le verre, voulut boire après lui, semblait ivre de désir, livrée à un quart d'heure de plein amour, se consolant en un soir, avec ce pèlerin inattendu, de plusieurs mois, de plusieurs années, peut-être, de plaisirs prévus et sans sursis, donnés sans plaisir.

Une blasphématoire comparaison l'eût fait prendre pour une Madeleine soudain partie en adoration, l'âme nouvellement livrée à un Dieu révélé, charmante d'intérieures et inutiles supplications, si persuadée d'aimer au-dessus d'elle, qu'un geste d'acquiescement la renverserait de joie.

Ce bien surprenant spectacle charmait Entragues, mais il y sentait sa faute aggravée de tout l'agrément préventif dont se dorlote la chair. Ce n'était plus l'unique secousse nécessaire au rétablissement de la circulation nerveuse, mais un plaisir complexe et trop prolongé pour être excusable.

Elle lui baisa joliment la main, les derniers remords s'envolèrent, les deux balanciers battirent isochrones.

Ils disaient des riens et lui, cherchant ces amusettes qui plaisent à ces femmes, la faisait rire : elle semblait, par moments, étonnée de sa jouissance, comme si l'air froid d'autour d'elle se fût soudain et magiquement évaporé en d'effervescents parfums.

Entragues, tout las et ravagé, oui, lui semblait beau : blond de cheveux, avec une plus fine cendrure aux tempes, la barbe brunissante aux joues, terminée en deux longues pointes comme en de vieux portraits vénitiens ; le front haut, la peau très pâle avec, dans l'animation, de la roseur, le nez sans courbures, la bouche lourde, les cils et les sourcils presque noirs surlignant des yeux dorés comme tels yeux félins, mais doux. D'une ordinaire taille et de muscles raisonnables, il portait la tête droite, semblant regarder d'invisibles féeries, le regard divergent et fixe, comme l'Inconscience.

Valentine surtout guettait les lèvres, il s'en aperçut et les donna non sans mordre les piments mûrs qui offraient leurs sincères rougeurs. Elle n'était ni teinte, ni peinte et des pieds à la tête d'une vérifiable véracité : elle le prouva en commençant à se dénuder. D'ailleurs, elle si froide en ses communes rencontres, n'y tenait plus et sa connaissance de l'homme lui suggérait que la vue de sa belle peau de brune, ferme et chagrinée, inciterait le toucher et le toucher, le reste. C'était à supposer, car si d'aucuns aiment à conquérir le terrain pied à pied sur les cordons et les agrafes, celui-ci (c'était faux) paraissait doué du calme qui attend l'occasion et ne se soucie point des commencements. Quant aux délicatesses, elle en avait perdu l'usage et cette phase d'amour ne lui fit pas retrouver les trésors perdus.

Nue, elle se dressa, se faisant voir avec orgueil : sa dignité était là, dans la solidité des lignes, la fermeté des seins marbrins, la bonne tenue des hanches et des autres courbes.

Entragues la considérait avec plaisir, mais sans guère de trouble, car le nu, surtout en une chambre de fille, n'est pas spécialement sensuel; c'est un si naturel état, si simple, si exempt de provocation, si peu suggestif par son absence de mystère, qu'un bas de jambe entrevu dans la rue, un corsage adroitement habillé, un frôlis de jupes, une main dégantée, un sourire derrière un éventail, telle mine, tel geste, tel regard, même en toute chasteté d'intention, sont bien plus excitants. Remarque assez banale, mais Entragues, excusable de s'y arrêter comme à une impression directement ressentie, cherchait encore à en démêler la cause.

Devant cette fort agréable femme qui se pétrissait elle-même, en attendant, il éprouvait ceci : un grand découragement : « Cette beauté qui me plaît, que je désire et qui est à moi, je ne l'aurai pas. Je la prendrai dans mes bras, je la serrerai contre ma chair, je pénétrerai en elle autant que la nature l'a permis, et je ne l'aurai pas. Quand je la baiserais d'autant de baisers que le mensonge a de langues, quand je la mordrais, quand je la déchirerais, quand je la mangerais, quand je boirais tout son sang en un sacrifice humain, je ne l'aurais pas encore. Et toutes les sortes de possessions dont je puis rêver sont vaines; quand je pourrais comme un flot, en une complète circonvolution, l'imprégner de ma vie par tous les points de son corps à la fois, je ne l'aurais pas encore. L'endosmose d'amour est irréelle et la tromperie du désir, seule, me fait croire à son possible accomplissement. Je sais que c'est un mensonge, je sais la déception qui m'attend : je serai puni par un effroyable désappointement d'avoir cherché l'oubli de moi-même en dehors de moi-même, d'avoir trahi l'idéalité, et pourtant il le fallait puisque les sens sont impératifs et que je n'ai pas mérité le surnaturel don de la grâce. »

Les contacts opérèrent ainsi qu'il est écrit dans la chair de l'homme, mais Entragues eut une désillusion plus prompte qu'il n'aurait souhaité.

L'adorable séductrice ployait sous les baisers ; le songe charnel soufflait aux amants l'inconscience du bien et du mal, ils allaient, anxieux et la tête perdue, prêts à mettre le pied sur la barque qui vogue vers l'île des Délices, cherchant comment devait s'orienter la voile et s'incliner le gouvernail : Entragues, soudain, se dressa, pâle : spectrale entre les rideaux de la fenêtre, terrible en sa robe rouge Sixtine venait de surgir.

« Ah ! songeait-il vaguement, épouvanté, mais rendu à lui-même, ceci est de la réalité. Les illusions sont fauchées, le foin est rentré, le pré est nu. Cela devait arriver : les images que l'on évoque volontairement et de propos délibéré finissent par acquérir de mauvaises habitudes et par s'évoquer toutes seules : celle-ci prend mal son temps ; elle doit assister à un spectacle désagréable. Tant pis pour elle, je ne l'ai pas conviée. »

Valentine inquiète, s'informait : « Un soudain malaise ? Quel dommage ! »

Il fallut fermer les rideaux du lit, éteindre la lumière. Sixtine leur fit la grâce de ne point bouger et de répudier le stratagème de la phosphorescence.

Les bougies, au bout d'un temps rallumées, n'éclairèrent plus pour Entragues qu'une chambre vide : Sixtine était partie. Mais partis aussi les désirs et tout l'agrément inavoué d'une jolie nuit de débauche.

Il n'osa pas s'en aller, craignant une solitude peuplée contre son gré ; fatiguer la bête, c'est fatiguer l'intelligence : il s'exténua, comme on se laudanise.

XVI. — LES IDÉALES ABEILLES

> « Afin de réduire le Ternaire, par le moyen
> du Quaternaire, à la simplicité de l'unité.
> Le R. P. Esprit Sabathier, *L'Ombre
> idéale de la sagesse universelle*.

« Eh! oui, songeait Hubert, en replaçant le livre dans le coin restreint des philosophes, c'est une assez bonne lecture en un moment, non de spleen, mais d'ennui motivé, que des pages de psychologie positive et désenchantante, comme du Ribot. Ce précis dialecticien me prouve clair que ma personnalité est un accord fragile, qu'une seule fausse note dans tout le clavier peut détruire. Cela me serait bien égal : une folie mesurée à idée fixe doit aider beaucoup à supporter la vie. Ainsi, les collectionneurs sont enviables, ceux qui recueillent les vieux boutons de cuivre et les classent par genres, ou les anciennes serrures à secret, ou tout ce que l'on a écrit contre les femmes, ou les figurines en biscuit de Sèvres, ou les feuilletons de M. Lemaître, ou les souliers de bal historiques. Il ne faut pas être difficile sur le choix d'une manie : qu'elle soit inépuisable, elle est bonne. Quant aux folies mieux caractérisées, on en peut noter d'excellentes et, en général, aucune de celles que l'on dénomme folies douces ne doit être méprisée : le peuple le savait bien, jadis, qui respectait, chez les fous, l'état où n'atteignit jamais un homme sensé : le bonheur. »

Il continua ainsi longtemps, renversé dans son fauteuil, fumant des cigarettes, las de sa nuit et amolli encore par un bain prolongé. Au fond, il était très honteux, comme à la suite de toute pareille forfaiture et nullement rassuré sur les conséquences métaphysiques de ce péché. Nul raisonnement, quelque brutale que soit l'incroyance, ne peut effacer une telle impression. L'être doué d'intelligence et de volonté au degré humain, s'ordonne toujours une règle de vie, règle mentale, souvent inconsciente, mais dont la transgression révèle l'existence sur le champ et avec certitude. En dehors d'une religion stricte et observée en ses commandements, des lois de société, des règlements spéciaux à tel groupe, il n'y a pas de commune conscience morale : la moralité est un talent personnel. Ainsi, Entragues se sentait souillé par une ablution de plaisir où d'autres auraient trouvé encore, après l'allégresse charnelle, des joies de ruminant.

D'ailleurs, il n'était pas impie : ayant vu le remords se dresser devant lui, l'heure de la bravade passée, il tremblait au souvenir du fantôme plein de reproches. Cette nuit coupait en deux une phase de sa vie, il se voyait pareil à tous ceux que la matérialité détient sous ses ongles : frère du premier venu et rejeté parmi les unités vulgaires il cessait d'être lui-même. Ah ! il avait jugé ! On pouvait le juger maintenant.

Dans cet état d'esprit, rien ne devait l'intéresser,

puisque s'évanouissait le principe de tout intérêt. Il s'engourdit vers des rêves opiacés, et jouaient sous son crâne, comme la sonaille d'un hochet, tous les textes sur la vanité des choses qu'en ses lectures il avait çà et là collectés.

L'amour, étranglé de ses mains, lui barrait le chemin : il fallait, pour aller plus loin, enjamber l'agonisé : non, il resterait en deçà et c'était fini, à moins d'une miraculeuse et bien douteuse résurrection.

La gloire ! on a fondu la cloche pour en faire des grelots. Et puis, l'airain des cloches, sait-on jamais quel est le titre du métal ? On meurt, les sons fêlés font rire les sonneurs.

Il se récita les vers orgueilleux et découragés pourtant du vieux Dante :

« La mondaine rumeur n'est rien qu'un souffle
De vent qui vient d'ici, qui vient de là,
Et, changeant d'aire, change aussi de nom. »

Ayant mis ces trois vers en syllabes françaises, Hubert remarqua combien Dante était difficile à vêtir d'un convenable vêtement étranger. Il pardonna aux hommes de bonne volonté, qui l'avaient tenté, leurs scandaleuses traductions : on ne pouvait peut-être faire mieux qu'en adoptant une exacte barbarie aussi défigurante que les métaphores : la précision de l'original devient de la sécheresse ; sa clarté, de la pénombre, car il faut employer certains mots courts dont le sens vrai s'est perdu et d'autres qui ne se lisent plus que dans les glossaires. Finalement, il se posa cet aphorisme : on ne peut pas traduire en une langue vieille et raffinée une œuvre appartenant à la jeunesse d'une langue consanguine.

Ces notations techniques, la lecture de quelques vers, quelques allées et venues de sa table à sa bibliothèque l'avaient un peu réveillé. Bien qu'il sentît que la dépression devait durer tout le jour et sans doute encore des lendemains, il reprit courage, se crut apte à quelque menue ferronnerie. Pas plus que tant d'autres qui simulaient le don poétique, Hubert n'était poète. Ses impressions se traduisaient en notules de prose analytique, non pas en de fixes et précis rythmes ; mais il avait appris le métier, connaissait de la métrique les plus modernes secrets, et en des heures heureuses pouvait, sans illusion, forger une pièce intéressante et dans les règles.

Ce matin, il réussit à donner les définitifs détails d'un dyptique dont l'apparence ne l'avait encore jamais satisfait. C'était heurté, c'était pesant, c'était travaillé au marteau d'une main plus forte qu'adroite, mais il lui sembla que le métal était bon et sans fêlures.

MORITURA

Dans la serre torride, une plante exotique
Penchante, résignée : éclos hors de saison
Deux boutons fléchissaient, l'air grave et mystique ;
La sève n'était plus pour elle qu'un poison.

Et je sentais pourtant de la fleur accablée
S'évaporer l'effluve âcre d'un parfum lourd,
Mes artères battaient, ma poitrine troublée
Haletait, mon regard se voilait, j'étais sourd.

> Dans la chambre, autre fleur, une femme très pâle,
> Les mains lasses, la tête appuyée aux coussins :
> Elle s'abandonnait : un insensible râle
> Soulevait tristement la langueur de ses seins.
>
> Mais ses cheveux tombant en innombrables boucles
> Ondulaient sinueux comme un large flot noir
> Et ses grands yeux brillaient du feu des escarboucles
> Comme un double fanal dans la brume du soir.
>
> Les cheveux m'envoyaient des odeurs énervantes,
> Pareilles à l'éther qu'aspire un patient,
> Je perdais peu à peu de mes forces vivantes
> Et les yeux transperçaient mon cœur inconscient.

L'après-midi vaincue, une très calme nuit conquise, il se trouva très étonné d'une prompte renaissance, capable de travail. Trois jours après, il avait achevé « Plumes de Paon » et « Le 28 Décembre » : ces pages, il les relisait, non sans souffrir en sa plus intime pudeur, car bien que la conception de cette dernière étude fût bien antérieure à la mauvaise nuit, il n'avait pu, tellement les situations se présentaient identiques, remplir son idée ancienne qu'en puisant dans sa récente aventure.

Il lui était si souvent arrivé d'intervenir par le rêve dans la série active et d'en briser le déterminisme, qu'un tel résultat, certes, ne lui donnait plus d'enfantins étonnements, mais cette fois il y avait une subordination vraiment merveilleuse du fait à l'idée. Le thème était celui-ci : Infidèle à une Morte aimée, A désire une autre femme qui cède et va se donner à lui ; mais, au moment de l'accomplissement, la Morte aimée lui apparaît, en telles conditions à élucider, et l'ancien amour est vainqueur du nouveau. Ce schéma, avec quelques modifications linéaires aurait pu caractériser symboliquement les événements inattendus de sa nuit chez Valentine. Le pressentiment, la coïncidence, n'expliquaient pas une telle rencontre et d'ailleurs, une telle rencontre était la centième qu'il observait. Donc, la conception d'un fait possible avait motivé l'éclosion, dans sa vie, de ce fait, corrigé par l'intervention d'une volonté extérieure, adapté aux conditions vitales de temps et d'espace, mais reconnaissable en ses éléments constitutifs et primordiaux. Il y avait de quoi réfléchir : c'était tout un coin de la psychique ignoré encore, tout un ordre de phénomènes aussi curieux que par exemple la suggestion si gâchée par les hypnotiseurs officiels, dénués d'esprit philosophique. Cela pouvait même se classer au chapitre des suggestions; mais, si en des faits de ce genre, on connaissait le suggéreur, le suggéré se dérobait. Ce n'était plus une volonté régentée obscurément ou même inconsciemment par une autre volonté; il y avait bien, au point de départ, une volonté cherchant à déterminer l'accomplissement tout idéal et tout subjectif d'un fait, mais comment cette volonté agissait-elle sur l'ordre immuable des choses? Puisque le suggéreur se retrouvait, à l'état de suggéré, dans le second terme, n'était-ce qu'un fait d'auto-suggestion? Il fallait encore expliquer comment le suggéré entraînait, dans son orbe, des volontés et des faits extérieurs à lui-même et comment, en subissant un ordre dicté par son activité mentale il le faisait subir à tout son entourage de choses et d'êtres. L'idéalisme lui dévoila ces obscures arcanes. Assurément celui qui pense domine celui qui ne pense pas et celui qui veut, même insciemment, la réalisation, même idéale, d'un groupe de faits, domine toutes les volontés qui, non prévenues, ne sont pas mises en défense, ne se trouvant pas prêtes à opposer volonté à volonté. Le monde matériel et inconscient ne vit et ne se meut que dans l'intelligence qui le perçoit et le recrée à nouveau selon des formes personnelles ; il en est de même du monde pensant qu'une intelligence supérieure englobe, façonne à son gré. Le conflit n'est jamais qu'entre les supériorités, et le reste, troupeau suit ses maîtres, qu'il le veuille ou non : ah! la révolte est bien inutile.

Entragues se voyait donc arrivé à ce point d'intellectualité où l'on commence à se faire obéir : l'ordre, en apparence incoercible, fléchissait sous son rêve. Il s'agissait maintenant de maîtriser le rêve et de vouloir. Ceci était très différent : n'ayant jamais cultivé cette faculté, il ne la possédait qu'au degré rudimentaire. La méthode était claire, il aurait su s'en servir, il ne le pouvait pas, et le monde, sans aucun doute, lui échapperait. Son regret fut médiocre : ses désirs ne dépassaient pas la virtualité. Le monde idéal, tel qu'il le détenait, suffisait à son activité toute mentale et trop inerme pour la lutte.

Il avait choisi la meilleure part : serait-il assez fou pour consentir à un troc désastreux ? Dans la sphère où il évoluait, tout lui appartenait : sous l'œil de la logique, il était le maître absolu d'une réalité transcendante dont la domination pleine de joies ne lui laissait pas le loisir d'une vulgaire vie et de préoccupations humaines. Vouloir ? Vouloir quoi ? Ah ! qu'il est bien plus intéressant de se regarder penser : quel spectacle vaut celui du cerveau humain, merveilleuse ruche où d'idéales abeilles, en leur nid de cellules, distillent la pensée : activité fugitive, mais qui du moins donne l'illusion de la durée ah ! l'illusion seulement, car rien n'existe que l'éternel.

A ce point de sa rêverie Entragues fut mordu par un serpent : en l'image de Sixtine, le monde extérieur dédaigné et presque nié s'évoqua. Il fallut l'avouer : il avait des intérêts dans cette partie de l'univers sensible.

Alors reprirent les mêmes lamentations : la crainte, l'espoir, le doute : l'amour, composé de ces trois termes, surgissait toujours, ramenant le ternaire à l'unité et c'était un cercle, impérieux comme un cercle : le serpent mordait sa queue. Il vécut toute une journée dans cette prison, puis vers le soir une assez vive sensation d'indignité le frappa au cœur et cette obsession qui avait empoisonné la flèche envenimait la blessure : je vais chez Sixtine, je veux la voir, mais si elle cède à mon instance, l'idée qu'elle m'a surpris avec une autre femme me fera croire que la jalousie seule l'incline à des désirs non partagés et je serai paralysé. Je ferais mieux de rentrer en mon logis. Mais l'image fut la plus forte : il obéit à l'impulsion.

« Eh ! se disait-il, toujours capable d'un strict raisonnement, j'ai peur d'avoir regardé de trop près le travail des idéales abeilles, je sais bien que je pense, mais je ne sais plus ce que je pense. »

XVII. — L'ADORANT

II. — PLUMES DE PAON

> « Aria serena, quand'apar l'albore
> E bianca neve scender senza vento...
> Ciò passa la beltate...
> De la mia donna...
> ... Non po' 'maginare
> Ch'om d'esto monde l'ardisca amirare...
> Ed i' s' i' la sguardasse, ne morira. »
> GUIDO CAVALCANTI.

Il pleuvait des plumes de paon,
   Pan, pan, pan,
La porte multicolore s'embrasa de flammes.

Le ciel de lit trembla vers un oraystis,
Il pleuvait des plumes de paon,
   De paon blanc.

Délicieusement la tour roulait comme une balancelle, roulis du soir sous la brise de mer. Et vraiment, il pleuvait des plumes de paon : Guido s'en étonnait et soufflait dessus. Il en attrapa une, au vol : elle était blanche, avec un œil orange aux lumineuses intermittences. Ah ! Voilà qu'elles se mettaient toutes à le regarder : elles s'arrêtaient devant lui, souriaient, tombaient, mouraient. Vers la terre, le vent les faisait tournoyer un peu, de la poussière flottait, puis rien : les passants ne levaient seulement pas la tête.

La tour pencha à toucher le sol : Guido sauta dans la rue. Il ne s'était pas trompé : les plumes de paon s'évanouissaient : d'en bas, on ne les voyait plus. C'était dommage, car elles étaient jolies, mais tout à sa liberté, il marchait, le front haut, plein de joie, en guettant les femmes. Il passa sous la madone, sans émotion, jeta un coup d'œil au portail de l'église, le trouva laid, pareil à une porte charretière et de la Novella ne vit qu'une madone bien harnachée, dénuée d'attrait : cependant il la salua.

Le port s'animait de robes orientales : un nègre vêtu de blanc faisait monter dans une voiture à rideaux des femmes encagoulées comme les Carmélites de Saint-Augustin quand elles vont quêter leur pâture. Il y en avait une bleue, une rouge, une verte, une violette et une jaune. Les quatre premières montrèrent en voiture, riant comme des enfants, disant très vite des mots inconnus. Guido, qui s'était avancé, vit que chacune portait, épinglée à sa cagoule, derrière la tête, une étiquette; il déchiffra celle de la femme violette qui gesticulait un peu moins que les autres : *All' eccellentissimo e nobilissimo signor Ricardo Caraccioli*. Alors, elles avaient une destination certaine : on n'allait pas les lâcher dans la campagne parmi les herbes, les bleuets, les pavots et les safrans ? Mais que ferait-il de cette fleurette, le seigneur Caraccioli ? Guido le connaissait : c'était un gentilhomme d'exemplaires vertus, fils d'un cardinal et neveu du défunt pape. Que ferait-il de cette fillette ? Un dialogue le renseigna :

— « Elles sont toutes pour le même excellentissime seigneur ? demandait un subalterne officier qui tenait à la main un assez gros registre.

— « Toutes pour le même, répondit le nègre, ou du moins toutes au même nom. Cela vous surprend, seigneur ? Mais il les partagera avec ses amis. Il n'en garde jamais qu'une crainte qu'on ne lui cherche noise.

— « D'où viennent-elles ?

— « Le diable le sait. Nous les avons capturées du côté d'Alger. Une belle galère, toute dorée, avec des fleurs, des plumes, des parfums. Le capitaine l'a remorquée jusqu'à Palerme, où il a pu s'en défaire à un bon prix : c'est son bénéfice. Il y avait dessus les femmes, donc, que voilà, trois vieilles et douze hommes, pacha, équipage, gardiens. Ça n'a pas fait long feu : en un tour de main, les hommes sanglés, saignés, à la mer ! Quel tas de bandits, hein ? Douze de moins et les vieilles par-dessus le marché.

— « Cinq femmes turques, reprit l'autre. C'est cinquante ducats pour le roi et un flacon de vin pour moi...

— « Bon, buvons-le.

— « ... Par femmes, continua le *doganiere*, et en espèces. »

Le nègre paya. Ils burent tout de même, à une cantine proche, sans quitter de l'œil la marchandise.

Guido comprit que c'étaient des esclaves destinées au harem de l'illustrissime Caraccioli. A Venise, où il avait vécu, c'était l'usage, depuis que les Turcs pirataient, de leur rendre la pareille. Si cela devenait de mode, à Naples, tant mieux ; il rassemblerait, en une petite maison, quelques orientales pour ses plaisirs. Quant à croire que l'excellentissime hypocrite faisait la traite des beaux yeux pour ceux de ses amis, Guido n'eut pas la naïveté, ni la méchanceté. Eh! mais, cela devait aller loin : armer en course un navire, le dépêcher à de longues croisières sur les côtes barbaresques, nourrir d'assoiffantes salaisons les bandits enrôlés et de blanc-manger les captives beautés... Ah! et voilà qu'il se souvenait : tous ses biens avaient été confisqués par la couronne ! Pas même un ducat dans ses chausses, ni une épée, ni un pistolet pour s'en procurer sur les grands chemins, et nu-tête comme un lazarone !

Il fallait pourvoir à cette pénurie.

L'office des douanes royales était ouvert et déserté de son surveillant qui buvait la rançon fiscale des Algériennes : il entra. Les insignes employés de Sa Majesté dormaient la plume à la main, comme il sied. Pousser une autre porte, même aperçu ; une troisième, c'était le trésor. Dans une très belle collection d'habits, de chausses, de manteaux, d'épées, de pistolets, de chapeaux français, il s'organisa un équipement assez galant, y joignit une notable superficie de dentelles d'Alençon, petit filet à femmes, avec quelque cordage pour la muette strangulation du gentilhomme caissier. Un peu plus loin, l'affaire de trois portes entre lesquelles se démenaient de beaux rêves, il le trouva. Son sommeil fut à peine troublé : un petit battement de mains, pas plus. Sans être très riche, le coffre royal était encore intéressant : il le fit passer dans ses poches, dénoua la corde, la remit à sa place, en passant et sortit.

Sur le seuil, le *doganiere* saluait :

— « Votre Excellence daigne-t-elle être satisfaite.

— « Oui, oui, répondit Guido. Ces messieurs sont polis. Tenez, ajouta-t-il, en tirant un ducat, allez boire ceci. »

Le nègre comptait ses femmes : une, deux, trois, quatre... Bien. Non, il m'en faut cinq. Alors, nous disons... nous disions donc : une, deux, trois, quatre, cinq.

La voiture s'éloigna.

— « Je t'aime, monseigneur, viens-nous-en ! »

La jaune Algérienne surgie comme un éclatant caprice l'avait pris par la main.

— « Dès que je t'ai vue, continua-t-elle, je me suis cachée pour ne pas être emmenée avec les autres, car je t'appartiens, je suis ton esclave. Mon nom est Pavona.

— « Mais, demanda Guido, comment as-tu pu me voir puisque tes yeux sont fermés, car je sais que, sous ta cagoule, tes yeux sont fermés.

— « C'est vrai, dit Pavona, tu me connais donc ?

— « Oui, je te connais : tu es celle qui m'est destinée pour vaincre le dédain de la Novella. Comme j'implorais son amour, le consentement de sa passion, avouée tant de fois et pourtant jamais décisive, comme je la suppliais d'être clémente, elle a fermé les yeux, elle a dit : Non. Et moi j'ai dit : Eh bien, j'aimerai d'autres yeux afin que pleurent et me soient cléments les yeux de la Novella. Alors, ses paupières se sont relevées et j'ai pâli d'effroi : au lieu des bleus et doux iris, j'ai vu des yeux étranges, comme ceux qui se dessinent sur les plumes de paon, de paon blanc.

— « Je ne comprends rien à tout cela, dit Pavona. Je n'ouvre jamais les yeux par une très élémentaire raison, c'est que je n'en ai pas. Mais je t'aimerai bien tout de même, va !

— « Tu n'as jamais essayé ?

— « D'ouvrir les yeux ? Non, à quoi bon, puisque je n'en n'ai pas. Attends, je me souviens d'un oracle que me chanta la Bohémienne, jadis, quand j'étais toute petite. Il y avait au refrain :

> « Mais quand on vous dira : Je t'aime !
> « Vos beaux yeux s'ouvriront d'eux-mêmes. »

Guido trouva cela très naturel.

Ils s'arrêtèrent en une riche hôtellerie, éclatante comme un palais, et on les reçut comme des princes.

Précédés d'un valet, ils montaient, montaient, montaient, comme vers le ciel.

— « Porte-moi, Guido, ou je serai bien fatiguée, dit Pavona. »

Guido la prit dans ses bras. Ils montaient, montaient, montaient comme vers le ciel.

— « Embrasse-moi, Guido, ou je vais bien m'ennuyer, dit Pavona. »

Guido baisa les paupières closes. Ils montaient, montaient, montaient, comme vers le ciel.

— « Voici, dit enfin le valet, l'appartement de Vos Seigneuries. »

La porte multicolore, vraiment, s'embrasait de flammes, car elle était d'argent et toute semée de diamants.

— « C'est, dit Pavona, la porte du ciel. Je veux l'ouvrir moi-même. »

Elle entra la première, tenant Guido par la main.

Il faisait, dans la chambre, une nuit bleue, très agréable : le lit, au fond, sous de lourdes draperies, se devinait.

Mignardises et câlineries : Guido se sentait une très amoureuse agitation et Pavona, bien décidée, lui rendait ses baisers, fer pour fer, toute prête à la blessure.

Le ciel de lit, vraiment, trembla vers une ouristys, et voilà que la houle les soulève comme deux vagues jumelles.

— « Je t'aime ! » cria Guido.

Pavona ouvrit les yeux.

Ils étaient effrayants. Ils étaient pareils aux yeux qui se dessinent sur les plumes de paon, de paon blanc.

Guido s'évanouit et se réveilla dans sa cellule assassin, voleur, parjure.

« Je suis, pensa-t-il, après un moment, le misérable indigne de sa propre pitié. Les crimes que l'on commet en songe, on est capable de les commettre réellement. Ce que le rêve exécute gisait obscurément dans les caves de la volonté, ou bien, ce sont des prophéties et le céleste avis d'une prédestination irrévocable. Ah ! plutôt avoir été criminel que de vivre dans la certitude du crime futur. J'accepte le poids de mes mortels péchés : la pénitence peu à peu les fera fondre comme un sac de sel sous la pluie et mes épaules se relèveront délivrées. Pardonne-moi, très révérende madone et sache me punir.

« Ah ! l'amour est terrible et je souffre d'aimer !
Comment bénir encore tes adorables pieds ?
Comment d'un front souillé par des lèvres de femme
Recevoir le divin sourire où joue ton âme ?
Comment bénir encore tes adorables pieds ? »

XVIII — UNE FEMME « ACCOMPLIE »

> « Feminine to her inmost heart, and
> feminine to her tender feet.
> « Very womann of very woman, nurse
> of ailing body and mind. »
> TENNYSON, *Locksley Hall sixty years after.*

C'était un blond aux violentes moustaches, la barbe à l'autrichienne : mâchoire animale, œil béatifié, l'air d'avoir besoin de beaucoup de viandes et de beaucoup de tendresses. Son crâne apparaissait carré sous ses cheveux ras et ses oreilles, trop longues, semblaient douées d'une motilité spéciale. Dans les gestes, la déférence inquiète de l'étranger, mais à l'occasion une soudaine hauteur de gentilhomme; sans désinvolture, quelque vivacité et un charme barbare.

Hubert, dévisageant cet intrus, gardait une réserve qui masquait sa curiosité : il avait cru s'apercevoir qu'il était pour Sixtine quelque chose de plus qu'un visiteur de hasard, et le prononcé de son nom avait éveillé une décourageante association d'idées, car il répondait strictement aux initiales, bien que le personnage n'eût avec le portrait aucune fraternité de figure, semblait-il : « M. Sabas Moscowitch ».

Sixtine épela les syllabes avec complaisance, puis

après des banalités, conta quelques pages de l'histoire de M. Sabas. Carrière à la Tolstoï, sans le final mysticisme : un peu de Caucase, un peu de seigneurie en des domaines désorganisés par la récente liberté, un tour d'esprit réformateur, mais à la moderne, des succès au théâtre par des drames de combat qui avaient déplu au tzar; enfin, et c'était le côté intéressant de M. Sabas, il venait en France faire jouer ces drames. Comme il savait d'enfance le français, il les traduisait lui-même. Pourtant des conseils lui seraient profitables : il aurait également besoin de quelque appui dans le monde littéraire. Elle escompta hardiment la complaisance de Hubert.

— « M. d'Entragues pourra vous être très utile. »

Entragues, d'un ton très mesuré, offrit ses services. Lire ces drames, présenter l'auteur à la *Revue spéculative*, endoctriner Van Bael, qui connaissait tout le monde, gagner Fortier, tout cela était faisable. Même, Fortier cherchait du neuf : après les romans, ce serait une idée à le tenter que la publication d'un drame russe. On en ferait passer un à la Revue, avec tapage, et le chemin s'ouvrirait frayé pour les autres.

Sixtine parut enchantée de ce plan; Moscowitch entrevit la gloire; Entragues se disait : « Ou bien on se joue de moi et je n'ai rien à perdre en me montrant aimable pour ce Russe; ou bien elle ne s'intéresse à lui que par vanité et plus je ferai, plus elle m'en saura de gré. Non, certainement, je serai dupe et sans compensation; il y a entre eux de vieilles relations : les S. M. en sont la preuve. Oh! que j'ai envie de railler doucement avant d'être moi-même raillé par les faits. Ce serait perdre tout. Ah! mais, me voici impliqué dans de singulières intrigues! Il va falloir surveiller mes actes, peser mes paroles : c'est pénible. Ah! que je voudrais m'en aller! Comme je voudrais n'avoir jamais connu cette femme, qui me tient là sous ses yeux et me compare avec l'autre! Je le sens très bien : elle nous analyse, autant qu'une femme est capable de cette opération, elle nous mesure, elle nous pèse; elle se demande lequel des deux lui donnerait le plus de plaisir. Et peut-être est-elle embarrassée, car si l'un, c'est moi, doit l'attirer par des affinités de race physiques et intellectuelles, l'autre lui fait subir la magie de la nouveauté, de l'inattendu, de la différence. Car elle est pervertie : sans cela, elle aurait un mari ou un amant. Les femmes qui attendent, qui veulent choisir, qui cherchent l'extrême possible sont capables de se décider, tout d'un coup, sous la pression d'une sensation inaccoutumée. Mais ce n'est pas la première fois qu'elle voit ce Moscowitch ? Oh! non, mais tant que le voile n'aura pas été soulevé le mystère demeure intact et toujours aussi tentant. L'exportation, en France, des romans russes, cela doit être une entreprise des don Juans de la Néva : il faut, à cette heure, être Russe pour plaire. Oh! que nous soyons russifiés aujourd'hui ou dans un siècle, cela est bien indifférent, puisque nous le serons : Tolstoï est le porte-drapeau et Dostoiewsky le clairon de l'avant-garde. *Amen!* j'ouvre la porte à Moscowitch. Si l'on joue ses drames en place des miens et s'il me prend la maîtresse que j'envie, eh bien, dépouillé de tout, j'aurai peut-être la paix. »

Ayant fini cet intérieur monologue, à peine interrompu par des assentiments de tête et de vagues syllabes jetées en réponse dans la conversation, Entragues, d'un geste brusque, se leva.

— « Vous partez ? »

Il y avait un tel accent de reproche dans ces deux mots qu'Entragues fut frappé de remords. C'était une grave sottise : il en vit l'importance, aussitôt, car Moscowitch, soudain, se leva de toute la hauteur, prêt à le suivre.

« Puisqu'il est trop tard et que la joie du tête-à-tête m'échappe, nous sortirons donc ensemble. Je ne serai pas fâché de causer un peu avec ce Russe et s'il doit être mon rival, d'en connaître la qualité, du moins je saurai à qui je cède la place. »

C'était un enfant.

— « N'est-ce pas qu'elle est charmante et adorable, vraiment ? »

« Ah ! des confidences ? se dit Entragues. Ceci est excellent. Il est de ceux dont le cœur déborde sous le sentiment comme un ruisseau sous une pluie d'orage et il va me conter sa vie. Parfait. Je me sens des curiosités méchantes. Comme je vais jouir ! »

Il eut un petit frémissement de joie, et ses doigts se tordirent dans un accès de nervosité.

— « N'est-ce pas ? répéta le Russe.

— « Vous parlez de Mme Magne ? Je ne la connais que depuis peu. Elle a de l'esprit.

— « On voit bien, reprit Moscowitch, que sa beauté,

sa grâce, son charme n'ont pas fait une bien vive impression sur vous. C'est surprenant.

— « Pourquoi donc ? Toutes les sympathies d'un milieu ne vont pas nécessairement à la même femme, fût-elle d'une beauté et d'une intelligence aspasiennes. Le charme qui vous a séduit n'existe pas pour moi, ou n'existe qu'à un degré moindre, voilà tout.

— « Ah ! vous raisonnez comme un très sage Français. Quant à moi, je me crois tout à fait incapable de raisonner sur ce point.

— « Cela ne m'empêche pas, reprit Entragues, de rendre justice à ses qualités : elle est, comme on disait en un langage très simple, une femme accomplie. Ce mot qui implique tout et ne précise rien convient, car je la crois très flexible, faite pour se modeler comme le lierre au chêne où elle s'attachera. »

« J'espère, se disait Entragues, que je parle clairement et avec une suffisante abondance de lieux communs, mais je veux être compris. »

Après un court silence, Moscowitch prononça lentement ces paroles qu'il semblait se répéter à lui-même :

— « Oui, je pense que je serai heureux avec elle. »

Entragues domina son émotion et demanda d'une voix calme :

— « Vous allez l'épouser ?

— « Si elle consent, oui, tel est mon projet et mon plus vif désir. Elle ne dit pas non, et ne dit pas oui : je ne sais comment faire pour être fixé.

— « Vous ne lui déplaisez pas.

— « Non, n'est-ce pas ?

— « Je veux dire, reprit Entragues, que vous lui plaisez. Mais elle l'ignore peut-être elle-même, il faut lui apprendre à lire dans son cœur. Souvenez-vous du mot de Mme Récamier à Benjamin Constant : « Osez, mon ami, osez ! » Vous ne connaissez peut-être pas pas les Françaises, mais croyez-en mon expérience, un peu de viol ne leur déplaît pas, je ne dis pas violence, viol : la main de fer gantée de velours peut jouer en amour un rôle décisif; rien n'éclaire mieux une femme sur ses propres sentiments qu'un baiser qui va jusqu'au bout des baisers. Alors elle sait à quoi s'en tenir et neuf fois sur dix, elle aimera, par reconnaissance, l'audacieux qui l'a tirée de l'indécision. Notez bien ceci : elle court après sa pudeur, comme on court après son argent. »

Moscowitch, très intéressé se rapprocha d'Entragues et comme pour s'approprier un conseiller si précieux passa son son bras sous le sien, disant :

— ¿ Vous permettez ? Pardon...

— « De la liberté grande ? Ah ! vous connaissez vos auteurs ! Je crois que nous allons devenir amis, je me suis senti, du premier abord, une grande sympathie pour vous... C'est comme dans les tranchées, devant Sébastopol... Tenez, mon cher Moscowitch, moi, qui ne suis d'ordinaire bon à rien, qui ne suis doué que d'une bien modeste activité, je veux, au nom de cette amie commune, qui sera pour vous plus qu'une amie, je veux servir fraternellement vos nobles ambitions, Il faut que vous arriviez à tout : il faut que l'amour et la gloire couronnent votre génie. »

Moscowitch respira amplement :

— « Ah ! que je suis heureux de vous avoir rencontré !

— « Mon Dieu, reprit Entragues avec modestie, je crois que vous n'aurez pas à vous en repentir. Il y a si peu de gens capables de comprendre : on ne trouve d'ordinaire que l'envie, la jalousie, la sottise, la suffisance, et quand on est né sous une très favorable étoile, l'indifférence. Voyons, par où allons-nous commencer ? Vous pensez bien que pour votre mariage, je ne puis d'aucune façon intervenir directement : tenez-moi seulement au courant de ce qui se passera, et je vous donnerai mon avis sur la conduite à suivre. Vous viendrez me voir, nous délibérerons en conseil de guerre, nous examinerons l'état de la place, nous ferons des plans, nous ne laisserons rien au hasard et nous serons vainqueurs : de ceci, n'ayez nul doute. La connaissez-vous depuis longtemps ?

— « Depuis l'hiver dernier. Des amis russes m'avaient donné une lettre d'introduction pour Mme la comtesse Aubry. La comtesse, un soir, me présenta à Mme Magne, et tout de suite, je sentis que ma vie avait trouvé son but.

— « Ce fut une sorte de coup de foudre ?

— « Je connais ce mot : coup de foudre, répéta Moscowitch avec complaisance. Non, plutôt une soudaine attraction. Enfin je la vis, je l'aimai, voilà.

— « Et vous ne lui avez fait l'aveu de votre amour que beaucoup plus tard ?

— « Plus tard, deux ou trois mois après. Mais je crois qu'elle s'était déjà aperçue de mes sentiments, car elle ne fut pas étonnée de m'entendre les exprimer.

— « Une femme n'est jamais étonnée qu'on l'aime ; c'est le contraire qui la surprend.

— « Oui, mais enfin, elle m'avait deviné.

— « Oh! elles devinent toujours et c'est même pour cela que les aveux les trouvent si calmes : elles les attendent. Ensuite, n'est-ce pas, elles vous permit de venir la voir?

— « Oui, et j'en ai profité, mais on la trouve si rarement! Nous nous sommes rencontrés assez souvent chez la comtesse et j'ai passé avec elle quinze jours délicieux, oh! très délicieux, au château de Rabodanges, pendant le mois de juillet. Je devais y revenir en septembre et elle devait également s'y retrouver, mais je dus partir pour la Russie. Il n'y a pas une semaine que je suis de retour je l'ai revue ce soir, pour la première fois. J'avoue, mon cher monsieur d'Entragues, que votre entrée dans le salon m'a été bien désagréable: je me repens de ce mauvais sentiment, mais je ne pouvais pas deviner que j'avais sous les yeux un ami si... si...

— « Si utile, acheva Entragues, les amis doivent être utiles ; c'est leur rôle. Alors, à Rabodanges ?

— « Ce fut délicieux, je ne trouve pas un autre mot. C'est là qu'elle fit mon portrait. Il est fort joli, seulement il n'est pas ressemblant. Je crois qu'elle se moqua de moi, ce jour-là, car enfin, pourquoi me donner une barbe en pointe au lieu de cette coupe nationale dont je suis fier et que je ne changerai jamais, certes. D'ailleurs, grâce à des retouches, les

9.

traits eux-mêmes ne m'appartiennent plus : elle commença par copier ma figure et finit par dessiner un rêve.

— « C'était un dessin ? demanda Entragues, qui s'amusait de cette cruelle ironie de femme.

— « Oui, mais le lendemain elle le grava à l'eau-forte, car vous savez qu'elle a un véritable talent de graveur. Elle en tira deux exemplaires devant moi, m'en donna un, puis se servit de la même plaque de cuivre pour élaborer un fantastique paysage où ma tête est devenue arbre, nuage, herbe, je ne sais. Cette figure, que du moins j'avais inspirée, je l'ai perdue et, malgré tout, je l'ai pleurée à cause de la dédicace.

— « C'est regrettable, dit froidement Entragues, car sans parler du sentiment qui double le prix des choses, cette pièce presque unique avait une valeur de rareté et de curiosité. Si jamais elle tombait entre mes mains, tout se perd et tout se retrouve, je ne sais vraiment si je vous la donnerais : j'ai des goûts de collectionneur.

— « Il en est pour moi de cette image comme de son auteur, répondit Moscowitch, avec une soudaine et menaçante violence. C'est, je crois, dans un poète espagnol que j'ai lui ce vers : « J'aime mieux ton amour que ta vie. »

Entragues eut la tentation de dire : « C'est moi qui la possède, cette image, et je n'ai pas l'intention de vous la rendre, mon ami. » Quelles conséquences ? — Un duel. Mais cette manière de brusquer la vie et de questionner les destins était vraiment bien naïve.

Sixtine, probablement, appartiendrait au vainqueur ; du moins, en des temps barbares cela se passerait ainsi ; à cette heure, les vaincus ont des charmes : ils inspirent la pitié et les dieux ont souvent tort. Est-ce que je ne l'aimerais pas assez pour risquer ma vie ? La vie, je n'y tiens pas : si j'avais un doute à ce sujet, je me prouverais le contraire en la quittant. Lui, Moscowitch, se battrait volontiers ; mais c'est une âme simple ; moi, je suis très compliqué.

Il reprit, tout haut :

— « Une femme qui inspire une telle passion est vaincue d'avance. Mais il faut se dominer afin de ne rien compromettre : ne pas la voir trop souvent, ni trop longtemps à la fois ; laisser entendre que l'on souffre et que plus on voit la cruelle, plus on souffre ; garder assez de présence d'esprit pour demeurer observateur exact, et un beau jour lui mettre le couteau sous la gorge, crier : Je souffre trop, soyez clémente. Elle cède et vous êtes heureux, à moins que votre imagination n'ait dépassé la réalité. Cela arrive : alors on regrette *il tempo de' dolci sospiri*. Oh ! vous n'avez pas à craindre cette faiblesse, vous êtes robuste et elle est belle. Il y a bien d'autres moyens d'arriver au même but, celui que je vous donne est le plus sûr ; c'est la notation de l'amour physique, je l'avoue, mais nulle mimique n'est plus troublante pour une femme. Elles veulent, avant tout, être désirées charnellement ; le reste vient ou ne vient pas, c'est du surcroît. C'est le ciment qui joint les pierres, mais les constructions cyclopéennes s'en passaient fort bien et n'en étaient pas moins solides. Comme le bloc de granit, la force des reins est la base de tout : il faut promettre des merveilles de solidité et l'idée de durée, de l'éternelle durée, s'éveille aussitôt. Celui qui donne cette impression ne trouve pas d'inhumaines et celui qui la transforme en belles et bonnes sensations, aux heures d'échéance, n'a pas à craindre l'infidélité. Ah ! vous êtes heureux, Moscowitch, hercule !

— « Vous parlez, fit le Russe, comme si je devais feindre, mais cette passion, à la fois idéale et physique, je l'éprouve vraiment et si je dis que je souffre je ne mentirai pas.

— « Tant mieux, car la sincérité est une puissante thaumaturge, mais vous pourriez ne rien dire et par pudeur dissimuler vos souffrances : je vous offre seulement le moyen de ne pas souffrir, de ne pas aimer inutilement. Ah ! les amours inutiles, les décevantes tortures du vain désir : larmes, bon grain semé en des sables !

— « Oui, reprit Moscowitch, tous ceux qui pleurent ne sont pas consolés, je vous remercie et je vous comprends. Vous avez, vous aussi, la religion de la souffrance humaine. »

« Moi ? » faillit s'écrier railleusement Hubert. Mais pourquoi blesser ce mystique humanitaire ? Il répondit simplement :

— « La douleur est inévitable, mais loin d'être mauvaise, elle est l'honneur même de l'humanité et la suprême raison de l'existence. Nous souffrons afin d'être moins laids, afin que dans la vulgarité de notre chair animale, il y ait une illusion d'esthétique. Les joies qui n'ont pas en elles une promesse de souffrance sont inacceptables et répulsives : deux amants donnent, en leurs jeux, un charmant spectacle parce qu'ils piétinent sur la trappe fragile d'une oubliette, pleine d'épieux et de crocs, et pareillement, les plaisirs intellectuels sont intéressants en ce qu'ils conduisent sûrement aux affres de la déception ou du doute. Essayez donc, vous qui êtes poète et créateur d'âmes, de provoquer chez des spectateurs le frisson esthétique avec le tableau d'un parfait bonheur humain : la joie est illogique, l'illogisme est la cause essentielle du rire, la joie fait rire. Cela pourrait cependant servir, au cinquième acte, de châtiment inattendu : montrer un coquin heureux, ne serait-ce pas lui infliger la plus afflictive et la plus infamante peine qui puisse atteindre un homme ? Heureux, de songer à l'infini de mépris que contient ce mot, heureux !

— « Pourtant, répondit Moscowitch, nous ne faisons autre chose que de courir après le bonheur.

— « Oh ! fit Entragues, c'est un passe-temps, nous savons bien que nous ne l'atteindrons pas.

— « Je crois, dit le Russe, que vous jugez l'humanité d'après vos propres sentiments.

— « Je le crois aussi, répondit Entragues, mais le contraire serait bien plus surprenant. Avec quel cerveau voulez-vous que je pense, sinon avec le mien ? »

Ils se quittèrent, après s'être donné rendez-vous : Moscowitch, le surlendemain ou le jour suivant, viendrait prendre Entragues chez lui, et ils iraient à la *Revue spéculative*.

XIX. — NOUVELLES INDICATIONS

« Le fol n'a Dieu. »
Epilogue des *Contes* d'Eutrappel.

« Quelle pénible soirée ! se disait Hubert, rentré en son logis. Que de sottises il m'a fallu penser, que de banalité entendre, que d'âneries braire ? Et dans quelle langue ! Pourvu que la partie pratique de mon discours ne soit pas inutile ! Je compte sur la brutalité entremêlée de larmoiements : Sixtine sera irritée ou ennuyée, et le Russe disparaîtra de notre vie. Oui, notre vie, j'ai des droits sur cette femme, ceux de la mutuelle intelligence : nous nous comprenons; avec un peu d'advertance et de verbales caresses, je puis acquérir près d'elle une agréable situation anténuptiale. Elle n'est pas de celles que domine un perpétuel appétit de chair et je crois que sa délicatesse accueillerait comme une honte l'idée seule d'un viol consenti. Eh ! en somme, je ne la connais pas : le plan que j'ai donné à Moscowitch est peut-être bon. Oui, on ne sait jamais, mais, s'il le suit, il aura l'air de ne pas être sincère et elle s'en apercevra. »

Le lendemain, il fut moins philosophe, et, dans un moment d'humeur, se posa cette alternative, qui déjà la veille l'avait un instant occupé : « Ou bien me désintéresser complètement de Sixtine, ou bien devenir son amant dans les vingt-quatre heures. » Je ne puis pas jouer le rôle d'un pendant à M. Moscowitch, je ne puis pas admettre un tel hasard dans ma vie, lui ou moi. Comment ! ces bras chers qu'en rêve j'ai noués autour de mon cou, carresseraient la barbe autrichienne de ce dramaturge ? Je ne veux même pas préciser ma jalousie : Moscowitch n'est rien en lui-même qu'un autre. Ainsi un autre aurait ces lèvres et ces yeux, et ces cheveux et tout. Vulgaires plaintes d'un vulgaire jaloux : à quels détails est-ce que j'applique mon imagination ? Voilà que m'obsède l'image obscène. Il faut donc toujours en venir là et c'est pour cela que je l'aime, pour cela seul, pour monter sur elle. Bravo ! les mots sont utiles : avec des mots on analyse tout, on détruit tout, on salit tout. Ça, je n'en veux plus, puisque c'est ça. Valentine fait convenablement la bête, que me faut-il de plus ? Elle est rusée comme une succube et charmante aux jeux préambulaires, que me faut-il de plus ? Ses caresses sont d'une générosité profuse : elle a le cœur sur la main et sur les lèvres, que me faut-il de plus ? Du moment que la conclusion physique s'évoque, immédiat but, n'est-il pas bien indifférent que ce soit telle ou telle fornicatrice qui prête ses indispensables organes ? Qu'importe le terrain où sera jetée la stérile semaison, et que m'importe encore, femme nécessaire à mon plaisir, que les mouvements de tes reins soient d'une passionnée, ou d'une simulatrice d'amour ? »

Il se promenait, vagant malgré le froid, dans les allées nues et boueuses du Luxembourg, parmi les grelottantes statues et les arbres muets.

« Si le désir, songea-t-il encore, me laisse, même en pensée, la liberté du choix, à quoi bon aimer, ou bien est-ce que j'aime vraiment ? Il me faudrait, peut-être, comme à une femme, la possession pour me délivrer de mes doutes. J'ai peur qu'après sa première floraison, mon tempérament ne se féminise et ne s'efface, rongé par la rouille d'une dévorante indécision. Après mes idées, voilà que j'analyse mes sentiments : l'air va devenir irrespirable. Je croyais qu'une passion aurait refait la synthèse de ma volonté, il est trop tard, les éléments, dispersés, sont devenus irréconciliables ; me voici marchant vers l'état du fakir, qui les bras levés vers un ciel vide, immobile et les pieds enfoncés dans le sol, rêve sur la vie qu'il ne vivra plus. Penser, ce n'est pas vivre ; vivre, c'est sentir. Où suis-je ? J'ai voulu pénétrer chaque chose, en son essence ; j'ai vu qu'il n'y avait rien que du mouvement et le monde, réduit à de l'indivisible force, s'est évanoui : j'ai cru, en les dédoublant, doubler mes sensations, je les ai anéanties. Il n'y a rien qui vaille de remuer le bout du doigt : tout se réduit à du raisonnement, à un vague remuement des atomes du cerveau, à un peu de bruit intérieur. »

Comme il parlait à mi-voix dans le silence nébuleux du grand jardin, les mots, à mesure, s'envolaient, ne laissant de leur passage qu'une impression de murmure. Il lui fallut un effort pour ressaisir la logique de ses plaintes :

« Oui, j'en étais au doute. Eh bien ! je crois que je l'ai poussé au delà des limites antérieures. » Cette satisfaction d'auteur le ranima : « Soit, j'en ferai de la littérature, je montrerai comment ce peu de bruit intérieur, qui n'est rien, contient tout, comment avec l'appui bacillaire d'une seule sensation toujours la même et déformée dès son origine, un cerveau isolé du monde peut se créer un monde. On verra, dans l'*Adorant*, s'il est besoin, pour vivre, de se mêler aux complications ambiantes. Mais ce n'est qu'un essai et mon œuvre véritable sera celle-ci : un être né avec la complète paralysie de tous les sens, en lequel ne fonctionne que le cerveau et l'appareil nutritif. Il n'a jamais eu aucune connaissance des choses externes, puisque même la sensivité de la peau est absente. Un miracle, électrique ou autre, le guérit partiellement, il apprend à parler et raconte sa vie cérébrale : elle est pareille aux autres vies. Il faudrait faire admettre le point de départ, trouver, au moins, un exemple médical. »

En réfléchissant, il reconnut que son mépris du matérialisme l'entraînait un peu loin : c'était verser dans l'absurde. Pourtant, une telle imagination apparaissait moins stupide que la négation psychique des uns et le dualisme des autres. Les spiritualistes, en effet, ne lui inspiraient pas une moindre colère : ces bâtards de la Théologie et du Sens commun formaient bien la plus déplaisante hybride de toute la flore humaine. Entre toutes les injures que les ignorants répandent comme une pluie de boue sur ceux qui pensent, celle-ci l'eût spécialement froissé et rien ne l'agaçait comme d'entendre nommer idéalistes, sans distinction, tous ceux qui n'admettaient pas, dans la science, les théories de Büchner ou dans les lettres, celles de M. Zola.

« Ah! je me fâche contre l'ignorance; c'est pire encore que de guerroyer contre la sottise. Et puis, parmi ceux qui ne savent pas, beaucoup voudraient savoir : ce n'est pas leur faute. Quelques-uns suffisent, d'ailleurs : il n'y a que les sommets qui comptent. C'est sur les montagnes que s'allumaient jadis les fanaux annonciateurs des grandes nouvelles. »

Cette dernière réflexion était assez désintéressée : il se considérait volontiers comme un sommet, mais nul fanal, il le savait aussi, n'y resplendirait jamais. Il n'avait aucune grande nouvelle à annoncer que le monde fût prêt à entendre. Sans doute que, comme d'autres, il était venu trop tard ou trop tôt. Les oreilles se boucheraient s'il ouvrait la bouche, car il ne pouvait répéter que la vaine parole des prophètes : *Nisi Dominus ædificaverit domum in vanum laboraverunt qui ædificant eam...*

— « Tiens! que fais-tu là tout seul, à te promener comme un inspiré?

— « Ah! mon cher Calixte, je m'ennuie jusqu'au vomissement.

— « Veux-tu que nous passions la soirée ensemble? demanda Héliot. Tu sais, je ne suis guère distrayant, mais nous causerons.

— « Entendu, dit Entragues, en prenant le bras de son ami, je m'accroche à toi, comme un naufragé à une épave.

— « Mais, reprit Calixte en riant, je ne suis nullement le résultat partiel d'un naufrage. Je me comporte très bien à la mer, la mâture est bien plantée, la coque est solide et se rit des lames, le vent est bon... allons, embarque et ne me traite pas d'épave. Maintenant, écoute, je vais rentrer me défaire de cet encombrant portefeuille, je prendrai quelques vers que je veux te montrer, nous irons chez toi et tu me liras aussi quelques pages un peu symboliques, hein ? »

Alors ils discutèrent sur la valeur des mots dont se caractérisent les modernes écoles d'écrivains. Les symbolistes, au dire d'Entragues, usurpaient leur appellation ; on ne fait pas du symbole exprès, à moins de se vouer à cette carrière, comme à celle de fabuliste. Le symbole était pour lui la cime de l'art et la conquéraient seule ceux-là qui avaient dressé à la pointe de cette cime une statue extra-humaine et pourtant d'apparence humaine, concrétant dans ses formes une idée.

— « Tiens, continua-t-il, le Satan de Milton. voilà un symbole, le Moïse, de Vigny, voilà un symbole, l'Hadaly, de Villiers, voilà un symbole. Le symbole, c'est une âme rendue visible ; le type n'est que le résumé ou l'abrégé d'un caractère.

— « Ta définition n'est pas claire. Il me semble que ce que tu prends pour le symbole s'appelle plutôt synthèse.

— « Non, la synthèse se retrouve en effet, dans le symbole, c'est l'opération finale ; si elle n'a pas été précédée d'une analyse, brève ou longue, peu importe, mais précise, il n'y a pas de symbole. parce qu'il n'y a pas de vie.

— « Dis plutôt que tout chef-d'œuvre psychologique contient un symbole.

— « Peut-être, concéda Entragues. Alors symboliste signifierait fabricateur de chefs-d'œuvre?

— « Au moins c'est là un idéal assez intéressant et je crois que tu ne le désavoueras pas. Pas plus que moi, n'est-ce pas, tu ne te soucies du public : tu aimerais mieux plaire à dix choisis entre tous qu'à tous, à l'exclusion des dix.

— « Evidemment. Nous ne sommes pas des histrions et les applaudissements ne nous feraient pas rougir de joie. Mais si nous n'écrivons ni pour gagner l'universel suffrage, ni pour gagner de l'argent, nous devenons vraiment incompréhensibles.

— « Ecris pour ta maîtresse, dit Calixte.

— « Je n'en ai pas, dit Entragues.

— « Ecris pour la Madone de Botticelli, dit Calixte.

— « C'est ce que je fais, dit Entragues.

— « Belle et noble confidente. Te souviens-tu de ce que dit le page dans la *Gitana?* Je l'ai su par cœur. C'est le portrait de notre maîtresse, puisque c'est celui de la poésie. Ecoute-le dans la fastueuse langue de Cervantès : « *La poesia es una bellissima doncella, casta, honesta, discreta, aguda, retirada, y que se contien en las limites de la discrecion mas alta : es amiga de la soledad, las fuentes la entretien, los prados la consuelan, los arboles la desenojan, los flores la alegran : y finalmente deleyta y ensena à quantos con ella comunican.* »

Leurs entretiens finissaient souvent ainsi, par le rappel d'une impression ancienne, en de mystiques et discrètes plaintes. Calixte était doux pour la vie qui ne lui avait pas montré la même clémence. Ce qu'il cherchait, hormis les jolies éditions des vieux poètes et les mystérieuses gravures modernes, on ne le savait pas : son dédain de toute gloriole était plus sincère que celui d'Entragues, chez qui l'hérédité déterminait un obscur besoin de domination sociale. Entragues s'ingéniait à mépriser la vie. Pendant de longs et injurieux comptes de tutelle, il avait subi, sans révolte extérieure, l'abaissement d'un emploi infime, l'horreur des fabrications obligées d'indigne copie pour des libraires avares : le hasard des procès l'eût dépouillé des reliques de son patrimoine, qu'il aurait consenti à une misère castillane plutôt que d'abandonner son rêve. Il voulait redorer son nom, et sidéré par la gloire, haïssait le présent, comme un obstacle, mais l'existence telle quelle lui était due, il l'aurait revêtue, ainsi qu'un manteau ducal, sans étonnement, avec la satisfaction d'un seigneur qui rentre en ses domaines. Il attendait; rien ne l'aurait surpris, mais le rien, non plus, ne le surprenait pas : de là, les infinies contradictions de son caractère et de sa conduite. Il se connaissait et s'était appliqué, avec une joie qui montrait bien la triplicité de son âme, ce vers de Dante,

Che senza speme vivemo in disio.

« Et sans espoir vivre dans le désir. » Sa triplicité, division scolastique bien élémentaire, il l'expliquait ainsi : une âme qui veut, une âme qui sait l'inutilité du vouloir, une âme qui regarde la lutte des deux autres et en rédige l'iliade.

Il n'avait aucune naïveté, sauf peut-être en ses rares crises méchantes, car, à l'état normal, sa hautaine indifférence de principe le sauvait de la colère et de ses suites. Ainsi, son indignation contre Moscowitch s'était émoussée déjà rien qu'à la première passe du jeu de la vengeance, et il était homme, pour ce qui ne touchait pas à l'essentiel, à jeter le manche après la cognée. Il était homme aussi, à relever et à consolider l'instrument tombé. Il était homme à faire le contraire de ce qu'il prétendait faire, mais comme ses actes étaient pour lui un spectacle, et le plus amusant de tous, il ne s'en attristait pas outre mesure. Il se savait plein d'imprévu et en jouissait : ah! sans cela, il se serait vraiment trop ennuyé, car le reste du monde ne déroulait à ses yeux fatigués qu'un jeu de cirque, en vérité trop monotone, par le vague et le lointain des fantômes jetés sur la piste piétinée éternellement.

Calixte était beaucoup plus simple : tout en rêve, tout en croyance, tout en spontanéité. On ne devinait pas le but de ses mouvements, et, en somme, il n'en avait d'autre que le mouvement lui-même. Plus âgé qu'Entragues de cinq ou six ans, ayant atteint un certain renom de styliste et de penseur délicat, il n'en avait souci, conservait toujours le ton et les manières d'un débutant, portait çà et là ses manuscrits, sans les surveiller, s'adressant de préférence aux petites revues nouvelles, non, ainsi que d'autres, pour y trôner facilement, plutôt par un besoin de silence et pour n'avoir pas à discuter, à démontrer, par de la charlatanerie nécessaire, le mérite d'une œuvre.

Il gagnait peu, par indifférence, car il se serait facilement poussé à une situation lucrative dans le journalisme, mais il aimait, par-dessus tout, à travailler dignement et librement.

Chez lui, le dédain de la vie était naïf : il l'ignorait, comme on ignore la chimie analytique et ne se sentait pas plus de goût pour vivre, à la moderne, que pour s'enfermer dans une cave avec des cornues ; l'une ou l'autre de ces carrières lui semblait également absurde. Quelques figures de rêve, quelques créatures rencontrées entre les pages de Shakespeare ou de Calderon, quelques créations personnelles, suffisaient à peupler ses jours : il tenait ses illusions pour les seuls êtres qui ne fussent pas doués du triste esprit de contradiction, il les aimait, et il aimait Entragues et toutes les intelligences qui discutaient courtoisement et sans prolixité.

On le disait chaste comme un franciscain : il se défendait de ce travel. Une jolie et courte amourette ne lui déplaisait pas : il jouissait de la grâce de la femme, plus que de sa beauté, de ses enfantillages plus que de son sexe, tenait la névrose si aggravée par la complaisance d'écrivains détériorés, pour une maladie répugnante, anti-harmonique et fuyait les femmes brunes et maigres, qui flairent la chair fraîche, comme l'ogre.

Ils entrèrent, comme il était convenu, chez Entragues, qui lut à son ami le conte suivant.

XX. — LE 28 DÉCEMBRE

> « ... L'une meurt, l'autre vit, mais la morte parfois se venge d'être morte. »
> ANONYME.

Au coin du feu, dans la chambre attiédie, ils causaient très émus, car c'était l'heure où d'un tacite accord, leurs lèvres closes allaient ouvrir la porte aux âmes prisonnières.

Depuis deux mois Sidoine faisait la cour à Coquerette. Il ne lui parlait pas de la terre ou du ciel, ni de la destinée charmante des amants qui s'attachent des ailes et s'envolent, dans la pourpre estivale des soirs, vers les cimes lumineuses; il lui parlait des robes nouvelles et des courses d'Auteuil, de l'Opéra, du Salon, de la rue, de l'hippique, du bois de Boulogne, et de la *Revue des Deux-Mondes* : elle le comprenait et lui trouvait de l'esprit.

Sidoine s'amusait à l'aimer en passant. Ayant beaucoup souffert durant toute une année, il sentait le besoin de se distraire un peu, de jouer à la paume avec un cœur léger, et de baiser en souriant, une toison blonde et deux yeux bleus.

Coquerette aussi s'amusait. Elle avait un mari, aimable mais bourgeois, membre d'un cercle de second ordre et de plusieurs conseils de surveillance. Il touchait des jetons de présence parfois et des jetons de baccarat souvent : le jeu était clément pour sa bourse et la Bourse pour son portefeuille. Elle ne le comprenait pas, lui, mais elle l'estimait beaucoup et ne le boudait pas plus de deux fois sur trois à l'heure matrimoniale.

Un mari, c'est un père, c'est un frère ; il baise sur la bouche au lieu de baiser sur le front ; il couche avec vous, parce que c'est l'usage ou parce que les appartements sont trop petits et s'il entreprend quelque visite secrète, c'est qu'il vous a sous la main et qu'il faut bien faire un enfant, ou deux, quand les affaires marchent.

Un amant, c'est un enfant, c'est quelque chose qu'on a créé soi-même, cela vous appartient, on peut jouer avec, on peut le dorloter, le bercer, l'embrasser, le battre, le consoler, le caresser, le mettre en pénitence, lui pardonner, le gronder, le priver de dessert, lui faire tenir les épingles quand on s'habille, l'envoyer se coucher à huit heures.

On redevient petite fille, on a une poupée : ah ! c'est bien différent.

Coquerette n'avait pas d'enfant, elle voulait jouer et Sidoine ne demandait pas mieux.

L'heure, pourtant, était grave : on allait passer de l'autre côté de la rivière, et il fallait se jeter à l'eau, nager vers l'autre bord, épaule contre épaule. Après, sur le gazon vert, on s'étend au soleil et revenu de son émoi, on a de jolis moments, on cueille de réjouissantes fleurs, et avec quelles délices on revient se baigner dans la rivière si terrible tout à l'heure, maintenant si douce, si tiède, si tendrement murmurante.

Déjà, sans le vouloir, car il goûtait le charme de la pudeur, Sidoine avait tourné la tête vers le lit : c'était l'instinctive reconnaissance du terrain qui s'impose, avant tout combat, aux plus étourdis. Haut, large et profond, ce lit sous ses lourdes courtines rouges le fascinait, mais à la très agréable impression se mêlait une inquiétude. Il y avait dans la disposition des rideaux, dans la nuance des étoffes, dans le mystère de l'ombre chatoyante et des reflets rosés, dans tout cet appareil (ah! comme ce mot le frappa!), dans tout cet appareil, quelque chose d'attristant.

Ses yeux encore une fois se dirigèrent vers le lit : « Le lit de Coquerette, le lit sur lequel quand la flamme attendue luira dans son regard, je porterai la chère petite femme en mes bras forts et tremblants, le lit de nos amours, le lit de Coquerette, qu'y a-t-il là d'attristant? Absurde! »

Il prit les mains de Coquerette et se mit à baiser ses doigts l'un après l'autre avec une grâce qui la charma; elle s'attendrit à tant de délicatesse dans le sentiment, la pauvre mignonne! Il ne fallut pas un plus grand coup de vent pour disperser les derniers oiseaux jasant encore parmi les branches; elle se sentit le cœur allégé soudain, car jamais son mari n'aurait eu l'idée d'une aussi exquise caresse, « et puisque jamais il n'en aura l'idée, il faut bien que j'en aime un autre. Peut-on raisonnablement exiger d'une femme qu'elle se prive de telles délices? Si mon mari est incapable, ce n'est pas ma faute, à moi! »

Sidoine continuait, ayant trouvé ce moyen de ne plus parler et comptant bien trouver également, grâce à quelques minutes de ce manège, le moyen de ne plus penser.

Il recommença par le petit doigt et Coquerette avait les yeux ravis de Psyché sous le premier baiser de l'amour.

Sidoine baisa le petit doigt sur la seconde phalange, car il avait distribué la ronde de ses baisers sur les ongles, d'abord, puis sur la première jointure.

Il baisa le petit doigt et au même instant revinrent à ses lèvres, et cette fois presque terrifiantes, ces syllabes intérieurement prononcées déjà :

« L'appareil ! »

Coquerette crut qu'il disait : « Je t'aime, petit doigt de Coquerette », et elle fut contente.

Sidoine baisa la seconde jointure de l'annulaire de Coquerette et bruit à ses lèvres cet autre mot :

« Funèbre ! »

Coquerette crut qu'il disait : « Je t'aime, annulaire de Coquerette », et elle fut contente.

Sidoine baisa la seconde jointure du médius de Coquerette, et il ne dit rien.

Coquerette crut que le doux lézard familier allait monter le long de sa main, le long de son poignet, le long de son bras nu : « Mon Dieu ! jusqu'où ira-t-il ? Je vais toujours fermer les yeux, je verrai bien. »

Mais la caresse s'arrêta effarouchée ; Sidoine se releva très pâle : il regardait le lit comme on regarde un spectacle inattendu et douloureux :

« L'appareil est funèbre, et mon cœur s'épouvante. »

Les mots s'étaient rejoints et de la conjonction magique naissait et surgissait l'unité réelle contenue en leurs éléments.

C'était bien un funèbre appareil :

Trois cierges au chevet s'allumèrent et à cette lueur la blanche figure sembla sourire aux anges, comme les petits enfants dans leur berceau. Un grand crucifix noir apparut sous ses mains croisées; des fleurs furent semées, des roses sur son sein, sur son ventre des lys et à ses pieds des violettes.

« Non, elle n'est pas morte! criait Sidoine en allant s'agenouiller près de sa maîtresse. Dis tu n'es pas morte? Ouvre les yeux, si tu me reconnais? Qu'avez-vous fait? Pourquoi ces lumières, pourquoi toutes ces fleurs, vous allez lui faire mal à la tête. »

Il y avait juste un an, au dernier 28 décembre, il était arrivé chez elle : c'était le même appareil funèbre et il avait dit les mêmes paroles, pleuré les mêmes larmes.

Il prit la main de la morte et l'approcha de ses lèvres, mais l'épouvante, d'un choc soudain, le coucha par terre : elle était froide.

Coquerette, ses grands yeux bleus grandement ouverts avait suivi avec stupeur les phases de la terrifiante vision. Elle savait l'histoire de Sidoine et comprit qu'un vent de folie d'amour avait touché son ami à l'heure même du poignant anniversaire.

La petite femme légère et rieuse sentit un frisson inconnu. Elle se leva toute palpitante, se jeta sur Sidoine, comme une lionne sur sa proie et le mordit à la joue

Sidoine ouvrit les yeux :

— « Ah ! tu es à moi, à moi seule, à moi, cria Coquerette en baisant effarée la trace de ses dents, je t'ai marqué à mon signe, tu m'appartiens. Je t'aime, Sidoine, je t'aime à mourir ! Ah ! je n'avais jamais senti rien de pareil !

Elle le souleva, le fit asseoir, se mit à ses pieds.

— « Elle est morte, dit Sidoine, étourdi encore, mais revenu à lui-même, elle est morte, mais je l'aimerai éternellement.

— « Et moi ? Et moi ? »

Sidoine ne répondit pas.

— « Et moi ? et moi ? »

Sidoine la baisa doucement au front.

— « Et moi ? Et moi ?

— « Elle est morte ! dit Sidoine.

— « Je mourrai, dit Coquerette.

— « Pourquoi faire ? demanda Sidoine.

— « Pour être aimée, dit Coquerette. »

XXI. — LA BARQUE MYSTIQUE

> « L'épouvantable misère de ceux qui vivent sans amour. »
> RUSBROCK L'ADMIRABLE, *De la Jouissance chaste*.

— « Savez-vous, madame, que M. Moscowitch a la très ferme intention de vous épouser?

— « Mais c'est bien naturel.

— « Soit, mais qu'en dites-vous?

— « Cela m'est agréable.

— « Alors, demanda Entragues, pourquoi ne pas m'avoir prévenu?

— « Ah! fit Sixtine, vous voulez jouer à coup sûr. Vous ne voulez pas perdre votre temps? D'abord, et pas plus que vous, M. Moscowitch ne me demanda jamais rien que le plaisir de me voir.

— « Il est séduisant.

— « N'est-ce pas? reprit Sixtine. Il me plaît beaucoup et je crois qu'avec lui je ne m'ennuierais jamais.

— « Ah! vous êtes bien perverse, mais c'est peut-être pour cela que je vous aime.

— « Perverse, parce que je ne veux pas m'ennuyer.

— « Non, l'ennui est la terreur de toute femme et c'est pour échapper à ses griffes qu'elles ont commis la moitié de leurs crimes — bien inutiles : — l'Ennui, impassible, fume son houka et maintient ses esclaves. Je sais bien que la passion est plus forte que lui, mais vous êtes incapable d'aimer.

— « Pas plus qu'une autre, dit nonchalamment Sixtine, et puis je ne demande qu'à me laisser faire. Je suis, vous l'ai-je pas dit, la pâte qui attend les mains du pétrisseur, et je ne puis pourtant pas me façonner toute seule. Mais, voyons, c'est vous qui venez me jouer de si pauvres airs de jalousie, d'un si vulgaire style? Je vous croyais plus de dédain et un plus riche vocabulaire. Ah fi! me chanter une telle romance : « Vous êtes incapable d'aimer! » Eh bien, monsieur, et pour me servir de votre langue, je suis du moins capable d'être aimée. Comment, vous semblez croire qu'en amour il y a une catégorie de capacités, comme au temps du roi Louis-Philippe? Ce serait, n'est-ce pas, une corde spéciale, qui manquerait à la cythare? Tous les instruments humains sont complets et même, les femmes ont, sachez-le, des cordes de rechange. Mais les cytharistes habiles sont rares et la plupart des hommes ne savent pas seulement ordonner le préalable accord de l'instrument dont ils prétendent tirer des concertos. Je vous en prie, parlez-moi le langage d'un logicien, puisque telle est votre profession intellectuelle et ne vous imaginez pas que je sois une pensionnaire qui va se sentir brûler d'amour, par un très noble esprit de contradiction, au moment même où un homme lui dit cette adroite sottise : « Vous êtes incapable d'aimer. » Car vous êtes peut-être très habile et capable, oh! très capable de me démontrer l'illogisme patent de mes déductions féminines. Mais, interrogez-moi donc!

— « J'ai, dit Entragues, beaucoup de plaisir à vous écouter. Votre voix est douce.

« Cette fois, songeait-il, et grâce aux mutuelles impertinences avec lesquelles nous allons nous entre-blesser, cela va finir très bien ou très mal. Elle est, par quoi? très énervée, et mon personnel état mental en plein déséquilibre. Nous allons atteindre, c'est espérable, un surprenant résultat. »

Comme elle se taisait, il reprit :

— « Il y a des instruments irrémédiablement désaccordés, tels ceux qui subirent l'humidité de la solitude; mais ce n'est pas un si grand désastre : on n'a qu'à changer les cordes.

— « Un tour de clef suffirait peut-être, dit Sixtine, et d'abord un rayon de soleil. »

Ce mot frappa Entragues au cœur. La voix qui l'avait prononcé, pourtant, était sèche et toute cassante d'ironie, mais il n'en retenait que le sens et voyait se dresser devant lui, sous la forme d'une femme attristée aux gestes implorateurs, la figure même de l'Abandon. Ses doigts laissèrent tomber à ses pieds les flèches, il s'attendrit naïvement :

— « Je vous ai blessée, pardonnez-moi.

— « Oui, dit simplement Sixtine, vous avez été méchant et cela m'a fait mal. Je veux que nous soyons de bons amis, en attendant mieux, si telle doit être notre destinée que je mette pour jamais ma main dans votre main. Surtout pas de colère contre une impuissante femme, assez malheureuse déjà de ne pas savoir ce qu'elle veut. Vous n'avez pas lieu d'être jaloux, et d'ailleurs, elle sourit mais sans méchanceté, vous n'en avez pas le droit, mon ami. »

Il avait mis un genou en terre devant elle et tenait sa main dans ses mains, sans la serrer, avec précaution, comme une fragile et précieuse porcelaine.

— « Me voilà, songea-t-il, en l'attitude de Sidoine devant Coquerette, je n'ai plus qu'à porter à mes lèvres ces jointures et ces ongles chers pour que la ressemblance soit complète, autant que l'admet les différentes natures des deux femmes. Coquerette, capricieuse et rieuse enfant, peut éprouver un soudain mais momentané revirement de nature. Sa passion très sincère pour Sidoine durera peut-être tant que Sidoine n'y répondra pas, peut-être quelques lendemains. Comme Sidoine ne recherche en cette jolie petite femme qu'une distrayante amourette, il est bien capable de céder le soir même, malgré l'ébranlement de ses nerfs, quand cela ne serait que par respect humain. En ce cas, très vraisemblable, la passion de Coquerette ne fera pas, comme on dit, long feu : l'attisée flambera et deviendra vite un petit monceau de cendres. Mais, comme c'est singulier ! au moment même du coup de foudre, et tout le temps de la durée de ces surprenants effets électriques, Coquerette est femme à donner à Sidoine, s'il la méprisait bien visiblement, une assez grande et réelle preuve d'amour : se jeter par la fenêtre, si nul revolver ne tombe sous sa main. Je pourrai rédiger cette suite, ou telle autre, car il y a en toutes histoires d'amour deux ou trois dénouements également logiques... Où en étais-je ? Sixtine est bien différente de Coquerette...

Il y avait eu après les derniers mots de Sixtine un assez long silence, pendant lequel Entragues, sans pour cela cesser de s'intéresser cœurement au présent, ne put néanmoins réfréner son imagination d'analyste.

— « Je le sais, je le sais trop, répondit Hubert entre deux poses, mais vous me dites d'amères cruautés avec une telle douceur et un tel charme qu'elles me ravissent comme des tendresses. L'avenir, où vous me laissez entrevoir une possibilité de joie, m'apparaît ainsi qu'une imagination d'aurore à un pauvre pérégrin attardé dans les affres d'une noire forêt...

— « Imagination, si tel est votre plaisir, mon ami, mais frappez et la source jaillira. Frappez hardiment, que le cœur soit atteint, que le sang parte comme un fleuve, que je tombe entre les bras du meurtrier mourante de joie et mourante d'amour. Je voudrais, je voudrais...

« Ah! dis-le moi donc ce que je voudrais, continua intérieurement Sixtine, évoque-la donc devant moi, ma volonté, que je la voie de mes yeux, que je la touche de mes mains, tu le peux, toi, tu dois le pouvoir, toi, puisque tu es un homme!... »

Elle attendit une seconde : l'aure d'une crise de nerfs voltigeait et se jouait le long de son échine, la boule grossissante remontait le long de sa gorge; ses doigts se crispèrent dans la main d'Entragues, elle sentit l'impérieuse nécessité de fuir tout contact et, en se levant brusquement, elle se jeta à son piano, joua fiévreusement une incohérente musique qui la sauva.

« Elle est étrange., songea Entragues, on dirait qu'elle va se laisser aller et voilà que tout d'un coup elle s'est envolée loin du péril. Jamais elle ne perd la tête et vraiment je me dois applaudir du conseil qu'une diabolique inspiration m'a fait donner à ce pauvre Moscowitch. Ce n'est pas une Coquerette, elle se domine, mais le jour où la rivière aurait été franchise, épaule contre épaule, elle serait unie à son amant comme le fer au fer sous le marteau du bon forgeron :

> « Amour, bon forgeron des cœurs,
>   Martelle, martelle,
> Martelle deux à deux les cœurs,
>   Martelle, martelle,
> Amour, bon forgeron des cœurs ! »

Il fredonnait ce couplet improvisé à la sommation d'un rythme qui chantait sous les doigts de Sixtine. Des vers, des phrases bien venues, de belles périodes surgissaient à ses lèvres selon la cadence de la musique et avec les mots des idées, de curieuses idées dont il n'avait pas connaissance, des plans de romans, des notations métaphysiques, des vues intéressantes sur lui-même, sur ses amis, sur l'amour, sur la politique. Pendant l'heure que Sixtine passa au piano, il vécut plusieurs journées de large et profonde vie et quand la musique fit silence, Hubert sentit un arrêt violent de pensée qui lui saisit le cœur et le cerveau, comme saisit la chair et les moelles une transition du chaud au froid, extrême et soudaine.

— « Tenez, dit Sixtine, en se tournant à demi sur son tabouret, pour vous prouver que vous êtes encore et malgré vos maladresses celui auquel je me fie, je vous conterai des fragments de ma vie. Ne prenez cela ni pour une confession, ni pour une confidence, ni pour un aveu ; ce n'est rien que bonté d'âme, de ma part, et désir de contenter votre curiosité. Je n'aime guère à expliquer mes misères passées, mais je crois bien, d'ailleurs, que personne n'eut jamais ce spectacle, si ce n'est la comtesse et un ami mort, cher et cher encore par le souvenir, de Sixtine déchirant le voile d'Isis.

— « Votre passé, dit Entragues, m'est aussi sacré qu'un mystère de religion. Je ne doute pas que vous n'ayez eu la perpétuelle conduite d'une femme douée de la dignité native...

— « Précisément, interrompit Sixtine, je suis femme et je la fus et je commis les crimes d'une femme qui ne sait pas la signification du mot : Devoir. On me l'enseigna, je l'oubliai, n'ayant point compris.

— « Si vous l'avez oublié, dit Entragues, je ne tenterai point de vous le rapprendre, avant de vous connaître plus profondément. Pour moi, le devoir c'est de faire mon œuvre, et pour cela, de faucher tous les obstacles de la vie : pour telle autre créature, je ne sais.

— « Oui, vous êtes intellectuel, quelques hommes le sont et beaucoup pourraient l'être ; cela n'est pas permis à une femme. Celles mêmes qui ont l'air de s'intéresser aux choses de l'esprit ne le font que par feinte ou par imitation. Le cercle d'argent de la sensation les étreint et le sentiment même est de la sensation pour elles. On m'a dit cela, vous pensez bien que je ne l'aurais pas trouvé toute seule ; d'ailleurs, cela m'est indifférent, puisque, pareille aux aures, je ne veux que ceci : être heureuse.

— « Et vous ne l'êtes pas.

— « Non, mais je puis l'être. Je vis là-dessus : c'est mon œuvre à moi, j'en ai pour jusqu'à ma dernière heure et je suis bien tranquille.

— « Vous me donnerez votre secret, dit Entragues,

— « Dès maintenant, dit Sixtine. Si une aventure semblable à la première m'advenait, ce n'est pas l'autre qui mourrait, ce serait moi. Vous avez peut-être compris que lorsqu'on me parle d'amour, ce n'est pas seulement la paix de mon cœur qui est en jeu, mais encore la lumière de mes yeux. Cela me donnerait, je crois, le droit de choisir : eh bien, je ne choisirai pas. Ainsi, je n'aurai rien à me reprocher, si je fais naufrage. Je n'aurai usurpé ni le porte-voix, ni la barre, je serai la passagère qui se couche au fond du bateau et vogue les yeux fermés. Et dire, ajouta-t-elle, comme en se parlant à elle-même, qu'il suffit de huit jours pour que je sois sur mer, embarquée vers des récifs, en une nef chavirante et sous des ordres inexpérimentés ! C'est ce qui m'attend, n'est-ce pas ? Aussi, j'aime autant ne pas partir, la vie ne m'est pas pénible, mais je partirai, car on m'enlèvera de terre et des bras... lesquels ?... me poseront sur les coussins au milieu du roulis... Ah ! je puis tout aussi bien faire une navigation très heureuse, un voyage de vraie plaisance par des océans pleins de soleil, avec, tout au bout, un port calme et tiède et des sourires d'âmes, jusqu'à la fin...

— « Cela sera ainsi, dit Entragues. »

La simplicité tragique de cette femme, qui daignait seulement se révéler, le remuait autant qu'un beau lever de soleil ou que de la belle prose, noblement imprimée. Il ne sentait plus, en ce moment, aucun amour pour elle ; l'impression était toute littéraire, et avec un reste de conscience, il se maudissait pour ce blasphème. Cependant, il remarqua ceci : les développements métaphoriques par lesquels Sixtine avait indiqué sa conception de l'avenir étaient tout à fait analogues aux images qui l'avaient hanté un jour dans un tel état d'esprit. Etat fugitif, sans doute, mais dont la naissance, même occasionnelle, révélait de secrètes concordances entre leurs âmes. Sinon les joies de l'union, les synalgies, du moins, étaient possibles, et c'est beaucoup que deux êtres soient aptes aux mêmes souffrances, et que si la vie frappe un des cœurs l'autre soit blessé. Cette pensée transitoire le ramena à l'amour : ses bras, par un ressort soudain détendu, s'ouvrirent et, si elle y était tombée, ils se fussent refermés sur l'infini. Mais il était trop tard de quelques minutes : il y a un tout petit espace entre la sensation perçue et la sensation analysée : c'est là que se loge l'ironique Trop tard.

Sixtine répondit ;

— « Qu'en savez-vous ? Vous-même, pourriez-vous m'en faire la promesse, sur votre vie, que vos lendemains ne m'apporteraient pas la désillusion de vos avant-veilles. En prenez-vous l'engagement ? »

. . . .

Le soleil avait régné, et le ciel, par de lentes dégradations, s'enténébrait. Des feux rouges, des feux verts, des feux jaunes éclataient sur le fleuve.

Alanguie sous ses parures, un peu bercée par le remous, une barque tardive s'avança et vint ranger le quai. Les pierres étaient toutes recouvertes de lourds tapis, ainsi que les pavés et les marches de granit jusqu'au trottoir où s'arrêta la voiture. Les porteurs de torches se déroulèrent vers la barque : à leurs flammes vacillées les ors et les pourpres des draperies s'allumèrent et l'eau du fleuve prit la couleur des grenats et des topazes.

Ils étaient seuls. Se tenant par la main, ils firent le chemin en silence, tous deux vêtus de noir et pareils à des ombres.

Dès qu'ils eurent mis le pied sur le bordage, ils se regardèrent et se sourirent. Ils partaient seuls, ils partaient ensemble, et pourtant ils virent dans les yeux l'un de l'autre la mélancolie des voyageurs.

La barque s'éloigna, les torches s'éteignirent : il n'y eut dans la nuit qu'un fanal de plus sur l'eau du fleuve.

. . . .

— « Oui, dit Entragues. »

Sixtine tressaillit.

— « Oui, répéta Entragues, si vous m'aimez ! »

Sixtine continua :

— « Voilà un récit traversé de bien des bavardages... C'est pour moi que je dis cela.

— « J'en mérite ma part, reprit Entragues. »

Et il ajouta intérieurement :

« Si vous m'aimez ! J'ai eu l'air de poser mes conditions, quelle lâcheté m'a fait prononcer ces humiliantes syllabes. Moi aussi, j'ai gâté mon « qu'il mourût ! » Il n'y avait qu'à dire « oui ! » Et c'était toute ma pensée, c'était ma vraie pensée. Pourtant, je t'aime, va ! Sixtine, je t'aime bien sans conditions, va ! Ah ! tu finiras bien par le comprendre ! »

Sixtine l'observait :

« Ah ! pauvre ami, tu ne me comprendras donc jamais ?

Elle reprit tout haut :

— « Il faut pourtant finir... C'est que j'ai quelque pudeur à me dénuder ainsi... Enfin... Non, grâce pour aujourd'hui... une autre fois... Laissez-moi seule, maintenant, si vous voulez me plaire... sans questions... et sans peur... vous viendrez demain, là. Adieu, mon ami. »

XXII. — LE SIMONIAQUE

> « La male bouche, elle a esté si traistre
> Qu'elle a baisé et vendu nostre maistre. »
> CHARLES DE LA HUSTRIS, *Contreblason
> de la Bouche.*

Hubert n'avait nulle envie de penser, mais il n'est pas donné à tous de pouvoir régler son activité cérébrale, de renvoyer au lendemain les affaires sérieuses. Ni la lecture d'un roman naturaliste, ni la méditation des plus abstruses propositions et scolies de la porcologie contemporaine, ni la contemplation des vérités éternelles ne l'empêchèrent de pleurer ses récentes sottises.

Ah ! comme à distance, il les jugeait bien les choses, comme il voyait bien *ce qu'il aurait fallu faire* : nul n'avait à un plus haut degré la présence d'esprit du bas de l'escalier.

L'analyse immédiate était toujours un peu confuse, n'imposait pas de précises conclusions. Sans doute, trois ou quatre minutes au plus, après le moment où l'action eût trouvé sa place, il avait démêlé les pensées et les arrière-pensées de son partenaire et au cours de la quatrième minute il savait déjà *ce qu'il aurait fallu faire* à la première seconde, mais il ne le savait pas aussi pertinemment qu'après une nuit de sommeil.

Aucun trouble de cœur ne l'avait jamais empêché de dormir ; il remerciait le ciel de lui avoir départi des matinées lucides.

Plus il songeait, ce matin-là, plus s'amollissaient sous lui les sables mouvants de l'indécision.

S'étant mis mal à propos en mouvement, l'action lui avait été pernicieuse ; attendre, était stérile : c'est le semeur de cailloux qui, vers le printemps, s'attarderait le long de son champ, étonné de ne pas voir verdoyer les germinations.

« Eh bien ! se dit Hubert, on ne sait pas, tout arrive et spécialement l'absurde. Il me serait agréable qu'un miracle s'accomplît en ma faveur. Nous verrons ce soir, et, ajouta-t-il, en souriant de lui-même, les jours suivants. »

Pour gagner la nuit, et craignant encore la morosité des heures, il sortit, en quête d'occasionnelles distractions.

La rue était inclémente, les quais balayés par un âpre et humide vent se profilaient mornes sous leurs boîtes closes, spectacle défavorable, pour toute une série d'inquiets picoreurs de science, vraiment à la joie de vivre. Que deviennent-ils, en ces jours de chômage, les inconsolés vagabonds, amateurs de sottise imprimée ? Il en aperçut un qui, les yeux tristes et les gestes lassés, allait interrogeant le ciel, tenant bon sous la tempête, guettant une accalmie. Entragues le connaissait : c'était un vieil homme de lettres dont la vie se passait là. Aucun livre ne lui était étranger, il les entr'ouvrait tous, les saluait d'un sourire, mais n'achetait que ceux qui concernaient l'Auvergne, son pays natal. Il en avait chez lui, en un vaste grenier, quinze mille de cette sorte et ne désespérait pas d'en doubler le nombre.

Entragues voulut l'entraîner loin de ces bords désolés ; il résista, comme un amant bien décidé à coucher en travers de la porte verrouillée de sa maîtresse.

Cette constance plut à Entragues.

— « Venez donc jusqu'à la rue de Richelieu. Il y a là une grande salle mauresque où l'on trouve aussi quelques livres, et on est à l'abri.

— « Oui, je ne dis pas, mais on ne peut pas les emporter chez soi. »

Entragues le quitta sur ce mot dont il comprenait toute l'amertume, car il en était, lui aussi, de ceux qui ne lisent avec plaisir que les livres dont on est le maître. Livres, femmes, tableaux, chevaux, statues et le reste, l'herbe même et les arbres et tout ce dont on jouit, on n'en jouit qu'à moitié, si cela ne vous appartient pas. Cela explique le peu de succès des musées où il n'y a personne, hormis les dimanches de pluie ; il faut une grande indifférence ou un grand détachement pour associer d'ardentes sensations à la contemplation d'un tableau qu'un regard imbécile va polluer l'instant d'après.

Rue de Richelieu, c'était une atmosphère spéciale et qu'on ne respirait que là. Dès la porte, un petit frisson vous secouait les membres et une fois installé dans le fauteuil et à la place numérotée, on ressentait les cruelles atteintes de la fièvre des livres.

Entragues ne put tenir assis. Il se promena le long

du pourtour, regardant à droite les crânes et à gauche les livres, ou bien, à droite les livres et à gauche, les crânes. Evidemment, tous ces crânes croyaient à la science et venaient là pour s'infuser les livres, en lesquels, comme on sait, toute science est contenue. Pline, aussi, croyait à la science, et Paracelse, et Erasme et Sammaize et où est-elle, Villon, leur science, là où n'iront jamais tes vers, mauvais écolier ! Tu savais toi, et entre beaucoup de choses, tu savais ceci, que celui qui meurt « meurt à douleur ». Travaillez, travaillez et un jour, comme fiel, la science vous crèvera sur le cœur. Si c'est pour vivre, travaillez, c'est une excuse, bien qu'il ne faille pas, ainsi où il est écrit dans une préface, attacher trop de prix au pain quotidien, « mais, continuait Entragues, faut-il que l'humanité s'ennuie, par destination, pour qu'il y ait des amateurs de travail ! »

— « Comment, toi, Oury ? je te croyais en province.

— « Je me suis fait, répondit Oury, un coin de province à Paris et comme tu vois je suis vivant, ou du moins j'en ai l'air.

— « Et que fais-tu ?

— « Rien.

— « Comment, rien ? et je te trouve penché sur de gros catalogues ?

— « C'est pour me reposer un peu la vue, car je ne travaille pas, je regarde travailler.

— « Ah !

— « Oui, tous les jours, je viens ici vers midi et je reste jusqu'à la fermeture. En été cela dure jusqu'à six heures, alors je fais de bonnes journées ; l'hiver, à peine a-t-on le temps de s'installer.

— « Et tu ne fais rien ?

— « Non, j'attends. Je suis comme l'écolier de la légende : j'attends *qu'on sorte*.

— « Ah ! mais, mon cher Oury, sais-tu que ta psychologie est du plus vif intérêt. « J'attends *qu'on sorte !* » Ta devise est la devise même de l'humanité. Elle est admirable, elle est le schéma de la vie, tu es un homme, Oury, tu es l'homme, tu es symbolique.

— « Peut-être, mais je n'en tire aucune vanité. Pourtant mon existence est singulière et je crois que peu de créatures auront vécu des jours aussi dénués d'incidents. Assieds-toi donc, nous causerons ; je puis bien sacrifier une heure ou deux à un vieil ami. »

Entragues consentit volontiers.

— « Tu me croyais en province ? commença Oury. Non, je suis un disparu, mais non pas un provincial. Là-bas, tu vois ? au bureau, il y a un monsieur à cheveux gris, très aimable. Je salue, il me sourit, et m'offre un petit papier que je prends. Je souris aussi, car ce papier qui sert à demander un ouvrage m'est inutile. Je ne viens pas travailler, mais regarder travailler.

« Je passe là quatre ou cinq heures fort agréables.

« Le matin, chez moi, c'est autre chose. Le temps se traîne comme un serpent, se tord, bâille et me mord et m'insinue le venin cataleptique de l'ennui.

« Parfois, quand il fait beau, j'ouvre ma fenêtre, et je regarde vers de lointains arbres ; en d'autres matinées je me lis du Ronsard : le temps s'en va ! le temps s'en va ! Non, il dure, inutile et tenace.

« J'eus, il y a quelques années, deux ou trois mois de répit.

Peins-moi, Janet, les beautés de ma mie.

« Ce fut à partir en quête de ce portrait chimérique. Pourquoi Thomas de Leu ne l'aurait-il pas gravé ? Il n'a pas son second pour rucher une collerette empesée, pour allonger férocement une figure de ligueur, mignonnement un visage de princesse. Comme elle n'existe pas, cette image, et que je le savais, je la cherchai avec persévérance, car j'étais sûr au moins de ne jamais toucher du doigt la finale désillusion.

« Mon cheval las, cependant fléchissait ; le désir d'un coup de fouet, lui cingla la croupe : je venais de rencontrer, dans la cour du Louvre, ma princesse peinte par Janet. A sa figure longue et pâle, à ses yeux en amande, à sa large collerette blanche, à sa taille fuselée amincie par un corsage en pointe, à son chapeau Marie Stuart, à ses gants gris, des gantelets, à un air Renaissance indéniable, je la reconnus et en devins amoureux.

« Comme je suis fort régulier dans mes habitudes, les matins qui suivirent celui de la vision première, la princesse ne manqua pas de m'apparaître, toujours la même et toujours princesse. Elle entrait au Louvre, moi, malheureusement, j'allais à la bibliothèque, je ne pouvais ni m'arrêter, ni la suivre, de sorte que je fus longtemps avant de savoir si c'était une hallucination ou la réalité tangible d'une femme douée de chair et de jointures.

« Nous nous quittions sous la voûte où s'ouvrent en vis-à-vis les égyptiennes et les assyriennes perspectives : elle entrait à droite et je continuais mon chemin. J'aurais pu entrer et la suivre, sans doute, mais les heures que je passe ici me sont sacrées : je ne travaille pas, cela est vrai, mais je pourrais travailler : je veux, du moins, garder la possibilité du devoir. Tout ce qui me reste de volonté s'est transmué en habitudes : briser le fil, ce serait résoudre la série des mouvements appris en une éternelle et buridanesque immobilité.

« Tu vois que je me connais un peu. Plus je vais, plus me manque la force initiale. Je puis tout continuer, je ne puis rien commencer. Entre la volonté et l'acte, un fossé se creuse où je tomberais en essayant de le franchir : c'est une impression physique.

« Finalement, la princesse surgit un jour coiffée d'un chapeau Van Dyck qui faisait de très laides ombres sur sa figure blanche : adieu ma princesse peinte par Janet. C'était une femme comme toutes les femmes et qui, décidément, ne rachetait ce défaut par aucun mérite spécial.

« Voilà mon aventure.

« Au fond, je trouve encore la vie assez supportable à partir de midi. J'attends le souffle, je regarde travailler, c'est une occupation, cela. »

— « C'est une occupation, dit Entragues. Adieu. Tu ne sors pas avec moi ?

— « Oh! non, répliqua Oury, c'est impossible. Pas avant quatre heures. »

Assez attristé, Entragues s'éloigna, continuant sa promenade, cherchant parmi les crânes penchés une chevelure familière à ses yeux. Vaine enquête; alors, il sortit seul, sans le compagnon qu'il aurait voulu et remonta la rue jusqu'au boulevard.

Aux confidences de ce triste malade, jadis un intelligent garçon, destiné, pensaient ses amis, à rédiger d'intéressante critique rétrospective, une sorte d'histoire de la pléiade, moins puérile et plus brave que celle du dolent Sainte-Beuve, Entragues eut peur de s'anonchalir. Ces maladies de la volonté étaient contagieuses : il décida de fuir cet intellectuel lépreux et d'abolir, d'abord, en lui-même, tout souvenir de la rencontre. Un pareil mal pouvait surprendre ses nerfs et coucher sa volonté dans l'ornière de l'habitude; il ne se souciait pas d'un séjour, ni même d'une excursion de touriste, aux frontières de la folie.

Il flâna de divers côtés, en des bureaux de rédaction, à la recherche de Van Baël, qu'il voulait consulter sur un détail de costume, passa une demi-heure à la Salle des ventes où il acheta quelques soies anciennes et un lot d'ornements d'église fanés, laids, mais sacrés et sentant la simonie.

Un prêtre simoniaque, depuis des années, le hantait : c'était une face maigre avec des yeux haineux, un corps violemment ossaturé, rigide, des mains longues, des mains blanches, des mains souples aux aux ongles carrés, des mains de vendeur d'étoffes, des mains de bénisseur, des mains de juif vite rentrées sous le manteau avec le prix du sang. En quel siècle, en quel pays vivait-il ?

« Pour atteindre à quelque justesse d'analyse, songeait Entragues, en rentrant chez lui, une chasuble sur les genoux, un gros tas de broderies sacerdotales emplissant le reste de la voiture, pour insinuer à ce simoniaque de la vraie vie, il faut qu'il soit moderne. Il faut que je puisse entrer dans son église, m'asseoir un soir et un soir m'agenouiller dans son confessionnal, boire le vin de son calice et les hosties de son ciboire. Il faut que je sois comme lui simoniaque et sacrilège, ah ! quelle épreuve ! et sentir comme lui l'irrévocable damnation et m'exalter de jour en jour dans l'opprobre secret de mes mensonges ! »

Sixtine vint à son secours : la robe rouge le délivra de la robe noire.

L'heure sonna du rendez-vous donné la veille.

— « Madame est sortie ! »

— « Ah ! »

Ce fut tout. A quoi bon même rouvrir la bouche ?

XXIII. — L'ADORANT

III. — LA FUMÉE DE L'ENCENS

> « Il y a un secret, Valérien, que je veux te dire : j'ai pour amant un ange de Dieu, qui, avec une extrême jalousie, veille sur mon corps.
> *Bréviaire romain, Office de sainte Cécile.*

« De l'encens ! De l'encens !

« Que d'encens il y a dans les encensoirs !

« Que de fumée il y a dans l'encens !

« Nuage, c'est païen. Vierge ! fi ! de se cacher dans un nuage pour faire l'amour. Mais à quoi bon ? Je vois les ailes de l'ange dont la blancheur éclate sous le nuage odorant. C'est avec cela, avec si peu, Vierge ! fi ! qu'il t'a grisée pour avoir raison de toi. Et tu lui souris, je vois tes yeux dont la fulgence éclate sous le nuage odorant, à l'ombre des ailes blanches !

« Toi l'immaculée ! Et pour qui tant de pureté souillée ? Pour qui ? Pour un ange ?

« Tu as cru que c'était le Saint-Esprit ? — Oui, la colombe m'a becqueté les lèvres et j'ai entr'ouvert la bouche et je lui ai donné le petit bout de ma langue. Je parle de longtemps. C'était très agréable et j'avais toujours envie de recommencer.

— « Ah ! Vierge, fi ! tu mens comme une femme.

Les colombes n'ont pas de si larges ailes. — Ce sont les ailes de mon manteau.

— « Ah ! Vierge ! fi ! les colombes n'ont pas les cheveux frisés. — C'est la rosée qui a ébrélé ses plumes.

— « Ah ? Vierge ! fi ! les colombes n'ont pas de plumes blondes. — Mais si, mais si ! Et puis elles ne sont pas blondes, *figliuolo*, elles sont gorge-de-pigeon. »

Della Preda était confondu par tant d'aplomb. Comment une Vierge en qui il avait mis toute sa confiance, *sub tuum præsidium !*

Le colloque reprit ainsi qu'il suit :

— « Ah ! Vierge ! fi ! songe à ta famille, songe à ton chaste époux ! songe à ton fils ! songe à Dieu le père ! Veux-tu déshonorer le créateur du ciel et de la terre ? Qu'allons-nous devenir, si tu émeus sa colère. C'est toujours sur nous que cela retombe, pauvres hommes et nous aurons encore la peste. — *Ecce ancilla Domini !* mon ami. Je suis aux ordres du Très-Haut, et s'il lui plaît de m'envoyer un ange ? »

Della Preda ne sut que répondre; car il avait trop de religion pour discuter les décrets éternels. Il fit seulement remarquer à la madone que si le Très-Haut lui avait envoyé un ange, ce n'était pas apparemment pour faire l'amour avec.

— « Ah ! mon Dieu ! » cria la Novella.

« D'ailleurs, reprit Della Preda, je suis en paix, les anges n'ont pas de sexe. C'est un jeu. Eh ! la question est controversée...

— « Ah ! mon Dieu ! Ah ! mon Dieu ! » cria la Novella.

« Ainsi, saint Ambroise qui a beaucoup parlé des

anges, ne se prononce pas d'une façon péremptoire. Il note que d'aucuns, ayant failli, furent expédiés « dans le siècle » et remplacés au concert céleste par les plus méritoires virginités. Comment ont-ils failli, et cette expression ne doit-elle pas s'entendre de la chair?...

— « Ah! mon ange! » cria la Novella.

« Ou bien sont-ils, comme leur nom, épicènes. Cette opinion fut soutenue, mais je la crois hérétique, car ces vases de pureté, se trouvant doués des deux sexes, auraient trop de tentations et trop sous la main. Tertullien, de même qu'Origène, leur accorde un corps; cela, je le sais, je le vois et qu'ils en font un profane usage.

« Ah! je vais perdre bien de mes illusions sur les anges : il faudra que je soumette le cas au *padre* qui m'enseigna la théologie...

« Si je me souviens de mon livre d'heures, n'est-il pas écrit en l'office de Sainte-Cécile : « Valérien trouva Cécile priant avec un ange dans son lit. » Cécile, d'ailleurs l'avait prévenu : « Il y a un secret, Valérien, que je veux te dire : j'ai pour amant un ange de Dieu, qui avec une extrême jalousie veille sur mon corps. » Oui j'ai lu cela dans mon livre d'heures, pages sacrées que ne doit pas même effleurer l'irrespect. C'étaient des amours saintes, et saintes aussi, sans nul doute, celles qui m'oppressent le cœur. Pardon, madone! Pourtant tu me fais souffrir et tu me fais pleurer, je n'ose plus, honteux du spectacle qui a troublé mon âme, lever mes yeux malhonnêtes vers tes yeux béatifiés. Tu fais ce que tu veux, étant reine et moi j'ai un devoir, aimer, pâtir et mourir si tu l'ordonnes.

« Je ne comprends pas, mais qu'importe ? Est-ce que je comprends le mystère de la Sainte-Trinité ?

« Si tu as choisi, comme la charmante et bienheureuse fille, un ange pour amant, c'est que telle est la fonction des anges d'être les amants des vierges : ainsi fut-il ordonné par le Seigneur de toute éternité.

« Et moi, je suis indigne ; j'ai un corps souillé et deux fois souillé : depuis le baptême de ton amour, madone, les séductions charnelles ont eu raison de la grâce que ton intercession m'avait départie.

« A une femme, quelle femme ! à une infidèle, quelle infidèle ! à une esclave, j'ai livré mon corps régénéré par la condescendance de tes regards, lavé par tes larmes, purifié par ton sourire, comme un haillon scabieux par les ruissellements des sources et les rayonnements du soleil.

« Tu m'as châtié, madone, mais dois-je me plaindre, puisque moi-même je t'avais supplié de lever la verge sur mes épaules ? Tu m'as bien châtié, merci... Non, ma Novella je vous aime trop pour être lâche, je vous hais maintenant, impure et parjure Vierge !

« Songe que je t'aimais pour ton immaculée candeur, et que ta peau virginale s'est maculée d'ineffaçables taches...

— « Il n'y paraît plus, dit la Vierge, j'ai une robe neuve.

— « Monseigneur, dit Veltro, en saluant le prisonnier, la cérémonie s'achève, il faut rentrer. J'ai pris sur moi d'allonger un peu les minutes, mais la consigne, seigneur, la consigne... C'est une belle fête, tout de même que le couronnement d'une madone. La Novella, on la couronne tous les ans, à l'Assomption, et on lui change, par la même occasion, sa robe rouge : c'est l'usage. De la vieille, on habille des petites pauvresses, oh! ce qu'elles sont fières, les coquines; enfin, c'est l'usage, quoi!

— « Encore un instant, Veltro, je vous prie, mon ami? »

Depuis qu'ayant levé les yeux, Della Preda voyait face à face la Novella, radieuse en sa pourpre neuve et sans le voile d'aucun nuage, son angoisse s'apaisait et son effarement. Il ne ressentait plus que le trouble qui suit les mauvais rêves, comme une persistante odeur, mais voilà que, soudain, sonna sous son front la sensation du blasphème : ce fut obscur et violent : il s'évanouit et Veltro le prit dans ses bras.

XXIV. — LA COULEUR DU MARIAGE

> « Le mari dotal doit à sa femme trois nuits par mois. »
>
> *Lois attiques*, liv. VIe, titre 1er, art. 14.

« Bon, se dit Entragues, en entendant sonner la sonnette, c'est l'ange russe... Ah ! j'ai rédigé un beau blasphème ! «... dans ses bras. » Voilà. Et dire que, faute de comprendre, on me taxera d'impiété, moi qui fais du bréviaire romain ma quotidienne lecture, non moins qu'un clerc et pour qui le nom de Voltaire est un mot infamant. »

— « Mon cher Moscowitch, je vous fais attendre, c'est que je finissais une phrase et que cette phrase clôt un chapitre. »

L'ange russe assista au déjeuner d'Entragues, en buvant du thé. Il parlait peu, semblait se réserver.

— « Vous avez, demanda Entragues, vos manuscrits, vos plans, vos théories ?

— « Ma théorie, dit Moscowitch, c'est de faire du théâtre une école de pitié.

— « Les orphelines, les bâtards, les enfants trouvés, les veuves, les condamnés à mort, les serfs du capital, les filles mères, les invalides du travail, les vagabonds et les victimes du devoir. Eh bien, en les habillant de souquenilles russes, en leur donnant des noms en *itch* pour les hommes et en *ia* pour les femmes, avec quelques troïkas, de la neige, de la Sibérie, un pope ou deux, des policiers à casquettes plates, quelques angéliques putains, et un choix raisonné d'assassins darwinistes, on peut écrire des chefs-d'œuvre, de vrais chefs-d'œuvre, tandis que, voyez à quoi tient la fortune, ces mêmes loques, passées à la teinture française, les fabricants les plus recommandables, les plus notables commerçants en la matière, des hommes décorés, des gens qui ont des maisons de campagne à Ville-d'Avray, n'oseraient plus les mettre à leur étalage.

— « Pourquoi ? demanda Moscowitch.

— « Parce que cela ne ferai pas d'argent.

— « Je crois, dit Moscowitch, que vous me raillez, en ce moment.

— Vous êtes riche, n'est-ce pas ? Alors la raillerie ne vous atteint pas. On ne peut pas, en France, railler la richesse, cette impiété vous est défendue par nos mœurs adulatoires. Cependant, si vous aviez du talent, le droit commun vous ressaisirait : jusque-là, soyez tranquille et marchez la tête haute. »

Ils entraient à la *Revue Spéculative*. La présentation de Moscowitch ne sema aucune curiosité. Fortier fut aimable et Van Baël, distrait. Cependant, lorsque, soufflé par Entragues, il eut déclaré : « Je veux régénérer le théâtre par la pitié, » les yeux s'ouvrirent et Renaudeau, égayé, le traîna sur la claie. Ce fut un des plus amusants cours d'histoire dramatique qu'on eût jamais professé pour l'instruction d'un débutant. Renaudeau citait des noms dont nul n'avait jamais ouï les syllabes et Moscowitch prenait des notes, s'engageait à lire, remerciait.

Cette ironie facile agaça Van Baël qui d'un ton de supériorité prit le russe sous sa protection et lui donna quelques conseils sages et finalement deux ou trois bien inutiles lettres d'introduction pour les directeurs, qui n'ouvraient, naturellement, jamais leur porte à des inconnus.

— « Ah! voilà la marquise! dit Fortier, en voyant entrer une femme à l'extravagante mise, dont les tempes disaient plus que la quarantaine. Sanglée en un corsage noir constellé en guise de boutons d'authentiques monnaies d'argent anciennes, un collier de pareilles médailles au cou, ses cheveux bouclés au fer et teints en blond rose cascadant sur ses épaules; un chapeau à la Longueville hérissé de plumes rebelles, des bracelets jusqu'au coude sous ses manches larges, un lourd vêtement de fourrures ouvert et rejeté en arrière d'où pendaient vers le col, les deux plaques d'une agrafe larges comme deux boucliers. Elle releva son nez busqué, fixa sur Fortier ses regards impudents de femme qui a feuilleté sans en passer une page l'album de la luxure et dit, minaudière :

— « Mon petit Fortier, et mon *Lauzun*?

— « J'aimerais, Madame, être le vôtre », dit Fortier.

Ses yeux répondirent avec une rapidité d'éclair : « J'accepte! » Elle reprit verbalement :

— « Vous m'aviez promis les épreuves pour cette semaine cependant? »

Pendant que Fortier essayait de la convaincre que la *Revue Spéculative* était indigne de ses mérites, que l'argent rare partout, avait une sorte d'effroi de sa caisse, etc., Moscowitch s'informait :

— « Qu'est-ce que cette femme?

— « On l'appelle la marquise, je ne sais pourquoi. Ses monnaies lui ont valu d'autres noms : le Médaillier, celui-ci, plus cruel : le Reliquaire. Enfin, comme elle signe Françoise des recettes de cuisine dans un journal de mode, Renaudeau l'a dénommée Françoise-les-bas-bleus. Il est probable qu'elle a un nom réel, quelconque ou insignifiant.

— « Dire qu'à mon âge, fit Renaudeau, je n'ai jamais vu de bas-bleus, les modistes les portent rouges, le plus souvent et c'est là que j'ai mes amours.

— « Rouges? Moi aussi, dit la marquise. »

Elle campa son pied sur une chaise, releva sa jupe jusqu'à la jarretière.

La jambe était belle, encore, et la réponse spirituelle.

Renaudeau, s'avouant battu par le geste, se baissa et posa ses lèvres vers la cheville, avec un air qui voulait dire : je regrette de ne pas faire plus.

« Et moi aussi ! » répondirent les yeux de la marquise.

Ayant salué non sans une certaine grâce ironique, elle sortit sûre maintenant que son article passerait.

Fortier gronda son secrétaire : elle avait payé de sa personne, paiement reçu et signé, on ne pouvait plus refuser sa prose. Mais elle n'aurait pas d'argent.

— « Renaudeau il faudra vous dévouer.

— « Eh! fit Renaudeau, cette coquine est pleine de surprises, j'accepte. »

Moscowicth, très étonné, trouvait ces mœurs singulières. Il demanda à Entragues :

— « Et l'article de cette femme, même mauvais, passera dans la *Revue,* parce qu'elle a montré sa jambe ?

— « Oui, dit Entragues, distraitement, car il songeait, en entendant la question de Moscowitch, combien pouvait être dangereux, un homme si profondément naïf. « Il doit être plein de spontanéité, comme une source cachée, et que fait sourdre un coup de pioche. Sixtine, tel jour lui blessera le cœur, et jailliront sous la blessure de violentes effusions d'amour. Il sera bon de le surveiller, de lui infuser des distractions littéraires. Ceci serait un moyen : lui faire entendre qu'il a du génie, qu'il se doit à lui-même, à ses deux patries, à l'humanité, de ne point souffrir que périclite la plante merveilleuse qui... que... Dieu, la Nature, la Gloire et autres entités... je ne suis point jaloux... de la jalousie mon chapitre de ce matin m'en a guéri, j'ai torturé Della Preda et le bourreau a laisser tomber les tenailles qui mordaient ma chair... jaloux, non, mais inquiet : en somme, c'est de moi qu'il s'agit, j'ai incorporé Sixtine à ma vie : si on me la prend, je suis mutilé. »

— « Tenez, dit-il à Moscowicth, comme entrait un être maigre et blondasse, terreux, et les yeux terrifiés d'apocalyptiques visions, voici un type à observer. Vous avez beau avoir du talent, et même plus que du talent (*bien*), mon cher ami (*ces mots familiers donnent du prix au compliment, en le revêtant de sincérité*), oui malgré mon penchant à l'ironie, il faut bien que je finisse par avouer l'impression que vous avez faite sur moi (*ses yeux s'illuminent*), oui, plus que du talent (*il s'épanouit : ouvre-toi, précieuse fleur de la vanité, exhale ta capiteuse odeur, grise-le*)... eh bien, il ne faut rien négliger... l'observation... les petits faits caractéristiques... ces riens qui, capitalisés, donnent au drame, comme au roman, un air inimitable de vérité vraie (*apostat !*)... la Vérité... mon cher... la Vérité (*il faudrait une échelle pour peindre sur le rideau du néant la capitale convenante à ce mot...*

Vérité

Il commence à comprendre que je lui veux du bien...). Ecoutez-le, il s'appelle Blondin, il a été joli comme son nom, joli comme un cœur, aussi les femmes n'en ont laissé que la coquille.

— « Ah! mes pauvres amis, gémissait Blondin, après être demeuré un bon moment affalé sur une chaise, il y en a encore UN cette semaine. Cela fait le septième de l'année, sans nombrer tous ceux qui passent inavoués ou inconnus... Ah!

— « Un quoi ? demanda Moscowitch.

— « Un enterrement prématuré.

— « Ah! continuait Blondin, en étendant des bras crispés vers une vision d'horreur, être enterré vivant, se tordre dans le cercueil sous l'angoisse de l'étouffement... et d'abord tout le calvaire des cataleptiques condamnés au supplice... les hypocrites pleurs... les remuements dans la chambre... la funèbre menuiserie... l'église... le *Dies iræ*... les pierres et la terre en pluie qui sur le chêne tombent, tombent, tombent... puis le silence, le silence, le silence...

— « Blondin, mon cher, dit Fortier, vous devriez vous marier, cela vous distrairait.

— « Pauvre femme! dit Renaudeau. Qu'il en prenne de passagères.

— « Mais, je crois, dit Entragues, que ses principes...

— « Oui, ce malheureux est vraiment maltraité par la vie. Quel exemplaire! Et pas un de nous qui ne soit assuré contre un tel détraquement. Quand on songe à cette possible finalité, c'est à suivre le conseil de Fortier, se marier, se faire bourgeois, procréer et ne lire que la première page des journaux, le feuilleton, la bourse et s'interdire les faits divers comme trop émouvants.

— « Plus d'un parmi nous finira ainsi, dit Entragues, par le mariage, la progéniture corporelle.

— « Ne trouvez-vous pas singulier, Entragues, que pour se marier, on soit tenu à subir des cérémonies et le consentement de ses contemporains?

— « Je crois, dit Entragues, que le mariage religieux, dans une petite chapelle solitaire, sous la main d'un prêtre ému, en présence de deux ou trois amis chers, sans aucun discours que les admirables paroles du missel, sans fêtes, ni danses, ni nourritures consécutives, je crois qu'en de telles formes, le mariage est un acte intéressant et dont on doit se souvenir avec joie, surtout si une lampe rouge pendait à la voûte, si le prêtre avait une belle voix bien accentuée, et si on aime sa femme. Pour le mariage tel qu'on le pratique, c'est la plus répugnante des cérémonies imposées aux hommes par la tradition, c'est, quoi ? l'autorisation officielle donnée par la société à un homme et à une femme de coucher ensemble. Voilà. Ah ! l'analyse vient à bout de tout, même des usages les plus sacrés.

Entragues, pour ces phrases dites avec une très noble conviction, fut presque applaudi. C'était la pensée de tous façonnée en bon langage.

Seul, David Dazin semblait contristé. C'était un mince et long Belge à cheveux bouclés, blond comme la lune et assez inquiétant. Sa vanité se plaisait aux blagues des journaux qui raillaient de temps à autre sa théorie des voyelles colorées. Bien que l'ayant prise à Rimbaud, il croyait l'avoir inventée et se targuait d'un génie révolutionnaire. Rimbaud était un fou avec des lueurs qui atteignaient souvent le talent ; Dazin était un raisonnable en quête de la folie : elle l'avait messervi, car ses indéfinissables désarticulations ne formaient sur le plancher des clowns que des poses peu nouvelles et peu plaisantes.

Il feignit une grande douleur de sens blessés en leur délicatesse et, s'adressant à Entragues :

— « Comment, vous associez à du rouge, c'est aux éclatants cuivres, une image telle que le mariage religieux ? Les orgues, ici, s'imposent, c'est le noir.

— « Mais, répondit Entragues, je ne détermine aucune obligatoire association. Je vois mon sanctuaire éclairé d'une faible lampe rouge, association tout occasionnelle et toute personnelle. Quant au mariage, il est blanc, bleu, rose, sans doute, à l'ordinaire; pour moi, il est noir avec un point rouge et quelques rayonnements d'or assombri.

— « Ce serait mieux, fit Dazin, mais le rouge seul, ainsi avais-je compris, me peinait.

— « Ah! ce pauvre Dazin, il est si sensible!

— « Entragues, interrompit Fortier, voulez-vous une loge pour l'Odéon, demain?

— « Oh! non, merci.

— « Prenez garde. Il y a une surprise. On jouera...

— « Quoi?

— « Vous verrez! vous verrez!

— « Soit! fit Entragues.

XXV. — S'EN ALLER

> « Déjà il rêvait à une thébaïde raffinée à un désert confortable, à une arche immobile et tiède où il se réfugierait loin de l'incessant déluge de la sottise humaine. »
> HUYSMANS, *A Rebours.*

Moscowitch, qui s'ennuyait, solitaire en d'obscures discussions, salua l'honorable rédaction et s'excusant près d'Entragues, sortit.

— « Ah! fit Renaudeau, nous allons peut-être savoir quel est ce nouveau fabricant de littérature dramatique?

— « Je n'en sais rien moi-même, dit Entragues, ne l'ayant amené ici que par politesse internationale.

— « Et pour vous en débarrasser ? dit Fortier. Mais Renaudeau ne se laisse pas facilement circonvenir. D'ailleurs, nous allons bien voir, il m'a laissé de la copie : *L'Expiation volontaire*, drame en huit tableaux. » Ah! il y a une *Note explicative :* « A défaut de la justice sociale, la justice intérieure châtie le coupable; l'une a pour conséquences, l'opprobre; l'autre, la réhabilitation ; l'une abaisse, l'autre relève. — (Un point, un trait. En lettres deux fois soulignées :) « L'EXPIATION VOLONTAIRE SANCTIFIE. »

— « Eh! dit Entragues, c'est bien puéril, mais le texte contient peut-être d'intéressants détails.

— « Oui, fit Renaudeau, une forme nouvelle légitime

tous les sujets, comme un bon rétamage masque le vert-de-gris. Réclamez-vous de l'indulgence?

— « Oh! non, dit Entragues, bien que j'aie un certain intérêt à ce qu'il se croie destiné à de la gloire. Si vous voulez m'être agréable, nourrissez-le d'illusions, jusqu'au coup de poignard final.

— « Vous devenez donc méchant, Entragues ? demanda Fortier.

— « Non, c'est pour jouer. »

Il demanda une enveloppe, y inséra le coupon de la loge avec sa carte et, l'ayant suscrite du nom et de l'adresse de Madame Sixtine Magne, la fit porter. Dès que le garçon de bureau fut sorti, il eut un remords : peut-être aurait-il mieux fait d'y aller lui-même. Non. Si. Non. Si.

La voix de Renaudeau, qui venait de parcourir le manuscrit, arrêta ce fatigant jeu de bascule.

— « Ce n'est peut-être pas si mauvais. Dès qu'il y a une philosophie dans un drame, cela paraît supérieur à ce que nous avons. Notre théâtre classique est si dénué de sens mystique ! Corneille fait de la politique, Racine, de la psychologie de laboratoire, et pour Molière, il est fermé à tout ce qui n'est pas ruse, jouissance, banales généralités de l'amour, entités vagues. Quand il veut relever quelques traits de mœurs, c'est pour asservir les femmes à la matérialité de la vie, railler la noblesse, parce qu'il n'en est pas, ou les médecins, parce qu'ils ne savent pas le guérir de son hypocondrie. Veuillot, mais Hello surtout, l'ont bien jugé : il ferme la porte. C'est bien le théâtre d'un gassendiste.

12.

— « Vous parlez de Molière ? demanda Calixte, en entrant, c'est un misérable : il a raillé le rêve.

— « Cependant, réclama Van Baël, et Alceste, et Don Juan ?

— « Mais, reprit Renaudeau, s'il n'avait rien fait du tout, il serait comme Voltaire, en dehors de la critique.

— « N'étaient ses ridicules paysans, Don Juan aurait du charme, dit Calixte. Mais voyez comme tout se rapetisse dans le cerveau de ce bourgeois : si Don Juan n'est pas un délicat, s'il ne choisit pas dans le vaste champ d'épis les plus beaux, les plus hauts et les plus dorés, s'il fait gerbe de tout, ce n'est plus Don Juan, c'est un coureur de jupes.

— « Mais précisément, dit Entragues, s'il les aime toutes, c'est qu'il les idéalise toutes.

— « Je ne crois pas, dit Calixte : Molière n'a donné des paysannes en pâture à Don Juan que pour mettre dans sa pièce la note comique : il fallait faire rire, et la première imagination venue a été la bonne. Et Alceste ? cet homme qui déteste les hommes et qui préfère la solitude à quelques concessions demandées par la vanité d'une jolie femme, cet homme trouve-t-il, au cours de cinq actes, un mot, un seul mot, qui peigne l'état d'âme d'un haïsseur d'hommes. Il n'est qu'un grincheux. Il met au-dessus de tout la joie d'être lui-même en liberté, loin du monde, et il ne sait pas le dire : il n'a pas d'âme ! Thisbé, si moquée, la Thisbé de Théophile, avec quelle grâce délicieuse elle raconte à Bersiane sa peur du bruit, de la vie extérieure, du mouvement des choses.

THISBÉ

Sais-tu pas bien que j'aime à rêver, à me taire
Et que mon naturel est un peu solitaire,
Que je cherche souvent à m'ôter hors du bruit ?
Alors, pour dire vrai, je hais bien qui me suit :
Quelquefois mon chagrin trouverait importune
La conservation de la bonne fortune,
La visite d'un Dieu me désobligerait,
Un rayon de soleil parfois me fâcherait.

« Et que les professeurs ne viennent pas nous dire que le sentiment de la nature était inconnu au XVIIe siècle, quand on trouve encore dans ce même Théophile des vers tels :

Les roses des rosiers, les ombres, les ruisseaux,
Le murmure des vents et le bruit des oiseaux,

ou tels :

Chaque saison donne ses fruits,
L'Automne nous donne ses pommes,
L'Hyver donne ses longues nuits
Pour un plus grand repos des hommes.
Le Printemps nous donne des fleurs,
Il donne l'âme et les couleurs
A la feuille qui semblait morte...

« Je ne sais plus le reste. On lit toujours les mêmes livres, acheva Calixte, sans se douter que ceux-là seuls ont un intérêt que le grand nombre dédaigne.

— « Théophile, dit Entragues, est un des rares poètes français. Il est plein de délicates rêveries, je le connais bien et je l'aime :

Prête-moi ton sein pour y boire
Des odeurs qui m'embaumeront.

« Le second Théophile en a parlé sans l'avoir lu. Cela se comprend, s'il l'avait connu, pourquoi aurait-il passé son temps à l'expliquer. On ne parle jamais que de ce qu'on ignore ; parler de ce que l'on sait semble inutile : on s'y ennuie et on ennuie aussi. C'est pour cela que la critique est, le plus souvent, si déplaisante quand elle est bien informée, et, le reste du temps, d'une mollesse répugnante et vomitoire.

— « Ainsi celle de Bergeron, dit Calixte. Pourquoi avez-vous accepté sa dilution de niaiseries sur Verlaine et sur Huysmans ?

— « Comme réclame, mon cher, dit Fortier. Virtuellement, c'est imprimé sur les feuillets bleus des annonces initiales et finales.

— « Il a de l'esprit, dit Renaudeau, cela amuse : il faut vivre. Cela nous a valu plusieurs abonnements motivés.

— « C'est l'homme qui fait semblant, dit Entragues. Il est aussi incapable de sentir la poésie de Verlaine que moi, celle de Molière.

— « Et puis, reprit Calixte il est vraiment trop dénué de principes. Après un éreintement, il vous offre très bien, quoi ? un autre article « sérieux, celui-là et selon ses vrais sentiments ». Il y a, comme dit Goncourt, des « cuistres badins ». Ah ! depuis Hennequin, auquel la précision de sa méthode et la sûreté de ses déductions faisaient pardonner un absolutisme de théorie un peu dur, je ne vois rien, — que ceux de demain, ceux qui parlent encore dans le désert. C'est pourtant intéressant de lire l'opinion motivée d'une intelligence sur les œuvres tant vieilles que neuves...

— « Il nous reste la Fiction et les Vers, dit Entragues, et cela me suffit. »

Dazin, qui n'avait proféré que des inarticulations depuis que ses voyelles bleues et rouges avaient sombré sous les coups de vent de la causerie, déclara :

— « Rien, plus rien, et d'ailleurs, il n'y a jamais eu rien, mais on croyait, on ne croit plus. Ils ne savent pas écrire, ils ont peur des mots. Moi je les aime. Bientôt vont surgir les *Abyssales*, qui, en ce moment s'impriment : vous verrez c'est un chapelet de médailles où avec une certaine force matérielle j'ai relevé des profils de femmes. Je les crois d'un tolérable style. Voici de la première, les premières lignes :

« Basilisse, icône. — En la lubrique et parthénoïde incognition l'abyssale lueur du muliébrile futur vers les flammes et la brûlure chimérique ah (les ailes se déploient pour ce vol et chatoient les prunelles : la soie se froisse au froissis du charnel) ! somnole et se voilent blonds les sens cruels !

« Elle.

« Ci blonde l'ombre.

« Sourire à la croissance des gazons vernale et les
« glaïeuls mourraient d'ennui le sang retourne au
« cœur.

« Aigus déjà ? l'arachnéenne matité en déchirures et
« les pointes le rouge et le bouclier se décide aux au-
« réoles jumellement ondent

« les Seins. »

Parmi les flocons de ce brouillard verbal, Entragues soupçonna qu'on avait voulu suggérer la naissance de la puberté et l'éveil des sens. Il savait les faciles arcanes de ces phrases tortionnées dont Dazin n'était pas le trouveur. Un tel style n'était pas absolument damnable, pourvu qu'on ne s'en servît qu'à l'occasion d'obscurité voulues et avec la glose d'un contexte.

Mortifié d'être compris par un simple analyste, Dazin s'en alla.

— « Il se croit, dit Renaudeau, un Mallarmé ou un Laforgue plus subtils.

— « Il n'a pas même, dit Calixte Héliot, surpris les plus élémentaires de leurs procédés.

— « Les procédés d'un poète, dit Entragues, font partie de son talent : il serait bien stérile de les posséder. Mallarmé joue avec les couleurs complémentaires de celles dont il veut suggérer la vision. Si Dazin était resté je lui aurais livré ce secret et aussi que pour être un Laforgue plus subtil, il faut en plus d'une capricieuse syntaxe, d'abusives métaphores de mots rares, etc., — une spontanéité qui touche au génie. »

Sortis ensemble, Hubert et Calixte s'en allèrent au hasard des rues, continuant, presque toujours d'accord, la conversation commencée à la *Revue*.

Cette fois encore ils ne se quittèrent qu'à l'heure de dormir, heureux de jouir l'un de l'autre, avec la certitude de se plaire pareillement, d'émettre de concordantes pensées, de ne pouvoir rien proférer qui fût pour l'un ou pour l'autre un blasphème.

Comme ils notaient le parallélisme de ces deux soirées que de fortuites rencontres leur donnaient, à brève distance, Hubert fit remarquer à Calixte la dualité dans le processus des événements :

« Quand un fait s'est produit, il se reproduit toujours une seconde fois. — C'est l'axiome. Il est évident que pour le démontrer, il faudrait se munir d'une multiplicité d'anecdoctes historiques, et je ne sais si cela serait possible. Pour ce qui est de moi et de ma vie écoulée, il est d'une surprenante et d'une effrayante exactitude, si bien que je pourrais, je crois prédire environ la moitié de ce qui m'arrivera d'ici le sommeil final. Au reste, cet axiome m'est peut-être tout personnel, spécial à mon organisme. Une telle tendance à la répétition n'est la source d'aucune joie. Je veux bien que les plaisirs se trouvent doublés comme les peines et que la proportion, en somme, reste la même, mais considère l'infirmité de la mathématique appliquée à l'âme humaine : si j'ai sept douleurs pour une félicité, cela m'est moins pénible, assurément que d'en porter un double poids contrebalancé par une aussi faible duplication que celle de un en deux. Prolongées vers l'infini les deux proportions s'en iraient éternellement équilibrées, mais le plateau des peines se brise avec ses chaînes et nous écrase le cœur.

A la sommation de Calixte, adroit à faire dévier une causerie engagée sur la route des abîmes, Entragues conta à son ami quelques-uns de ses plans. Que d'œuvres à construire ! Ce n'étaient pas les pierres de taille qui manquaient, ni les ciments, ni les accessoires, mais le temps. Il avait, prêtes à s'édifier, plus d'idées qu'un siècle n'en pourrait utiliser, et parfois ce qui ne serait jamais fait l'effrayait et le hantait comme un pullulement de gnômes. Certains matins, il avait songé à ceci : mettre dans une valise quelques livres, ses cahiers, ses notes, ses feuilles écrites et s'aller cacher, pour le reste de sa vie, en une maison bien close, sur le bord de la mer. Il la voyait, bâtie dans les dunes, entre la grève et les premiers arbres de la côte : nulle végétation tout autour que les herbes pâles, les chardons violets et les hautes ivraies des mielles; la vue des clochers au loin, du côté de la terre; de l'autre, la mer et un phare debout, au milieu des vents et des flots, comme un symbole. Les charrettes passent, pleines de varech, les chevaux et les hommes haletants dans le sable, attelés au labeur de la fécondation du sol, et lui les regarderait passer, attelé au labeur de la stérilisation des désirs. Vers les équinoxes, l'embrun des vagues poussées par la lune et par la tempête viendrait frapper à sa fenêtre, comme une aile d'oiseau, et les oiseaux viendraient aussi vers la lueur de sa lampe, et il ouvrirait à l'embrun des vagues et aux ailes des oiseaux. Il serait seul comme un monstre ! « Car nous sommes des monstres, mon pauvre Calixte, nous avons mis notre devoir hors de la vie; l'âme loin des hommes, ainsi que les fabuleux dragons, nous veillons sur des trésors imaginaires, et nous le savons, et à ce néant nous sacrifions tout et même la vie ! Nous avons des cœurs d'anachorètes et nous voulons capter des femmes ! Ah ! si j'étais là où je dis, ermite dans mon rêve, solide cabane, je ferais ce que je ne ferai peut-être pas, une œuvre. Mais, n'est-ce pas, à quoi bon ? Tiens, je voudrais aussi, d'autres fois, m'arrêter dans une habitude, me livrer ponctuellement à l'amour, me quereller avec ma femme à heure fixe, me lever tard, exténuer dans le bruit vain des théâtres l'ennui des soirs, manger des nourritures qui chargent les nerfs de vibrants fluides et occuper les heures de pluie à une honorable compilation.

— « Se vêtir d'amour, dit Calixte, ce serait mieux. Transporter en une femme son égoïsme : être jaloux de ses joies plus que des siennes, enfin donner à un autrui l'absurde bonheur dont on ne voudrait pas pour soi; songer : elle est heureuse, elle le sent et elle sait que c'est par moi.

— « Crois-tu, dit Entragues, que cela nous soit possible ? »

Il ne faisait jamais aucune allusion à ses sentiments personnels, et même Calixte ne fut jamais son confident. En questionnant son ami ou en lui répondant, il parlait avec une pleine liberté, complètement abstrait.

— « Oui, dit Calixte, l' « Imitation » en donne le moyen. Il suffit de transporter sur une créature l'amour, amoindri à sa taille, que le moine ressent pour Dieu. Ce serait une sorte d'obligation d'aimer que l'on s'imposerait, la règle première d'une plus générale règle de vie, acceptée librement et chrétiennement une fois pour toutes.

— « Je n'avais pas, dit Entragues, pensé à cela : l'amour considéré comme discipline spirituelle.

— « Telle est, dit Calixte, la juste formule. Si nous pouvons encore nous sauver, nous et tous les monstres pareils à nous, c'est par le christianisme et la discipline chrétienne. Cela nous élèverait singulièrement les âmes et quelle bride à notre transcendant égoïsme !

— « Il nous faudrait des Béatrices, dit Hubert.

— « On peut en créer, répondit Calixte, et baptiser de l'amour divin une femme au noble profil. »

. . . .

(Hubert, le lendemain matin, reçut ce billet :

« C'est peut-être bien compromettant, mais je suis
« libre. Soyez assez aimable pour venir me prendre
« à huit heures. »

Alors il se mit à rêver à la joie des plaisirs partagés, et bientôt le chapitre quatrième de l'*Adorant* se trouva tout fait.)

XXVI — L'ADORANT

IV. — LA FORÊT BLONDE

> « Nous promenions notre visage
> (Nous fûmes deux, je le maintiens)
> Sur maints charmes de paysage,
> O sœur, y comparant les tiens.
>   Stéphane MALLARMÉ. *Prose*
>   (*pour des Esseintes*).

« La forêt blonde est pleine d'amour : après la déchéance du soleil et la nuit, les joyaux du sourire.

« Ensemble, nos âmes ont tressailli au retour de la clarté primordiale ; les midis ne ne nous ont pas aveuglés, car nous avons dormi, pendant la chaleur du jour, à l'ombre de notre amour : nos tendresses, comme des ailes, nous éventaient et la fraîcheur de nos respirations vaporisait des parfums.

« La forêt pleine d'amour a dormi comme nous, car c'est en nos âmes qu'ont surgi ses verdures, ses oiseaux, ses branches tombantes, ses floraisons, ses murmures et la cime dominatrice de ses arbres radieux.

« La forêt blonde est un corps plein d'amour : elle ne dort jamais qu'à demi et pendant notre sommeil, sommeillante elle chantait, le corps plein d'amour et nous avons entendu le chant de la forêt blonde :

« Je suis le corps tout plein d'amour d'une amoureuse,
Mes herbes sont les cils trempés de larmes claires
Et mes blancs liserons sont les écrins, paupières
Où les bourraches bleues, ces yeux fleuris, reposent
Leurs éclatants saphirs, étoilés de sourires,
Je suis le corps tout plein d'amour d'une amoureuse.

Je suis le corps tout plein d'amour d'une amoureuse,
Mes lierres sont les lourds cheveux et mes viournes
Contournent leurs ourlets, pareils à des oreilles.
O muguets, blanches dents ! Eglantines, narines !
O gentianes roses, plus roses que les lèvres !
Je suis le corps tout plein d'amour d'une amoureuse.

Je suis le corps tout plein d'amour d'une amoureuse,
Mes saules ont le profil des tombantes épaules,
Mes trembles sont des bras tremblants de convoitise,
Mes digitales sont les doigts frêles, et les oves
Des ongles sont moins fins que la fleur de mes mauves,
Je suis le corps tout plein d'amour d'une amoureuse.

Je suis le corps tout plein d'amour d'une amoureuse,
Mes sveltes peupliers ont des tailles flexibles,
Mes hêtres blancs et durs sont de fermes poitrines
Et mes larges platanes courbent comme des ventres
L'orgueilleux bouclier de leurs écorces fauves,
Je suis le corps tout plein d'amour d'une amoureuse.

Je suis le corps tout plein d'amour d'une amoureuse,
Boutons rouges, boutons sanglants des pâquerettes,
Vous êtes les fleurons purs et vierges des mamelles.
Anémones, nombrils ! Pommeroles, auréoles !
Mûres, grains de beauté ! Jacinthes, azur des veines !
Je suis le corps tout plein d'amour d'une amoureuse.

Je suis le corps tout plein d'amour d'une amoureuse !
Mes ormes sont la grâce des reins creux et des hanches,
Mes jeunes chênes, la force et le charme des jambes,
Le pied nu de mes aunes se cambre dans les sources
Et j'ai des mousses blondes, des mystères, des ombres,
Je suis le corps tout plein d'amour d'une amoureuse ! »

« Quand nous eûmes entendu le chant d'amour de la forêt blonde, nous nous sommes réveillés, et ensemble nous avons joui du calme bleu des heures dernières.

« La très chère madone me fit un suprême sourire, la nuit nous sépara et demeuré seul je rêvai aux délices des plaisirs partagés. »

XXVII. — L'ÉDUCATION DES FILLES

« Enamourée, tant que mon cœur étouffe ! »
Ciacco dell' Anguillara.

Ensuite, étant sorti, des bribes de la conversation de la veille lui revinrent en mémoire, le plaisir prochain de la soirée promise le fit penser au théâtre, et il relisait mentalement quelques-uns des plans dramatiques qu'il avait conçus et rédigés.

Deux ou trois surtout le requéraient, esquissant quelques brefs tableaux de la sottise, de l'égoïsme, de la méchanceté, de l'avidité éternelle et contemporaine aux prises avec la passion concrétée en de très jeunes cœurs. Sur la scène, il ne faisait monter que des personnages simples, dominés par un vice, par une ambition, par une manie ; nulle analyse qu'à la grosse, des vraisemblances extraites avec soin de l'invraisemblable fouillis de la vie ordinaire; surtout, des notations d'âme, allant au symbole, et pas de faits divers, pas de revirements, pas de conversion du fait d'un fait. Quel agréable spectacle, par exemple, que la légende de l'Enfant prodigue, découpée en images, ou l'histoire qu'un fabricant de biscuits fait imprimer pour sa clientèle en rose pâle sur du papier scabieux, ou tel conte populaire, ou plus haut, dans les choses saintes ou sacrées, la Passion, la Vie de la Madeleine, un récit dramatisé par un peu d'imprévu des luttes de l'Esprit contre la chair. Tout revenait là.

Proie d'une dévorante excitation intellectuelle, Hubert marchait vite, sans but que de se livrer par de naturels dénouements du monde agité qui remuait en lui, assaillait comme des grappes d'assiégeants, la forteresse de sa logique.

Enfin, comme il longeait la rue des Tuileries, près de la baraque en bois et zinc où à de certaines dates des gens exposent de la peinture ; à d'autres, des jeunes filles, leurs capacités institutrices ; près de cette baraque bigorne, l'armée enchantée s'évanouit, rentra dans les limbes.

La baraque était close et la rue déserte, mais Entragues voyait la porte s'ouvrir et la chaussée jusqu'au jardin s'emplir de petites pédagogues, avec des mamans pendues à leurs cottes, orgueilleusement, et des cartons noirs sous le bras, et le teint fané, la poitrine ravalée par la constante courbure du sternum, de laides robes sans même la coquetterie du chiffon de couleur de la mendiante, des taches d'encre aux doigts, les manches lustrées au frottis sur les tables de bois, et dans les yeux, à l'âge de l'amourette avec « l'ami de mon frère » ou « le frère de mon amie », à l'âge du rêve aux étoiles, des préoccupations orthographiques !

Entre deux qui avaient des lunettes, cependant, il distingua une future femme. Elle sortait, l'air éveillé et décidé, dressant une taille rebelle aux déformations obligatoires, brune, vêtue d'un noir seyant.

Un jeune homme qui se mouvait timidement parmi toutes ces jupes, souleva son chapeau en la regardant ; elle répondit par un petit signe de tête, le joignit sans vergogne et tous deux, les bras unis, s'en allaient. Vers le milieu de la rue, elle jeta par-dessus la clôture en planches carton noir, encrier, crayons, porte-plume, papiers qui volaient au vent, battit joyeusement des mains, sembla prendre un temps pour une longue respiration, puis ils s'enfuirent. Ils se hâtaient avec raison, car une laïque, avertie, courait vers son élève, l'espoir de sa cage et l'honneur de sa mangeoire ; ils se hâtaient avec raison, car ils allaient vivre.

Entragues comprit fort bien ce qui s'était passé. C'était pendant la dictée qu'un soudain coup de lance lui avait percé le cœur, faisant une brèche à la cuirasse cartonnée. Du sang avait jailli, mêlé à des règles de syntaxe : elle était sauvée !

De la forme trop plaisamment ironique que prenait l'anecdote, Entragues ne fut point satisfait. Il décida, si jamais il la révisait en vue de l'écrire, d'en faire une plus méthodique et une plus haute protestation. L'instruction donnée à des filles ne le chagrinait pas, mais seulement sa qualité : on les gavait, comme font à leurs femmes les Turcs, de farine de maïs, afin d'obtenir un factice engraissement, tandis que des nourritures fines sont nécessaires à ces créatures si faciles à déformer. Ni de la grammaire, ni de la géographie, ni de la répugnante histoire chronologique; ni presque rien d'usité ne convenait aux femmes, mais seulement l'Ancien et le Nouveau Testament, la

Vie des saints, de solides lectures mystiques, puis les poètes, les romanciers du rêve, tout ce qui peut aux heures noires, refleurir dans l'âme, à l'appel des harpes sacrées, à la sommation des baisers d'amour, sous des caresses d'enfant.

Ces imaginations l'accompagnèrent chez lui où la pluie le força de rentrer.

Il n'avait pas voulu songer directement à Sixtine de toute la journée, crainte de faner, par une cueillaison précoce, les plaisirs attendus ; elle prit sa revanche : bien avant l'heure du rendez-vous, il la tenait devant ses yeux, mais changeante et fuyante, comme une femme qui va et vient, affairée à sa toilette, qui disparaît toute blanche, reparaît vêtue de couleur, paysage d'été dont la nuance obéit au jeu transparent des nuages.

XXVIII. — LE FRISSON ESTHÉTIQUE

> « Le style est inviolable. »
> Ernest HELLO.

« D'ailleurs, voici le printemps, ça me ragaillardit. Tu verras, disait l'acteur, avec un malicieux sourire. Tu verras. Je ne déteste pas la campagne, une fois le temps. Elle inspire des idées fraîches, souvent lucratives. C'est comme le théâtre... »

— « Le public semble inquiet, dit Sixtine. On jurerait qu'il ne comprend pas.

— « En attendant qu'il se révolte. Il est permis de maudire l'argent, non pas de le mépriser. Comment voulez-vous, continua Hubert, inciter des hommes à la moquerie de la secrète quintessence de leur idéal. Ironiser le lucre au théâtre, c'est blasphémer Dieu dans une église.

« Oh! l'air que j'ai, moi, Monsieur, disait l'actrice, ne signifie jamais rien... »

Ceci fut pris par Sixtine comme une allusion presque personnelle. Elle aurait voulu s'entendre apostropher d'une phrase qui permît une telle réplique. Toute l'hypocrisie imposée aux femmes protestait en ces syllabes contre la sottise des hommes qui ne devinent pas. Quand elle entendit :

« ... Oui... je crois que vous avez quelques illusions sur ma véritable nature... »

Ses mains se rapprochèrent dans le geste d'applaudir. Elle se sentait capable, pareillement injuriée d'un pareil mot. On murmurait.

— « Vous vous êtes trompé, dit-elle à Hubert, voici de la sympathie, si ces bruits sont, comme je crois, une marque d'indignation contre l'impudente niaiserie de cet homme.

— « Je pense, dit Hubert, que l'on se fâche contre l'audace de la femme. Visiblement pour eux, elle ment à son devoir qui est de mentir et de s'en aller sans bruit vers ses amours.

« ... Sois honnête et sois riche, le reste est vanité... »

— « Il y a une détente, remarqua Hubert. Ce coup de fouet a été reçu comme une flatterie. Ils croient, maintenant, qu'elle va lui reprocher de n'avoir pas été « honnête » et de n'avoir été riche que grâce à elle-même. On respire, on comprend. C'est bon, cela, c'est vivifiant ! Ah ! ah ! »

« Je vous parlai des choses admirables de la terre, je vous parlai de la vraie réalité, de celle qu'il faut choisir... »

Sixtine se pencha attirée par le magnétisme des nobles paroles, puis se renversa sur son fauteuil, songeuse, les doigts frémissants, sentant l'impérieux désir d'une main qui eût enveloppé la sienne. Sans remuer la tête, elle tourna les yeux vers Hubert : il écoutait, moins ému que fasciné.

« Je veux vivre ! entendez-vous, insensé que vous

êtes !... J'ai soif de choses sérieuses ! Je veux respirer le grand air du ciel ! »

Le même frisson esthétique, à la même seconde, les secoua : leurs respirations se précipitaient, ils avaient pâli, leurs lèvres, comme pour de muettes exclamations, s'entr'ouvraient.

Le courant électrique qui descendait le long des vertèbres à flots rapides agita leurs membres, et enfin, insciemment attirés l'un à l'autre, ils furent obligés de laisser leurs mains obéir à l'attraction des fluides.

Dès lors, l'intensité des secousses émotives doubla : leurs êtres flottaient dans un remous tiède et caressant, sous la délicieuse pluie d'une chute d'eau chauffée par un mystérieux soleil, et les corporelles fleurs de la sensualité brûlaient de s'épanouir.

Ils écoutaient, sans qu'une syllabe de la magique prose tombât hors de leurs oreilles, et tout en écoutant, ils rêvaient ; ils oubliaient « la toute-puissance des esprits inférieurs » ; ils se divinisaient, ils gravissaient, souples et légers, les mystiques échelons, sommés, maintenant, par l'illusion d'un air très pur et très dilatant respiré au sommet d'une étroite montagne, au-dessus des nuages. En vérité, ils avaient, ainsi que le disait si bien l'homme de la pièce, l'homme moderne, « le cerveau troublé » ; ils disaient au monde entier : « Vos joies ne sont pas les miennes » ; tout ce qui remuait en dehors d'eux, toutes les choses qui s'agitaient au-dessous de leur vol étaient bien réellement « enfantines et nuisibles » ; ils renouaient « avec le silence », leur « vieil ami » ;

ils criaient à la vie : « *Ce n'est plus de tout cela qu'il s'agit !* Adieu ! »......

. . . .

Et à la fin, quand ils redescendirent avec le rideau dans la salle stupéfaite, le même cri étouffé sortit de leurs bouches, le cri de Hamlet :

« Horrible ! horrible ! horrible ! »

Entragues, emporté par un mouvement de colère, bien peu dans le caractère de ses tous les jours, interpella ainsi un siffleur :

— « Monsieur, vous êtes un malfaiteur !

« Comme le coquin se contenta de hausser les épaules, tout en serrant sa clef, il est vrai, en place de la colère il sentit sourdre en lui de la tristesse et de la honte.

— « Nous protesterons, dit Sixtine, en nous abstenant de la suite. »

Il était neuf heures. Des gens s'étant épargné le *lever du rideau*, attendaient, se promenant sous les galeries, feuilletant les derniers romans : Hubert reconnut plusieurs éminents critiques, crut lire en exergue sur le ruban de leurs chapeaux la répétition de l'aveu naïf que fait Collé dans son *Journal :* « J'entrepris de critiquer le théâtre, ne pouvant par moi-même y rien produire. » Ils parlaient de la reprise de la petite *machine*, et l'un d'eux jugea, en un style simple et neuf, que « le besoin ne s'en faisait peut-être pas très vivement sentir ». Cette ironie fut goûtée.

— « Nous irons à pied, dit Sixtine. »

Le temps était humide, assez clément. Ils allaien

par de petites rues noires, frôlés par de rares passants, en silence.

Elle lui demanda s'il connaissait personnellement l'auteur de cette pièce si dissemblable de ce qu'on entend d'ordinaire au théâtre.

— « Il est mort, dit Hubert, c'était le plus noble écrivain de ce temps. »

La moitié de la jeune littérature le reconnaissait comme son maître et presque tous avaient été touchés de son influence. Il y avait dans son œuvre des pages d'une magnificence et d'une pureté de langue incomparables. Vraiment il donnait l'impression des deux âmes de Gœthe et d'Edgar Poe fondues en une seule et logées dans le même être.

Sixtine s'étonna qu'il ne fût pas connu davantage, mais Hubert l'assura qu'il l'était de ceux qui pouvaient le connaître. Les autres ne seraient jamais capables que d'acquérir la connaissance verbale des syllabes de son nom, et à quoi bon ? Il en allait de même de quelques autres contemporains que nomma Hubert, mais quand les voleurs de gloire auraient épuisé leur viager, ceux-là entreraient dans la maison, le parchemin d'immortalité à la main, en chasseraient les intrus. Peut-être qu'à l'heure actuelle d'autres encore, plus inconnus, gisaient dans une cave ou mouraient grabataires dont le nom demain emplirait le monde d'une lueur inattendue.

— « Eh ! Madame, songez que Jésus, qui était le fils de Dieu et dont les œuvres et dont la parole semées dans le temps et dans l'espace ont donné quelques moissons, songez que Jésus mourut inconnu à ce point que son presque contemporain, Josèphe, petit-fils des grands-prêtres et descendant des Macchabées, capitaine général des Galiléens, l'historien de tous les menus détails de l'histoire juive, Josèphe n'a jamais entendu parler de Jésus. Je pourrais vous donner de plus accessibles exemples, mais celui-ci est primordial et ceux d'entre nous, qui subissent injustement une vie obscure, ne doivent pas s'en juger humiliés : s'ils en sont dignes, leur jour viendra et sinon, il est bien inutile qu'une lumière surgisse qui doit s'éteindre.

— « Vous êtes bien orgueilleux, vous tous, dit Sixtine, vous ne seriez pas fâchés d'être, en vos misérables misères, comparés au Fils de l'Homme.

— « Oh ! jamais, répondit Hubert, je n'ai rêvé d'un tel blasphème et aussi ridicule. Comme des saints et des âmes moins hautes, mais douées de bonne volonté, prennent en exemple la carrière humaine de Jésus, et se consolent de leurs souffrances méritées aux imméritées injures du Christ, il nous est bien permis d'apaiser le sentiment de nos déboires par de semblables méditations. Voulez-vous que nous prenions pour thèmes d'oraisons la vie de Socrate qui mourut ingoré des Grecs ? Voulez-vous Benoit de Spinoza ? il fut polisseur de verres de lunettes, buveur de lait, et mourut d'inanition, non par pénurie, mais par distraction et par oubli de la nourriture, ayant autre chose à faire.

Sixtine était confondue d'étonnement qu'au sortir de communes émotions esthétiques et sentimentaires, on lui tint de si peu sapides discours. Elle essaya de remonter vers la source afin de voir, si cette fois, l'embarcation ne prendrait pas une autre branche du fleuve.

Elle parla du jeu des acteurs qu'elle trouvait parfait.

— « Hélas ! dit Hubert, chez les acteurs, l'ignorance, parfois, ressemble à du génie. Qui ne sait et pourtant doit se tirer d'affaire, invente bien ou mal, a recours à des souvenirs personnels, à d'intuitifs gestes. Non, ceux que nous entendîmes sont parfaits : ils savent tout ce qu'on apprend. Surtout, pas d'imprévu : le pied se met comme ci, la main comme ça, etc.

— « Au moins, dit Sixtine, ils prononcent bien et parlent clairement.

— « C'est juste, mais sans conviction. Quelle femme d'ailleurs, en dehors de deux ou trois créatures d'élite...

« Moi, songea Sixtine, moi par exemple. »

— « ... Pourrait s'immiscer assez royalement dans ce rôle pour faire bien sentir que ce n'est pas un rôle ? Oh ! le public n'est pas si difficile. Les femmes viennent là pour se distraire, les hommes, parce que, après un bon dîner, cela donne des idées. Aux unes du pathétique, aux autres, du cantharidique. S'ils suivaient leurs penchants, la plupart des uns iraient à l'Eden et la plupart des autres à l'Ambigu.

— « Je vous dois, dit Sixtine, un très noble plaisir et je vous en sais gré. Nous sommes arrivés. »

Hubert, reconnaissant la porte, eut la vision de tout le temps perdu ; il eut un mot qui rachetait un peu ses gauches parenthèses :

— « Déjà !

— « S'il n'était pas si tard, je vous aurais offert une tasse de thé, dix minutes au coin du feu qui m'attend, mais vraiment...

— « Oh ! je vous en prie !

— « C'est que... non, ce n'est pas possible.

— « Il ne fallait pas m'y faire penser, en ce cas ! dit Hubert d'un ton chagrin.

— « Vous n'y pensiez pas ? Alors, remontez jusqu'à l'endroit où vous n'y pensiez pas, et vous rentrerez en paix.

— « Cinq minutes, seulement cinq minutes !

— «. Soyez raisonnable, je vous attendrai demain.

— « Seulement jusqu'à votre porte !

— « Pourquoi faire, alors ? Allons, sonnez pour moi, s'il vous plaît. »

Il obéit. La porte s'entr'ouvrit, elle lui tendit la main, puis lentement, avec des mouvements de lassitude ou de regret, elle franchit le seuil. Plus lentement encore, elle poussa la porte derrière elle et se reprit à deux fois avant de parvenir à la clore.

Au moment de l'inexorable fracas, Hubert éprouva une grande tristesse. Il demeura là, quelques secondes, sans pensée, puis brusquement, une bien illogique association d'idées lui fit revoir la presque nuptiale chambre de la « noire Marceline », et dans ce conte de hasard, il devinait maintenant, sans bien savoir pourquoi, des ironies prémonitoires. Enfin, il s'éloigna, songeant aux portes qui se ferment, aux portes qui se sont ouvertes et qui ne s'ouvrent plus.

XXIX. — PANTOMIME

> « Il paraît que l'opéra était fini. »
> E. et J. de Goncourt, *Idées et Sensations*.

Entragues, esprit déductif, aimait à se retrouver à savoir où il en était. Rappeler le passé, le confronter avec le présent, déterminer la résultante des deux termes, l'avenir, il appelait cela : vivre. Rien, en effet, mieux que ces opérations analytiques, ne clarifie la conscience. Quel philtre ! On voit nettement l'état de son âme. C'est une jouissance égoïste, mais salubre comme d'ouvrir sa fenêtre, le matin, au réveil.

Il voyait des jardins froids, des arbres dépouillés de leurs illusions : pouvait-il, d'un regard, réchauffer la terre, et vêtir les arbres ?

Non, seulement il acquérait la certitude de son impuissance, immense acquisition.

« D'un regard ? Il y a certainement une certaine façon de regarder les choses qui les fait trembler comme des conquêtes sous l'œil du vainqueur. Le livre de l'universelle magie doit enseigner cela. Satan le sait. Mais Faust est en enfer. Ce dénouement fut d'un bon exemple : nous ne nous y laisserons plus prendre ! Qu'est-ce que, voyons ! de l'amour momentané au prix de la vie éternelle ?

« J'étais troublé, hier, délicieusement, je dois me l'avouer, mais quoi ? c'est maintenant et non hier que je m'en suis aperçu. Hier je jouissais, oui ! dans une parfaite inconscience : il m'a fallu sortir du parterre fleuri pour sentir le parfum des fleurs.

« Il est vrai que je les avais respirés d'avance. Ah ! je m'en souviens. Ce n'était pas un parterre, c'était une forêt, ce qui revient au même : on peut se tromper de symbole.

« Donc, il n'y a pas de présent. Mon arithmétique se simplifie. Donc; l'avenir est incertain, puisque croyant pénétrer dans la sauvage inculture d'une forêt un peu désordonnée, je me suis trouvé dans les allées polies d'un joli petit parterre : nous y fûmes très sages, nous ne foulâmes point, d'un pied distrait, les plates-bandes et nous respirâmes les odeurs agréées par l'horticulture, avec des gestes d'assentiment très convenables. Donc, le passé seul a quelques chances d'existence.

« Voilà la question réduite à la plus simple unité et la voici : cela vaut-il la peine de voyager pour avoir des souvenirs ? Tous ceux qui sont allés à Constantinople ou aux Gobelins peuvent répondre.

« Mais pour revivre, il faut avoir vécu.

« Est-ce moi qui vient de parler ? j'avais cru entendre une voix oraculaire.

« N'importe, le point de départ de ma logique était faux, car la conclusion est absurde.

« Nous sommes dans les imaginaires, c'est-à-dire

dans la réalité transcendante ou surnaturelle, pourquoi donc, alors, ne pas mettre les deux pieds sur le même plan? Ai-je besoin, pour rêver à des amours, d'avoir serré contre ma chair de la chair aimée? Naïveté. Est-ce que Guido a touché sa madone? Est-elle une femme avec qui il ait dormi dans un lit, ou seulement joué sur un canapé? Pourtant il y a une vraie joie d'amour à revêtir son illusoire charnalité pour aimer, en sa personne, l'intangible créature de ses songes!

« Je raisonne bien, décidément. Je suis un logicien.

« J'aurais dû prendre cette carrière... Ah! voici la maison! Déjà? tiens, la même exclamation qu'hier soir. Je ne m'ennuie pas avec moi-même. Non, et me voilà revenu d'où je suis parti. »

Entragues haussa les épaules, songeant : « On dirait qu'il y a au-dessus de nous quelqu'un de plus fort et qui nous raille. »

Puis, il sonna.

Elle était lasse, pâle malgré le rouge des vêtements, couchée à demi dans un large fauteuil, barricadée de coussins, tout près d'un grand feu de bois, lisant, la tête renversée.

La lumière, faible et bleuâtre, tombait d'une lampe suspendue. Hubert douta qu'elle pût déchiffrer les pages imprimées et crut à une attitude, mais il se trompait : Sixtine avait des yeux de chatte, ainsi que beaucoup de femmes; elle lisait très sérieusement *les Victimes d'Amour*.

En voyant ce titre sur la rosâtre couverture du volume que Sixtine à son approche avait jeté à terre, Hubert eut un moment d'angoisse :

« Je me suis trompé de femme ! »

Il lui semblait que son amour s'abjectait à la promiscuité avec de banales aventures dans cette tête pourtant charmante et fine, sous cette fauve chevelure.

« Voilà ce qu'elles aiment ! »

— « Vous avez l'air chagriné ? demanda-t-elle.

— « Oui, répondit Hubert franchement, et afin d'obtenir une réponse rassurante, c'est de voir votre grâce se plaire à d'indignes lectures.

— « Mais, ce livre, je vous jure, est convenable et de plus émouvant. Je m'y plais, ainsi que vous le dites et tenez, il me serait très pénible d'en avoir égaré les autres tomes. Je l'avais cru, tantôt : Dieu merci, l'angoisse fut courte. Les voici, ajouta-t-elle en fouillant parmi les coussins, et je regrette qu'il n'y en ait que trois et d'être obligée, quand je serai au bout, de recommencer une autre histoire. Oh ! la qualité de la littérature, pour cette sorte de distractions, m'est bien indifférente : il suffit que cela soit compliqué, menaçant, absurde comme de l'impossible. C'est mon opium, ou si vous voulez, ma provision de cigares. En quoi voulez-vous vraiment, que cela m'intéresse, vos choses analytiques et... quoi ? symboliques ?

— « Hier, pourtant ? hasarda Hubert.

— « Hier, l'émotion esthétique était de mise. Cela s'accordait à la nuance de ma robe et à la forme de mon corsage, auxquelles, d'ailleurs, vous n'avez pris garde.

— « Pardon, la nuance était capucine claire et la forme bretonne. Vous aviez l'air d'une sévère châtelaine de jadis comprimant dans un rigide corselet des seins matés par la pénitence.

— « Oui, mais vous avez agi comme si j'étais incorporelle et vêtue seulement des charmes de mes vertus. Je vous préviens, Monsieur, qu'en telle autre occasion de sortir avec vous (occasions bien improbables !) je revêtirai le plus strict noir de la plus stricte robe de laine. »

Elle continua après avoir remué distraitement les charbons du foyer :

— « C'est bien fini la joie des jolies robes. Je voudrais un uniforme costume ainsi que les religieuses, pas trop messeyant, afin de ne pas ennuyer mon œil dans les glaces.

— « Le noir, dit Hubert, conviendrait, mais pourquoi ce renoncement ?

— « Pour que la gaîté extérieure ne fasse pas un contraste menteur avec la nuit de mon âme... Je n'aurais pas dû vous recevoir ce soir, je suis triste à mourir.

— « Vous me l'aviez promis.

— « Ce n'est pas une raison. On m'a fait, à moi, de plus importantes promesses et on ne les a pas tenues. Je n'ai pas de rancune, seulement du regret.

— « Laissez-moi vous aimer ?

— « Et à quel propos ? demanda Sixtine, en s'érigeant droite et comme stupéfaite dans son fauteuil.

— « Cela vous consolera peut-être.

— « Oh ! faites, mon cher ce qu'il vous plaira, je

suis patiente et passive, mais, je vous en préviens, vous vous y prenez mal.

— « Vous êtes, reprit doucement Hubert, si décourageante ! Ainsi, hier soir, vous auriez pu me laisser entrer avec vous...

— « Vous l'ai-je défendu ?

— « Vous me l'avez refusé. »

Elle haussa les épaules.

— « Vous ai-je défendu de retenir la porte quand je l'ai poussée ? Vous ai-je défendu de sonner pour votre compte si le premier stratagème n'avait pas réussi ? Vous ai-je défendu de vous hâter après moi pendant que, lentement, je montais les marches ?... Hier, il fallait entrer, et aujourd'hui il faut sortir... parce que, ajouta-t-elle vite, je suis malade et disposée à me mettre au lit. Ce n'est pas un spectacle idéaliste, je ne vous y convie pas. Votre pudeur en souffrirait et peut-être la mienne. A bientôt, revenez, ne manquez pas de revenir. »

Sans répondre à de telles impertinences, Hubert se leva et violemment l'emprisonna dans ses deux bras. Elle ferma les yeux, il les baisa ; il baisa la bouche : Sixtine, d'un brusque sursaut, se dressa à moitié, puis ils retombèrent enlacés sur les coussins. Là, profitant de ce qu'un des bras lâchait son étreinte pour descendre le long du corps vers le bas de la robe, elle se dégagea entièrement (c'est le moment où il faut de la complicité), et debout, les bras croisés, elle regardait ironiquement Hubert encore à genoux.

Cette fois ce fut elle qui marcha vers lui.

Elle le prit par la main, le conduisit sous la petite lampe suspendue et, muette, lui montra du doigt deux ou trois significatives rougeurs qui se gonflaient au coin de sa bouche :

— « Ne dites pas un mot, je vous en prie, allez. C'est peut-être dommage... mais je n'ai pas l'âme à la tendresse ce soir... Vous auriez dû vous en apercevoir, mon cher, rien qu'à la couleur de ma voix... »

XXX. — L'HOMME ET LA JOLIE BÊTE

> « E parvemi mirabil vanitate
> Fermar in cose il cor, ch'el tempo preme,
> Che mentre più lo stringe, son passate. »
>
> PÉTRARQUE, *Triomphe du Temps.*

La veille, Hubert avait eu le courage de rentrer, de se dévêtir, de se coucher, de s'endormir, sans admettre l'intrusion, en sa conscience, d'aucune pensée. Il s'était fait semblable à un chien battu chargé d'une honte irraisonnée, et enfoncé sous de lourdes couvertures, les yeux clos, il avait atteint le sommeil par un système de longues et lentes inspirations qui, en réglant le mouvement du cœur, calmait puis engourdissait le cerveau, comme un chloral.

Son aventure, le matin, le fit sourire et même il composa, sur un ton de raillerie attristée, une suite de petits vers acrobatiques, intitulés : *Le Fil*. D'une quinzaine, deux strophes l'amusèrent ; il les écrivit :

LE FIL

De quoi s'agit-il ?
De presque rien. Ah !
Le plaisir tient à
Un fil.

C'est un fil de tulle,
C'est un fil de soie :
S'en va, comme bulle,
La joie.

Ensuite, il essaya, tout en activant son feu, qu'un humide vent inquiétait, de se réciter le sonnet de son ami Calixte :

Les Désirs, s'envolant sur le dos des Chimères,
Jouent avec la lumière et le crin des crinères...

Mais sa mémoire obstinée ne lui donna que ces deux vers. Il se souvint que Delphin devait le mettre en musique et même sur le thème instrumenter une glose, mais Delphin, faute de convenables intermédiaires entre les cuivres et les cordes, ne composait pas encore : il attendait.

« Enfin, se disait Hubert, j'en dois convenir. j'ai failli être heureux. Surprendre une femme, l'hypnotiser avec des baisers, la chloroformer avec des caresses, puis se joindre à elle, au hasard d'un effondrement de coussins, avec, devant les yeux, l'ennui futur du rhabillage partiel, pratiqué en commun, mais dos à dos, on appelle cela être heureux ! »

Héliot lui avait conté qu'un jour, en pareille fortune, la bonne, au passage le plus intéressant, était discrètement entrée, demandant, par la porte ouverte : « Madame veut-elle ses pantoufles ? »

« Donc, j'ai failli être heureux, une fois de plus, car de tels bonheurs ne me sont pas inconnus : il n'y a jamais que la couleur des jarretières qui diffère. Allons, cela sera pour demain ou pour après-demain :

Sixtine est en mon pouvoir. C'est agréable, certainement très agréable.

« Nous passerons de charmantes soirées. Elle est intelligente, je lui lirai mes manuscrits : j'ai besoin, çà et là, de l'opinion d'une femme. Il est étonnant que je ne sois point troublé davantage. Quand la reverrai-je ? Aujourd'hui ? Non. Demain ? Non. Mais je lui écrirai, deux fois par jour. Elle me répondra par de petites phrases brèves et impersonnelles, avec des sous-entendus de raillerie. Je me laisserai railler : étant sûr de mon fait, je le puis. Donc, mardi ? Nous verrons. Le bonheur me laisse froid et ses régulières perspectives m'attristent. Ainsi, j'ai couru, moi aussi, après la jolie bête et je suis content, de quoi ? d'avoir mis le pied sur son ombre.

L'HOMME ET LA JOLIE BÊTE

La route, sous le soleil, s'en va, blanche et poudreuse, s'en va sous le soleil.

La jolie bête, comment est-elle faite ? Elle court trop vite, on voit qu'elle court, on ne la voit pas, la jolie bête.

L'homme est tout nu, haletant et l'œil cruel, comme un chasseur, tout nu, pourtant, et désarmé.

Il court après la jolie bête : « Attends-moi, jolie bête, attends-moi ! » Il court après la jolie bête.

« Jolie bête, je vais t'attraper, ah ! jolie bête, je te tiens, jolie bête. »

L'homme a bondi, il a posé son pied sur la jolie

bête, son pied nu, bien doucement, pour ne pas lui faire de mal.

« Ah ! je te tiens, jolie bête ! » — « Non, non, tu ne me tiens pas. Ton pied nu s'est posé sur mon ombre. »

« Ah ! cette fois, jolie bête, vous êtes ma prisonnière ; je te tiens, jolie bête, je te tiens dans mes mains.

— « Tu me tiens et tu ne me vois pas, car l'odeur de mon corps aveugle les hommes. Tu me tiens, et tiens !

« Tiens, je t'échappe et je cours. Cours après moi, cours après la jolie bête. »

« Ah ! voilà soixante ans que je cours, je suis las ; viens, mon fils, c'est toi qui la prendras, la jolie bête.

« Je suis las, je m'assieds ; va, ton heure est venue de courir après la jolie bête ! »

Ayant fini cette rhapsodie, Entragues rédigea le début de l'histoire de Gaétan Solange, qui depuis longtemps le tourmentait.

C'était une façon de s'illustrer soi-même par un commentaire anticipé, car il était à la veille, sans doute ! d'un pareil état d'âme : demain, Hubert et Gaétan ne seront-ils pas de vrais sosies, si cela continue ?

XXXI. — LA HONTE D'ÊTRE HEUREUX

> « Maintenant, je vois distinctemen
> de quelle espèce sont ces mas-
> ques. »
>
> E. Poe, *Hop Frog*.

Solange était d'un pessimisme pratique : avec persévérance il travaillait à rendre sa vie mauvaise par toutes sortes de combinaisons très simples, ingénieuses, néanmoins.

D'abord, les principes : Les hommes mentent et les femmes trompent. Il n'y a que deux mobiles aux actes humains, le lucre et la luxure. Toutes les femmes d'agréable aspect dérobent un vice rédhibitoire. Les hommes qui ne sont pas méchants sont bêtes. Etc.

Autres principes : Toutes les nourritures sont gâtées ou falsifiées ; il est bien inutile de chercher mieux que le mauvais. Toutes les rues sont hideuses, pleines de filles puantes, de plâtras, de tranchées d'égout et d'immondices. Tous les appartements sont dénués d'air et de lumière. Etc.

En conséquence, et comme il ne plaisantait pas avec les principes, Gaétan Solange s'était logé dans un quartier boueux, au fond d'une cour humide, en deux ou trois petits cabinets noirs : c'était ce qu'il avait trouvé de plus convenable après des années de quêtes patientes.

Quand il rentrait chez lui, le soir, c'était au milieu des répugnants assauts d'une armée de pierreuses et parfois un rôdeur ivre lui barrait l'étroite ruelle avec des injures et des menaces : Solange était content, car cela prouvait que la police était mal faite, que personne ne pouvait rentrer chez soi passé dix heures, sans risquer sa vie.

Une côtelette spongieuse, un cigare ligneux, de la bière aigre, une nappe tachée lui causaient une visible satisfaction. C'était ainsi : « Que voulez-vous, si l'on veut vivre, il faut bien accepter les inconvénients de la vie. »

Il lui était agréable d'être grugé par une femme qui, son gousset vide, devenait réfractaire à toute caresse, — comme dans *Un Dilemme*, et les amis qui avaient abusé de sa confiance, sciemment mal placée, lui étaient chers ainsi que des fautes d'orthographe à un maître d'école : cela démontrait une fois de plus les absolues règles de sa grammaire.

Il ne lisait que les journaux et, entre tous, les plus abjects, afin que rien ne troublât sa créance que nul n'écrit sinon pour gagner de l'argent et que plus une littérature est vile et menteuse, plus s'en régale le public, — tout le public.

Entragues suspendit son travail et songea : « Nous sommes presque d'accord, oui, presque, car moi, si je répugne à m'assoupir dans la joie et dans le contentement de mon cœur, ce n'est pas par une impuissance voulue et choyée. Je ne méprise pas la vie, je n'en ai jamais nié les plaisirs. Elle n'est ni bonne, ni mauvaise, elle est indifférente, elle est l'état conditionnel du rêve et voilà tout. Lui demander une station dans le bonheur, c'est accorder trop d'importance au mécanisme des sens, c'est se conformer aux invitations corporelles et aux normes de la matière, tandis que la volonté doit tendre vers l'affranchissement.

« Mais je connais les périls de l'ascétisme et ses opprobres ; aussi ce sera plutôt de l'étonnement que de la honte que j'éprouverai à être heureux. Je ne croyais pas que cela fût écrit dans ma destinée. Cette attitude est convenable, car je ne puis, comme un sot, croire que « cela m'était dû », et malgré des lueurs d'humilité chrétienne, mon orgueil est trop superbe pour que j'admette bien longtemps l'infirmité de mes mérites. Personne, sans doute, n'a mérité d'être heureux, mais sans être pharisien, je ne dois pas m'estimer au-dessous de l'humanité moyenne : il y aurait, en un tel agenouillement, de la mollesse et de la lâcheté. A la coupe que me tend la main de cette charmante femme, il m'est permis, sans troubler l'ordonnance de mon idéalité vitale, de tremper mes lèvres ; puis je la ferai boire à mon tour ; puis, plus hardis, nous nous désaltérerons ensemble, humant, comme des moissonneurs penchés vers la fontaine fraîche, les délices du rafraîchissement.

« Je laisse à Solange sa honte ; c'est un maniaque dont l'entendement perclus se refuse à cette notion : qu'à ceux-là il est permis de se conjouir ironiquement des chancres dont la vie est souillée, qui en souffrent dans la délicatesse de leur sensivité, — non pas à ceux qui s'y délectent, en hument sans dégoût la sordide purulence. »

Il continuait à songer, sans écrire :

« Solange est assez beau garçon bien qu'un peu inculte, bien que vêtu à la grosse, bien que mal chaussé. Aux obligatoires fêtes d'un mariage, il rencontra une jeune fille qui s'éprit de lui, avec sagesse et réserve, mais sérieusement : elle le regardait, rougissait sous son regard quêteur de tares, baissait les yeux ; à passer près de lui elle sentait une inquiétude inconnue, comme la peur d'être arrêtée par son bras et la peur d'un salut banal. Naturellement la mère de la jeune fille se fit présenter Solange ; on lui demanda un service, un renseignement dont il devait sous peu, apporter la réponse, très adroit piège maternel. Il vint, il revint, toujours attiré par d'habiles combinaisons ; enfin, il revint pour son plaisir et se trouva enlacé avant d'avoir eu le temps de réfléchir. D'ailleurs, il ne pensait à rien, se laissait faire, dompté et captivé.

« Ils se marièrent. Leurs médiocres fortunes réunies devinrent, entre les mains de l'intelligente jeune femme, une source d'honnête et presque luxueux confortable. L'appartement était vaste, clair et ensoleillé, les nourritures choisies; au lieu de l'ennui présumé du lit unique, cette constante présence d'un être cher nuançait de rose et de bleu les heures jadis sombres des solitaires réveils.

« Il n'avait plus le temps de mépriser les hommes, ni de savourer leur basse avidité; les plaisirs d'amour, pris en toute naïveté, n'évoquaient en ses désirs aucune image luxurieuse, aucune horreur de lui et des autres ; quels autres?

« Enfin, il était heureux !

« Il était heureux ! Un jour, il s'en aperçut, un jour que, par hasard, la bien naturelle comparaison du présent avec le passé s'imposait à son esprit.

« Heureux ! lui ! lui, le pessimiste entêté, lui dont la haine pratique de tout idéal avait étonné les plus impuissants ! Heureux ! quelle honte ! Il plongea jusqu'au fond de l'abîme où cette aventure avait noyé ses principes ; il les retira un à un : ah ! ils tombaient en pourriture ; c'était fini et avec eux toute joie de vivre, — car il venait de comprendre combien la misère d'une médiocre existence, combien le sentiment de l'universel fumier était nécessaire à son bonheur !

XXXII. — L'IVRESSE

« Ὡς ἦν ἐν ἀρχῇ »
Liturgie grecque.
« Homme, médite la syllabe Om. »
La Khandogya Upanishad.

Hubert écrivit deux billets, puis le second jour au soir alla frapper chez Sixtine. Absence. Un troisième billet, une autre visite furent encore inutiles.

« Elle me boude, songea-t-il. Cela vaut mieux. Sa colère va s'épuiser sur mon ombre et, quand elle daignera me recevoir, son beau front sera pur de toute fâcherie. »

Il était trop assuré de la virtuelle possession pour supposer même une tentative de fuite hors de ses mains. Par des approches fictives, mais réalisées dans le désir, l'union s'était à jamais consolidée. Toute méprise était impossible : elle avait respiré l'odeur du philtre.

Loin de s'adolorer, il se félicitait; loin de s'affanner, il respirait plus largement les vivifiantes brises de la certitude. Ayant fait la paix avec lui-même, ayant allégé de l'orgueil sacrifié par-dessus bord, sa barque maintenant bondissante vers le havre aux sables d'or, il entrerait sous le signal et à l'heure propices.

Le quatrième jour au matin, il reçut des nouvelles ainsi conçues :

« Prière de ne pas oublier la soirée de la comtesse, après-demain mercredi.

« De sa part.

« De la mienne, regrets d'avoir été trop souffrante d'abord, puis trop affairée pour vous recevoir ou vous répondre.

« Mais n'avons-nous pas l'éternité ? S. M. »

Entragues ne vit dans cette raillerie aucune inquiétante amertume, — et un jour encore s'accomplit.

« Le catalogue des joies obscènes est bref, mais cela suffit, en de certains soirs, à donner l'envie de s'origéner pour ce monde et pour l'autre. Solange avait, avant sa maladie, quelques vues assez justes : il est désolant que la chasteté des adorants soit polluée au passage à l'heure où ils regagnent leurs solitaires oratoires. Je ferai bien de lire quelques pages tertulliennes et consolatrices avant de m'endormir, car je crains la puissance des mots. Non, je songerai à Sixtine. Chère créature de mon désir, je me confie à ta magie : quelles lubriques obsédances ne céderaient à la grâce de tes gestes ? Habitacle de ma volonté, réceptacle de mes illusions d'amour, évoque-toi et protège-moi ! »

Ils étaient debout, enlacés. Elle le baisait à petits coups sur le coin de l'œil, en lui faisant respirer une rose.

Cela ne pouvait pas durer, il s'alanguissait trop. D'adroites petites voltes les amenèrent non loin du lit : comme, sans en avoir l'air, elle était complice, sa chute fut harmonieuse.

Douceurs de clair de lune, nuages, stridents éclats de précurseurs éclairs, douceurs de clair de lune.

L'orage plane dans le velouté du ciel, les nuées passent turbulentes, des lacunes versent des douceurs de clairs de lune.

La foudre a sonné, décidément. Cela gronde au loin, cela gronde ! Encore un éclair ! Ah ! il éclaire longtemps ! Encore ! Il est mort.

Hubert se réveilla secoué par l'épouvantable roulement.

« Ah ! Pollution ! c'était Sixtine. Ah ! misères des nerfs imbéciles ! »

Toute la durée de l'orage, il demeura soulevé dans son lit, hagard et grelottant. La confusion de ses sensations l'étourdissait : il ne comprenait pas comment cette hallucination charnelle s'était développée parallèlement avec l'éclosion d'un orage dans une nuit de lune. Enfin, quand l'absurdité du rêve lui fut acquise, il se calma et engourdi par le froid, retomba sous ses couvertures.

« Cette journée sera horrible. Enfin, c'est pire que Guido, c'est pire que chez Valentine ! Une antécédence pareille est un viol. Et je me crois maître de moi, maître du monde extérieur, maître de cet univers, une femme, quand je ne sais même pas régler l'ordonnance et la suite logique de mes impressions ! Le mécanisme humain devrait m'être connu, et si les conséquences sont invincibles, les causes du moins, devraient subir ma volonté. Les saints, avec l'aide de Dieu, eurent ce pouvoir, mais Dieu s'est retiré de nous et à cause des Celses modernes nous a laissés, sans bouclier, exposés aux flèches du Péché. Toutes les heures sont son heure, dès lors, et nous lui appartenons tous : il a conquis le temps, l'espace et le nombre. »

Jamais Hubert n'avait senti, comme en ces moments, le malheur d'être un homme et de n'être que cela. Son orgueil, ruiné par la passion, s'écroulait comme un vieux mur, et couché sur les décombres, il se lamentait. Cette attraction qu'il avait raisonnée et combattue avec les armes logiques de son caractère, devenait la plus forte, le dominait dans la science et dans l'inscience. Il en était arrivé à ne plus penser ; son esprit n'évoluait plus qu'en de brèves déductions et le besoin de la sécurité le distrayait de l'observation juste. Durant ces décisives journées, où Sixtine allait, à n'en pas douter, prendre un parti, il limitait sa tactique à de brefs rappels de présence, au lieu de s'imposer directement et de barrer la route à toute autre survenance. Il était si facile d'éviter la visitation nocturne, en allant soi-même au-devant de la visitatrice : si une force magnétique et supraraisonnable avait poussé Sixtine en ses bras endormis, cette même force, selon de plus élémentaires trajets, eût, à l'occasion, joint très sûrement leurs réalités, comme elle avait joint leurs phantasmes. Il perdait jusqu'à la notion de sa philosophie, se révélait capable seulement des théories, critique et non créateur de la vie.

Que cette rencontre dans l'inconscience fût le résultat d'une hallucination toute personnelle, ou si tous les deux avaient été, en leur sommeil, sommés l'un vers l'autre par la puissance du désir, si pendant qu'elle venait à lui, lui-même, par un retour parallèle, n'était pas allé vers elle, il n'eut pas l'imagination de se le demander.

Pourtant il connaissait la valeur et la fréquence de ces mutuelles évocations et son âme actuelle était un champ de bataille où le mysticisme eût rapidement vaincu l'incrédulité.

Il s'en alla flâner le long des quais. Le soleil d'hiver souriait, le vent se taisait, des moineaux pépiaient dans les arbres sans feuilles, une tiède humidité se vaporisait dans l'air adouci.

Les livres, d'abord, passèrent devant ses yeux, comme des choses lointaines et inaccessibles, puis une reliure tenta sa main, un titre inconnu, son regard. Il sentit les premiers chatouillements de la fièvre, s'abandonna.

Maintenant, un à un, il les touchait, les ouvrait, pour acquérir la certitude du rien intérieur, se désolait qu'un agréable vêtement doré et soutaché enfermât la sottise galante de petits vers frissonnants d'indigence ou de la philosophâtrie à la Diderot ou d'indignes manuels d'une piété janséniste.

Il venait d'acheter pour quelques sous, un traité de la Simonie et marchandait à l'âpreté d'un vendeur assez rogue, quelques recueils néo-parnassiens, nouveaux venus et déjà dépréciés par l'indifférence universelle, — une main familière se posa sur son épaule.

D'un mouvement de torsion, d'une insolence native, mais certaine, il se dégagea, puis tourna la tête.

C'était Marguerin, le théosophe, dont ses amis excusaient la folie licencieuse par une maladie du cervelet.

Il apparaissait morne et les yeux même dénués de leur coutumière flamme de luxure. Plus d'une fois, sa façon de considérer les jeunes garçons avait scandalisé, jusqu'au mot sale, la vertu d'un honnête passant : Marguerin, dans ce cas, haussait les épaules en fixant sur l'intrus un regard de pitié tout à fait déconcertant. Ses jeux de physionomie étrangement prometteurs séduisaient des femmes en quête de perversion : il était riche et subventionnait une revue angélique.

Ce jour, une idée fixe, qu'il confia à Entragues, imbécillisait son visage :

— « Morte ! Tu te souviens peut-être de cette blonde en qui Maïa avait mis ses complaisances ?

Entragues souffrit le tutoiement sans se l'expliquer.

— « Morte ! Obsession du creux de ses jarrets. La vois-tu, couchée à plat ventre ? Ses jarrets sont là sous mes lèvres et je les oublie ! Tout, moins ça, tout.

La surface de son corps a connu mes lèvres des pieds à la tête, et là, rien. Ah! c'est pénible, parce que jamais si beau corps ne m'aura été donné, et je n'en ai pas joui. Non, je sens qu'un tel baiser eût été suprême. Adieu, pense à moi! »

« Sa fantaisie présente, songea Hubert, n'incite aucune répugnance. N'ai-je pas eu la folie des yeux, et en suis-je guéri? La vision de deux grands yeux n'a-t-elle pas toujours été nécessaire à l'apogée de mon plaisir? J'ai beau en connaître le point de départ, elle demeure bien étrange, cette constante union de deux sensations aussi différentes que la sensation visuelle et le spasme. Malade, ah! malade originel et inguérissable!

(*En buvant de l'absinthe* :)

« L'ivresse est une très noble passion, et je veux l'acquérir... L'ivresse, il faudrait dire l'ivrognerie, mais les philanthropes ont traîné le mot dans la boue humanitaire de leurs dissertations anglicanes... Alcoolisme a été souillé, non moins... Ivresse me suffit. Cette absinthe est réconfortante. La Maïa blonde, il l'a peut-être aimée, ce misérable. Elle fut belle et voici ce qu'il en reste : un regret pathologique. Pourquoi mépriser l'ivresse? C'est la plus intellectuelle des passions : elle ne déprime pas, comme le jeu; elle n'affaiblit pas, comme l'amour. Ah! quelle trouvaille! L'absinthe n'a rien de nuisible; c'est du vin vert et concentré. Pouvoir arriver à l'ivresse avec un seul verre de liquide, n'est-ce pas l'idéal? Les Orientaux ont l'opium, mais il faut le ciel d'Orient. Et puis, à chacun son système. L'important est que cela vous enlève hors du monde : tout ce qui nous arrache à nous-même est divin. Que de fois pourtant, me suis-je grisé avec de la contemplation pure ! oui c'est encore une méthode. Toutes sont salutaires. Je me hais, je veux vivre une autre vie, je veux redresser idéalement les infirmités inhérentes à mon état charnel, je veux tromper mon âme sur les misères de mon corps... Il fallait l'aimer de loin, comme Guido aime sa madone. Le contact est destructeur du rêve. Tu ne connaîtras pas le livre d'amour où je t'aurais béatifiée, car il s'évanouira avec le désir, brûlé par les flammes de ton premier baiser. Le bûcher qui t'ouvrira le ciel consumera mes forces : tu monteras vers les espaces et moi je tomberai comme Satan, je tomberai pendant l'éternité dans les abîmes infernaux... Singulière déclamation et bien difficile à justifier ! Tout cela pour quelque plaisir que se donneront mutuellement deux êtres qui s'adorent. Les conséquences de l'union des sexes ne sont point, d'ordinaires, aussi tragiques... Je suis très bouleversé. Il est même urgent que le dénouement rende à l'un des acteurs toute sa sécurité. Ramener les choses au vrai : elle sera troublée et je serai apaisé, — très désirable résultat.

« Car la fin d'une vie intelligente ce n'est pas de coucher avec la princesse de Trébizonde, mais de s'expliquer soi-même en ses motifs d'action par des faits ou par des gestes. L'écriture est révélatrice de l'acte intérieur ; il est bien moins important de sentir que de connaître l'ordonnance des sensations, et c'est la revanche de l'esprit sur le corps : rien n'existe que par le Verbe. Autant dire : le Verbe seul existe. L'évangéliste saint Jean le savait et le raja Ramohun Roy le savait et d'autres : Om et Logos : c'est la seule science ; quand on le sait on sait tout. Je me réaliserai donc selon le Verbe... Et toi ? que ferai-je de toi et de ton âme ! Ah ! Sixtine, ton âme, peu à peu, en de nocturnes et quotidiennes célébrations, je la boirai, diluée dans la salive de tes baisers, — ainsi que de saintes parcelles : tu n'auras d'existence qu'en moi, et tu me fortifieras ainsi qu'une élixir spirituel. Nous serons hermaphrodites. Ainsi l'unité renaîtra : et j'aurai renoncé, sans renoncer à toi, à la chimérique poursuite d'un amour extérieur à moi-même. Ah ! l'unité ne sera pas ternaire, — péché contre les rites ! — car je ne veux pas de postérité charnelle. Que ma chair soit stérile et que mon esprit soit fécond ! Nous engendrerons des rêves et nous peuplerons de nos pensées la nuit des espaces. Nous parlerons et nos paroles propagées jusqu'au delà des étoiles feront éternellement vibrer l'éternité morne des éthers. Nous aurons des gestes d'amour et les signes de notre amour se répercuteront dans les miroirs sans nombre des molécules de la lumière. Oui, nous nous amuserons à cette illusion, en renversant les Lois, par notre fantaisie, car nous n'ignorons pas que le monde meurt de la caducité de la pensée qui le crée et que les étoiles, ainsi que l'ongle de notre petit doigt, périront quand la mort fermera les yeux du dernier homme.

« Ah ! je monte très haut, je vais très loin. Ma tête comme une bombe s'emplit d'explosifs et la perlucidité de mon esprit s'avive à l'extrême... Alors le roman sera conquis : une nouvelle forme d'analyse aura été démontrée. L'identité du caractère s'affirmera par ses contradictions mêmes et quelque chose de hégélien relèvera la morne simplicité des ordinaires créatures drapées dans la rigidité d'un style matériel. Le roman des cœurs, le roman des âmes, le roman des corps, le roman de toutes les sensibilités : — après cela il fallait le roman des esprits. Le mot âme, tel que je l'entends, représente de la quintessence de cœur ; l'esprit, c'est-à-dire l'intelligence pure aux prises avec les inconvénients charnels, fut dédaigné, sans doute comme inintéressant. Toujours, et rien que cela, des conjonctions de sexes et la joie — oh ! soit ! bien naturelle ! — « de coucher avec la femme qu'on aime », mais enfin il y a de modernes Antoines qui se sont proposé d'autres finalités et qui ont réduit tous les devoirs à un seul devoir : conformer sa vie à son rêve. Des passants que vous bousculez s'en vont songeant à l'idéalité universelle aussi sérieusement que vous aux surprises des corsets perfectionnés ; — et tel de ceux-là, si la bête demande de l'avoine, répondra : Le cheval blanc de la Mort n'en mangeait pas. Et croyez-vous que si d'humiliantes forces courbent devant une femme leurs genoux réfractaires, ils n'auront pas très souvent recours à la consolation de l'ironie intérieure ? Enfin, j'affirme la vie cérébrale, — et tout le reste fut rédigé dans les manuels de physiologie.

« L'ironie n'est qu'une protestation momentanée, une destruction mentale et une garantie sur l'excès de la satisfaction sensuelle, ce n'est pas un mode assuré de libération. De cette étape, on s'élève graduellement à un état dominateur par l'orgueil ou par la contemplation, par l'art ou par le mysticisme. Ces méthodes, connues dans leur principe, sont niées, ainsi que de féeriques enfantillages : il faut leur rendre dans le roman l'importance qu'elles ont dans la vie quotidienne. Animal, l'homme n'a pas laissé que de perfectionner l'animalité, et le christianisme fut, croit-on, un notable avancement spirituel. Il a doué d'une âme complexe l'humanité simple. Quand Flaubert écrivit *Salammbô*, il fit instinctivement de la jeune prêtresse une carmélite plutôt qu'une vestale, car la vestale obéit à un ordre et la carmélite à une dilection ; l'une s'attache à son état par habitude, l'autre par amour. L'idylle, la satire des mœurs, le roman picaresque, la passion tragique et fatale, l'épopée patriotique, la plainte amoureuse, les anciens n'eurent pas d'autre littérature : les premières histoires d'une âme, le premier roman analytique naquit spontanément dans le génie nouveau d'un esprit christianisé et ce fut saint Augustin qui l'écrivit : la littérature moderne commence aux *Confessions*.

« Elle doit y revenir. Zola et d'autres peuvent continuer de cataloguer leurs animaux inférieurs, nous n'y prenons nul intérêt : ce sont d'informes créatures en train d'acquérir la lumière, des intelligences chrysalidées : peu nous importe la qualité des soûleries dont ils se gorgent et les prurits qui font craquer la virginité de leurs filles. Ce qui n'est pas intellectuel nous est étranger.

« La déconcertante ironie, qu'en ce siècle qui boit dans le Calice le vin bleu démocratique, nul original prosateur ne se révéla qui ne fût chrétien d'instinct ou de croyance, de désir ou de nécessité, d'amour ou de dégoût, — de Chateaubriand à Villiers et à Huysmans et nul vrai poète, de Vigny à Beaudelaire et à Verlaine !

« Comte n'a pas atteint, de ses lourdes pierres, les âmes qu'il voulait écraser, — pas plus qu'un enfant qui lance les petits cailloux de la grève vers l'inaccessible vol des mouettes ! Et ce même siècle, qui prétend n'admettre que la force mathématiquement éprouvée, s'éteindra dans l'idéalisme verbal. On ne croira plus aux choses, mais aux seules idées que que nous en avons ; et, comme l'obscurité de l'idée ne se clarifie que par la parole, rien n'existera plus des choses que les mots qui les dénomment et la définitive destruction de la matière s'achèvera dans le prononcé de cet axiome : L'univers est le signe du verbe...

« Mais, songeait encore Hubert, en sortant du café, ceci, et mon mépris d'un réalisme dérisoire, d'un illusoire vérisme, n'implique dans l'art ni la paresse, ni la lâcheté, ni l'à peu près : l'idéalisme que je professe n'a rien de commun, non plus, avec les vagues intuitions de tels filateurs de ruban psychologique, — c'est un idéalisme documenté, solidement établi, comme le porche fleurancé d'une cathédrale, dans les fondations de l'exactitude... »

XXXIII. — UNE SOIRÉE DANS LE MONDE

> « En résumé, la fête me paraissait un bal de fantômes. »
>
> Villiers de l'Isle-Adam, *L'Amour suprême*.

Hubert se mêla volontiers aux dialogues, aux danses, aux médisances, aux mille sottises assez charmantes qui s'agitèrent de onze heures du soir à six heures du matin chez la comtesse Aubry.

Fleurs, musiques, égratignures et caresses vocales, épaules, diamants, chamarures, car la comtesse avait des relations dans la diplomatie étrangère.

Sixtine, augurale apparition, surgit dans le cliquetis d'une portière japonaise ; une de ses mains jouait avec les multicolores perles.

Elle s'avança ; derrière elle, Moscowitch, le regard attaché à ses pures épaules. De toute la tête, sa démesurée stature dominait la jeune femme ; il marchait dans ses pas, et Sixtine, chancelante, semblait une toute petite fille maintenue en lisière par un géant. Hubert, avec un salut d'une impertinente familiarité, passa entre eux et offrit à Sixtine son bras vers une chaise. Le Russe, résigné, gagna un groupe d'hommes d'où il surveillait les causeurs.

— « Vous aviez l'air sous la tutelle de cet homme fort, j'ai voulu vous en délivrer. »

Elle se mit à rire, d'un rire bien énigmatique :

— « Mais non, il me suivait pour le plaisir, sans doute, de m'avoir sous ses yeux. Une femme, au bal, a-t-elle rien de mieux à faire que de se laisser regarder ?

— « Et, n'est-ce pas, reprit Hubert, un très vif plaisir que de montrer ses bras, ses épaules, sa gorge ?...

— « Très vif, non, mais enfin, les désirs que l'on évoque bourdonnent aux oreilles comme un vol de papillons printaniers et le frolis de leurs ailes parfois est doux à l'épiderme. Vous ne pouvez pas comprendre, c'est trop féminin.

— « Oui, murmura Hubert, avec une tendre, mais indéniable ironie, la femme est une religion pleine de mystères. Je ne demande qu'à adorer sans comprendre, et à m'agenouiller dans les ténèbres, les yeux levés vers la symbolique petite lampe rouge : mystères joyeux et mystères douloureux, les méditer alternativement, ne jamais savoir, peut-être, les aimer en leur secrète essence et aimer l'être cher dont ils sont l'émanation. »

Elle leva vers lui des regards attristés, puis avec un peu de colère :

— « Poète et menteuse poésie ! La tendresse est sur vos lèvres et non pas en votre cœur. Vous souvenez-vous de notre première rencontre, sous les branches tombantes des vieux pins sacrés, là-bas dans l'avenue sombre ? Votre profession fut que rien n'existe que par une volonté évocatrice, je m'en souviens, moi, et depuis, vos paroles, repensées souvent, ont acquis un sens clair et terrible. Vous aimez une créature de rêve que vous avez incarnée sous les apparences qui sont les miennes ; vous ne m'aimez pas telle que je suis, mais telle que vous m'avez faite. Vous n'aimez pas une femme, mais une héroïne de roman, et tout n'est pour vous que roman... je vous dirai cela une autre fois plus au long, si j'en ai les loisirs. Ah! mon ami, il y a souvent bien du charme en vous, ah! si vous vouliez et si vous saviez!... Faites que je vous aime assez pour me résigner à être aimée comme l'ombre mouvante d'un rêve. Faites cela... mais que sais-je, demain, je vous dirai peut-être un non tout bref? Demain, il sera peut-être trop tard. Ne vous fiez pas, même à la plus sincère. Leur vol est aussi capricieux qu'un vol d'hirondelle : c'est ceci qui passe, c'est cela... Elles vont où leur mobilité les mène et puis... et puis elles suivent le soleil et les baisers sont des rayons fascinateurs... Trouvez-vous pas que j'ai l'air de vous faire un cours de séduction, — à mon usage. Ah! encore, peut-être vaut-il mieux pour vous, que vous vous contentiez du rêve. Vous pouvez le manier à votre gré, tandis que moi, par exemple, j'ai beau être malléable, si j'allais me révolter contre votre candeur? Adieu, la comtesse m'a fait un signe et vous savez que je suis sa main droite dans les grandes occasions... Adieu, Hubert, oh! nous allons, sans doute, nous rejoindre une fois ou deux au cours de la soirée... Pourquoi pas? nous avons tant de choses à nous dire... Donnez-moi le bras.

« Etrange créature, pourtant tu m'appartiens ! Inextricable problème, je te déchiffrerai à force d'amour, car l'amour est la clef d'or qui ouvre tous les cœurs de femme. Tu as l'évangélique bonne volonté, tu veux aimer, tu aimeras, et qui peux-tu aimer, sinon moi ? J'aurai la curiosité d'admettre toutes tes fantaisies, même celle de me faire souffrir ; je ne mésestime pas la torture : cela donne à réfléchir sur les inconvénients d'être un homme. »

— « Est-ce que tu t'amuses ? »

C'était Calixte, satisfait d'exhaler son ennui par cette simple interrogation.

— « Je ne m'ennuie pas, d'abord pour de secrètes raisons, puis il y a quelques jolies toilettes. Quant au nu il serait agréable à deviner, peut-être ; à contempler, c'est une autre affaire : pas une femme sur dix ne donne le plus léger désir d'en voir davantage. On peut se distraire pendant une heure ou deux à phonographier dans sa mémoire quelques fragments de causeries. Mais il est trop tôt ; cela devient un peu excentrique vers deux heures du matin, seulement.

— « Et aussi, dit Calixte, à troubler par de brûlants aveux quelques cœurs naïfs.

— « Ah ! reprit Hubert, tu deviens donc dilettante ? Oui, cela, c'est un plaisir assez sadique. Par exemple, il faut choisir des femmes appariées à des maris purement cacochymes, afin qu'un mâle après le bal ne vienne pas féconder en leur chair les germes de désir qu'on y aura semés. Alors, et tout naturellement, leur sommeil agité évoque le pervers phraseur, et ce doit être un petit adultère agréable, pour une femme vertueuse, mais bien incomplet. Note bien qu'elle doit être vertueuse, du moins jusqu'à la corruption excluse, car il arriverait ce qu'avoua Mme de B... (je ne sais que l'initiale). La femme de chambre de cette jeune et pudique dame avait une adoration pour sa maîtresse. La corseter, la chausser lui faisaient trembler les mains ; il était presque au-dessus de ses forces de la servir pendant le bain, et un matin cette adoratrice de la beauté s'était évanouie en lui passant son tiède peignoir, mais tu comprends, les distances, le suspect, etc. Enfin, un retour de bal abrégea le martyre de Juliette : Mme de B..., dont les nerfs avaient servi de lyre à quelque poète, comprit qu'il est bon d'avoir sous la main une femme de chambre jeune, jolie et dévouée. Depuis ce matin-là, Mme de B... a un peu maigri, mais elle trouve à la vie une saveur nouvelle.

— « C'est toi, fit Calixte, qui narres de telles histoires ?

— « Celle-ci, reprit Hubert, n'est pas malséante. En fait de stériles amours je ne vois pas bien où commence et où finit la moralité. Du moment que l'on ne cherche que la jouissance, il est bien indifférent quel mécanisme la donne. C'est une question d'attitude : les femmes, en leurs perversions, conservent leur grâce. Après tout, pour être conjugale et protégée par les administrations municipales, la débauche ne change pas d'essence. En dehors de la fécondation qui est un acte complet, naturel et justifiable, il n'y a, selon la décision des casuistes, que des péchés également mortels, c'est-à-dire entraînant la même conséquence, qui est la damnation.

— « Cependant...

— « Oh ! continua Hubert, les casuistes que les sots méprisent, furent de profonds analystes de la nature humaine. Ils ont fait à l'amour des concessions que les modernes malthusiens trouvent extrêmes, les hypocrites ! et en cela se manifeste leur sagesse et une merveilleuse intuition des besoins physiologiques ; il n'est pas un baiser que ne concède à la tristesse de la chair la dédaigneuse audace de Liguori ; rien ne l'étonne et il ne frappe que de vénialité les assouvissements les plus complexes, pourvu que la dignité de l'acte soit consacrée par sa finalité suprême. »

Calixte était trop spontané pour se soucier de la casuistique.

— « La destinée, dit-il à Hubert, aurait dû te faire moine dans un couvent espagnol, au xvi° siècle.

— « Eh ! fit Hubert, j'aurais, avec la grâce de Dieu, écrit de beaux in-folios.

— « Mais tu vis dans le monde, en un siècle peu porté à la procréation, et si tu pratiques des théories...

— « Tu sais bien, interrompit Hubert, que, pratiquement, je suis abstème, et il ne faut pas tenir compte des accidents. Hé ! je ne détesterais pas d'avoir quelque progéniture. Si la vie était meilleure, ce serait permis ; si elle était bonne, ce serait un strict commandement. Mais j'ai la conscience de ma misère et cela sauvera de l'existence les générations qui seraient sorties de moi. Tu connais mon principe ? Il est court, strict et je le voudrais universel : Pas d'enfants. »

Renaudeau et André de Passavant s'approchèrent.

— « Oh ! continua Hubert, pratiquement ce serait absurde et terrible, mais, le principe admis, ses trop nombreuses violations suffiraient à un peuplement encore excessif. Pour moi, s'il le fallait, j'accepterais cette croix. Mes enfants porteraient la vie comme je la porte, sans joie, mais sans désespoir : le transcendant coquin n'a pas tué tous les cygnes !

— « Pas encore, mais il les tuera tous, dit André. Les lacs seront déserts et les forêts muettes, car il n'y aura plus d'âmes pour peupler les lacs de rêves et les forêts d'idéales musiques. Alors le feu desséchera le marécage terrestre...

— « Et on recommencera par le commencement, interrompit Renaudeau. »

Sans rien ajouter, il disparut, et Passavant qui le suivait des yeux expliqua cette soudaine fugue en le voyant glisser vite vers Mme Aubry qui lui souriait :

— « On prétend qu'il a déjà réussi à miner Fortier et qu'il va le remplacer, si ce n'est fait déjà, à la revue, — et ailleurs, naturellement.

— « C'était à prévoir, dit Hubert, mais, pour moi, je ne me soumettrai pas à ses impertinences. Si quelques amis voulaient me suivre, je sacrifierais les sommes nécessaires à la fondation d'un recueil plus strict en ses choix.

— « Et un peu théologique ? ajouta Passavant. De la théologie mystique en bon style...

— « Oui, oui, répondit Hubert, soudain distrait.

Il venait de se souvenir que le présent lui imposait d'autres pensées. Pour la première fois, peut-être, de sa vie, il échappait à la domination exclusive de l'art :

Sixtine se redressait devant sa vision du monde comme un arbre gigantesque dont les ramures et les ombres voilent le bois multiple qui s'étend derrière lui.

— « Comment ! Baillot ici ! fit Passavant indigné.

— « Que vous a-t-il donc fait ? demanda Calixte.

— « Vous ne vous souvenez donc pas qu'il dénonça, comme clérical, Desnoyers, l'architecte du mont Saint-Michel ?

— « J'ai vu, dit Hubert, ses restaurations, elles sont admirables. Quand les années en auront patiné l'éclat trop frais, ce seront des chefs-d'œuvres merveilleusement raccordés aux créations architecturales de l'ancien temps. Mais je crois que c'est justement parce qu'il est croyant qu'il a pu reconstituer, autant par amour que par science, d'aussi superbes témoins d'une époque chrétienne. Que voulez-vous, il fallait un Mécène et on a pris un cuistre !

Moscowitch, à ce moment, se trouva face à face avec Entragues. Le Russe eut un froncement de sourcils qu'un sourire, au même instant, atténua :

— « Mon cher, je renonce pour le moment, à mes projets dramatiques. Cet hiver humide m'est défavorable, je vais aller passer quelques mois dans le Midi. Merci de vos excellents conseils, de tout genre. Ils m'ont servi au delà de vos espérances. »

Ce ton d'ironie hautaine déplut à Entragues, qui répondit :

— « Prenez garde, Monsieur. Êtes-vous bien sûr d'en être à ce point où l'absence s'impose à tout bon calculateur ? Partez-vous avec la certitude de recevoir des lettres de rappel? Songez que plus que tout autre je m'intéresse à un dénouement où je n'aurai pas été étranger. Calixte, mon ami, fais donc à M. Moscowitch un commentaire du trente-quatrième chapitre de Stendhal. Mme Magne a, je pense, un mot à me dire, et je cours vers elle. »

Il venait d'apercevoir Sixtine visiblement ennuyée par les compliments d'un sot.

« Au moins, songeait-il, elle me saura gré de l'avoir délivrée. »

Moscowitch écouta patiemment Calixte dont l'amusant discours sur la discrétion lui semblait, cependant, une raillerie concertée. Durant ce supplice, Hubert essayait de reprendre avec Sixtine sa causerie interrompue. Mais elle était distraite et presque méditative. Hubert lui contait la poésie de son désir et elle le regardait, n'ayant pas l'air de l'entendre. Jouant avec son carnet de bal, elle dit :

— « Vous n'avez pas même eu l'idée de vous inscrire ici et je ne m'appartiens plus. Ceux qui m'ont requise vont, à chacun leur rang, venir me réclamer les minutes promises, et tenez, il est complet. »

Hubert prit le petit carnet et lut les noms inscrits :

— « Eh bien, sacrifiez-moi l'un de ces personnages, par exemple le Russe, cela me serait spécialement agréable.

— « Non, dit Sixtine, cela ne se peut pas.

— « Je vois que vous tenez à l'homme, plus encore qu'à son portrait?

— « Quel portrait?

— « Celui qui fut signé d'initiales où se devinent

l'abrégé de votre nom, qui fut dédié, toujours en abrégé, à M. Sabas Moscowitch...

« Ah ! cet amusement d'une après-midi pluvieuse ?... Mon passé ne vous est donc plus sacré ?

— « Il m'effraie. Ce que j'ignore me déroute... Je veux savoir.

— « Mais qu'avez-vous donc à me crucifier ainsi ? Et de quel droit, de telles questions ? Vous n'êtes bon qu'à me faire souffrir dans mon âme et dans ma chair. Laissez-moi ou je vous dirai des choses cruelles...

— « Je puis les entendre.

— « Non, décidément, je suis lasse, ah ! que je suis lasse ! »

Et ses yeux répétaient l'aveu de ses lèvres.

— « Mais, continua-t-elle, faisons quelque trêve, je veux m'amuser, je veux oublier en des excitations purement nerveuses l'état de lutte où je me débats et m'en défatiguer. Laissez-moi à mes valseurs et venez demain. Je suis très troublée. Venez avec confiance : nul n'a près de moi autant de privilèges que vous, Hubert, mais songez à tout ce que peut faire une seconde, une seule brève seconde... Voici M. de Fortier qui me réclame... A demain !

Alors, au lieu de rejoindre ses amis, il s'en alla, se faufilant parmi les groupes, regardant, écoutant.

Une fillette, maigre et laide, malgré de grands yeux noirs, se mélancolisait seule sur sa chaise : la fantaisie lui vint d'amuser cette enfant. Il s'inclina devant elle et la toute jeune fille, sans souci de l'étiquette, se laissa enlever dans ces bras inconnus. La valse faisait battre vite son petit cœur, ses joues pâles se rosaient, elle serrait avec des frissons la main d'Entragues et dans l'audace du plaisir laissait aller vers son épaule sa tête renversée et rayonnante. Il la fit causer, la traita comme une femme, la conduisit au buffet, la grisa d'un doigt de champagne, de deux doigts de compliments : il fut remercié par un sourire où il y avait le don d'une vie.

En la reconduisant à sa place, il était presque aussi heureux qu'elle et il songeait que le seul bonheur, c'est de donner le bonheur sans exiger aucun retour.

Vers deux heures, il résista à Calixte Héliot qui sagement tentait de l'entraîner. Plus tard, il vit Moscowitch, après avoir consulté sa montre, disparaître dans l'antichambre. Sixtine le frôla au même instant ; elle tournait, en jasant, au bras de Renaudeau qui semblait dire des méchancetés. Pendant une heure, peut-être plus, il demeura seul et immobile, à la même place, la regardant passer de mains en mains, insoucieuse et sourieuse. Il regardait, le cerveau creux, anémié par la veille, grisé par l'incessant tourbillon. Enfin les salons se dépeuplèrent. Pendant qu'il hésitait à s'offrir à Sixtine comme compagnon de retour, elle disparut, fuyante, sans tourner la tête, en femme bien décidée à refuser ou à n'accepter qu'avec ennui et mauvaise grâce, le bras d'un homme.

Il la laissa partir, alla complimenter la comtesse, saluer la fillette, qui lui tendit la main, boire un dernier verre de punch, afin d'être moins saisi par le froid du matin, puis descendit à son tour et rentra chez lui à pied.

XXXIV. — LYRISME

« Quand le monde fait peur, quand la foule fatigue.
Quand le cœur n'a qu'un cri : — Te voir, te voir, te voir ! »
Mᵐᵉ Desbordes-Valmore.

Levé tard, goûtant par la fenêtre aux rideaux soulevés le charme hivernal d'un pâle soleil de midi, Hubert se complaisait dans la demi-inconscience qui suit, après une nuit désheurée, une extrême fatigue physique. Son anémie de végétal transplanté, combattue et presque vaincue par un régime tout provincial, se réveillait en de tels matins ; il se sentait des langueurs de poitrinaire et des mélancolies d'adolescent.

Le sommaire et substantiel déjeuner organisé par sa bonne fut moins pour ses organes fatigués un réconfort qu'une griserie. La fumée d'une seule cigarette lui tourna la tête : il acquérait, sans l'avoir cherchée, une béatitude exquise. C'était comme un état nouveau de la matière animée : l'état fondant, — jouissance spéciale réservée aux dormeurs paresseux et aux tardifs déjeuneurs. Brève, ainsi que tous les délices, elle ne tarda pas à décroître, mais lentement, transformée à mesure en une agréable sensation de paix.

Alors, allongeant le bras vers sa Bible gothique, il

fit sauter le fermail de cuivre et il lut, dans un nuage de bleuâtre fumée, buvant à petits coups du café très fort, les aphorismes de l'Ecclésiaste.

Lecture décidément bien faite pour élever un sage très haut par-dessus les autres hommes, coupe où l'on boit le néant tout aussi sûrement qu'en une cupule de lotus, ah ! idéales banalités, écrites, à n'en pas douter, pour les lendemains de fête !

FORTITUDE

« Pauvreté, labeur, corporelles misères, saignantes blessures des cœurs, amertume du pain et du vin,

« Repos, souplesse, floraisons, étreintes, chaleur des repas joyeux,

« Et tout, et toutes les vibrations,

« Les lumières cérébrales :

« Tout cela nous est indifférent, depuis le commencement jusqu'à la fin,

« Car il y a un commencement et il y a une fin, et, Dieu merci, la douceur du néant est faite pour tous.

« Nous avons confiance dans la transcendante bonté du Créateur : il ne prolongera, au delà du terme humain, ni nos peines, ni nos joies.

« Et pas même un haussement d'épaules, et quant à se fâcher contre les lois éternelles, nous sommes bien trop spirituels, — et puis nous avons le sentiment des convenances. »

Il était las, aussi las que Sixtine, de cette obscure passion. La nuit de leurs cœurs avait besoin vraiment de quelques éclairs. Depuis huit jours, elle se recueillait, mais comme une femme ou comme une fleur qui au montant de l'orage rapproche au-dessus des pistils sacrés ses tremblants pétales ; le danger passé, ils s'écartent d'eux-mêmes et reçoivent avec joie la fugitive caresse des pollens voyageurs.

« Autre réflexion moins métaphorique : le Russe a certainement fait de positives avances et dans ses plaintes le magique mot de mariage a dû, comme un écho, revenir et résonner. Magique, il le croit. Moi, je ne sais. Elle doit tenir à garder une certaine liberté d'allures et le personnel logis d'une femme déshabituée du partage de l'air ambiant. D'ailleurs, jamais je n'ai surpris, dans les sous-entendus de ses phrases, la moindre allusion à un désir matrimonial. Je ne crois pas qu'elle voulût clore d'un aussi banal épilogue, l'avenue indéfinie de nos rêves communs. Nous ne pouvons pas ériger cette barrière au milieu de notre vie, partager en deux adverbes, avant, après, la perspective de nos désirs, sphinx étagés vers les horizontales profondeurs du ciel !

« Eh ! je regrette que telle ne soit pas pierre où son pied a buté, car je comprendrais, du moins.

« Enfin, elle n'avait qu'à me répondre. J'ai été, je pense assez précis et s'il fallait des actes plutôt que des paroles, ne me suis-je pas livré à des actes ?

« Tentative assez malheureuse !...

« Ah ! je suis las, aussi las qu'elle est lasse ! »

« Si tu ne veux pas boire la rosée que j'offre à tes lèvres dans le creux de ma main, quelque bête passera plus hardie ou plus sage qui se rafraîchira le cœur à ce breuvage d'amour.

« Viens pendant qu'il est matin et pendant que l'animalité dort dans les bois !

« Viens vagabonder dans les herbes mouillées : je secouerai sur tes cheveux blonds des pluies de perles et des neigées de diamants !

« Viens et tu exulteras de joie, viens, la traîne de ta robe fera, parmi les mousses, un sillage de lumière et le soleil naissant baisera, dans sa candeur, le sourire de tes lèvres pourpres !

« Viens, tu seras comme une reine au front blanc surgie d'entre les vertes ramures, et les papillons familiers se poseront sur tes oreilles.

« Tu apprivoiseras la nature et à l'appel de ta bouche, mon âme, farouche comme un faon, bondira vers toi. »

Les analyses et les dithyrambes formulaient le même esclavage. Il voulait rendre cette femme heureuse, voir ses yeux révulsés et ses lèvres, par l'oppression du spasme, entr'ouvertes. L'évocation, soudain s'accomplit, non pas, il est vrai, sous la forme visuelle directe, mais dans un lointain de songe vaporeux et voluptueux. Agenouillé près d'elle, après les suprêmes évolutions de l'étreinte, il la contemplait.

« Vraiment ma vie s'est transférée en cette femme

comme sous une puissance d'aimant, et vraiment le centre de mes forces est en ce cœur !

« Les fils de mes jours, ce sont les cils blonds de ces yeux bleus et l'ombre blonde de ces cheveux, c'est le halo des lunes claires dont la réfulgence illumine mes nuits. »

Il en aurait dit bien plus long, car sa verbalité s'était déchaînée, mais la vision s'évanouit.

« Présage : Ah ! jolie bête ! ah ! jolie bête ! »
Puis il songea encore.

« Tout ceci a été mal conduit. J'aurais dû, ainsi que me le suggérait Calixte, destiner cette femme au rôle pur d'une Béatrice exemptée de l'œuvre charnelle, — mais elle n'aurait pas compris, étant femme : Béatrice, qui s'est prêtée à ce jeu sublime, était une créature de rêve, aux ordres du poète et le symbole même de sa pensée. Celle-ci devait tomber dans mes bras, ou bien d'autres bras l'auraient recueillie.

— « Reste sur ton piédestal. C'est à genoux que je veux t'adorer, les mains tendues vers toi, éternellement.

— « Non, je m'ennuie, là-haut. Adorateur, adore de plus près, adore avec des baisers.

« Eh bien ! nous aurons, du moins, quelques moments d'agréable intimité et puisqu'il faut de l'objet du culte faire l'objet du plaisir, que le sacrilège soit complet et les voluptés décisives.

« Ah ! je m'en donnerai sur ton corps des illusions. Excellente et noble substance, tu seras pétrie selon les plus transcendantes fantaisies ! »

XXXV. — L'ADORANT

V. — LA VISITATION

> « Vous qui parlez d'un ton si doux
> En m'annonçant de bonnes choses,
> Ma Dame, qui donc êtes-vous ? »
>
> Verlaine, *Sagesse*.

— « Oui, Guido bien-aimé, c'est la Reine des anges, l'archangélique Vierge, l'Étoile du matin, la Tour davidique, la Maison dorée, je suis...

— « Oh! non, tu es la Novella, ne m'intimide pas, j'ai précisément besoin de toute ma présence d'esprit.

— « Enfin, ce que tu voudras, mais je t'aime. Ferme les yeux, je suis l'inviolée et je me sens rougir. Que vas-tu penser de moi? Hélas! il est bien vrai qu'on ne m'a jamais implorée en vain. Je ne puis résister aux invocations de l'amour, et quand on m'appelle avec foi, j'ouvre la porte du ciel, et un ange m'enlève sur ses ailes.

— « Madone adorée, murmura Guido en baisant les pieds purs comme de la rosée, je suis indigne de tes grâces et vois, mes baisers sont pleins de larmes. Vierge de tout amour, mon amour n'était qu'une goutte d'eau, et tu l'as recueillie dans le lys sacré né de ton cœur, sois bénie pour cette complaisance. »

La Novella se baissa vers le prisonnier et de ses lèvres lui toucha le front.

Elle ôta sa couronne d'étoiles : les étoiles s'envolèrent vers le plafond et en firent un firmament.

La boucle de sa ceinture se suspendit en l'air comme un soleil et l'agrafe de son manteau devint pareille à la lune des blanches nuits.

Elle eut un grand soupir, et de ses lèvres naquit un nuage qui voila d'un charme indécis l'éclat rayonnant des astres, puis elle dit :

— « Tu as douté, Guido, regarde et meurs d'amour ! »

Alors elle s'épanouit en une Rose mystique d'où s'exhalait un adorable parfum.

Et le cœur de Guido était rempli de suavité.

Puis elle devint un pur Miroir où flamboyait un glaive.

Et le cœur de Guido était rempli de justice.

Puis elle devint un Trône tout en cèdre où se lisaient gravées des sentences.

Et le cœur de Guido était rempli de sagesse.

Puis un Vase apparut qui fut de bronze, puis d'argent, puis d'or ; il en sortit des fumées d'encens, de cinname et de myrrhe.

Et le cœur de Guido était rempli d'adorations.

Puis surgirent une Tour d'ivoire et d'autres visions, enfin une resplendissante Porte que Guido reconnut pour être la porte du ciel, et il commença de se demander si cette aventure n'allait pas finir aussi spécieusement que sa rencontre avec l'avona.

Néanmoins son cœur était rempli de joie.

. . . .

— « Non, non, non. J'appartiens aux anges. Meurs, sois un ange, dépouille cette chair qui me souillerait, revêts la céleste incorporescence et nous verrons. Guido, voyons, souvenez-vous que je suis l'inviolée. Je le répète, j'appartiens aux anges... Tu l'as bien vu ! »

Et sur cette suprême ironie, la Vierge Très Prudente s'en alla, comme elle était venue, par le trou de la serrure.

Une odeur d'aromates emplissait la cellule. Guido huma avec délices ces vestiges virginaux, puis, il se dit :

« C'est juste, il faut mourir. D'ailleurs, je lui dois une visite. »

XXXVI. — COLERE

> « Lui ne vous connaît plus. Vous, l'Ombre déjà vue
> Vous qu'il avait couchée en son ciel toute nue,
> Quand il était un Dieu... »
>
> Tristan Corbière, *Les Amours jaunes.*

C'était la bonne qui demandait des nouvelles. Elle ne savait rien, ne comprenait pas. Madame était rentrée, certainement, mais le lit n'avait pas été défait, seulement foulé, comme si elle s'était reposée toute vêtue. L'armoire au linge était restée ouverte et la table de toilette dans un désordre inhabituel, car Madame ne manquait jamais de ranger soigneusement toutes ses petites affaires.

— « Je me dirais, continuait-elle : Madame est partie en voyage, comme ça, au pied levé, mais je n'ai pas retrouvé la robe de bal. On ne va pas loin en robe de bal ! Enfin, quand je suis decendue à sept heures, les choses étaient telles que je vous les dis et depuis j'attends, mais bien inquiète, je vous assure. Alors, Monsieur ne sait rien ?

— « Rien, répondit Entragues. Elle a dû rentrer vers quatre heures et demie, au plus tard cinq heures. Mais voyons, si elle était partie en voyage, il manquerait au moins une robe de ville, un chapeau, divers objets indispensables, et surtout un sac de voyage, une valise.

— « Les sacs, les valises, les malles sont en haut dans un cabinet noir, près de ma chambre ; il faut passer par chez moi pour y entrer. Quant aux robes et au reste, l'armoire est fermée à clef et je ne sais pas où sont les clefs, mais Madame les porte toujours sur elle. »

Entragues reprit :

— « Elle est rentrée, vous en êtes sûre ? »

— « Elle est rentrée. Hier, après le départ de Madame, j'ai mis tout en ordre, j'ai même retapé le lit où elle s'était jetée un instant après dîner. C'est l'usage de Madame quand elle va au bal. Et ce matin le lit était foulé, foulé. Madame n'est pourtant pas lourde, et à l'ordinaire, quand elle se lève, c'est à peine si on voit la place de son corps.

— « Eh bien, fit Entragues, en donnant à la bonne son adresse et quelque rémunération, si vous apprenez quelque chose, venez me le dire. Je suis aussi inquiet que vous, Azélia. Venez de toute façon, demain matin, j'aurai peut-être des nouvelles. »

Il sortit. Dans la rue, son calme se troubla.

« Je suis joué, criait-il, indignement joué ! »

Il ouvrit si violemment son parapluie que la soie craqua de partout ; alors il le brisa sur le rebord du trottoir, le jeta dans le ruisseau, et sous l'épaisse et glaciale brume, gagna l'extrémité du boulevard Saint-Germain, près du quai Saint-Bernard.

Là, dans un impasse, entre des baraquements, s'érigeait une petite maison meublée, peuplée d'étudiants russes et dénommée Hôtel de Moscou.

— « M. Moscowitch.

— « M. Moscowitch est parti ce matin pour Nice. Monsieur veut-il son adresse ? Grand Hôtel des Deux-Mondes.

— « Merci.

« L'hôtel est bon, bien situé. J'y ai vécu une agréable semaine, l'autre hiver. Si j'avais pu prévoir votre décision, madame, je vous aurais recommandé la chambre que j'occupais, la vue y était délicieuse par les fenêtres ensoleillées. Hé ! il y a juste un an à pareille date. Ah ! me voilà tranquille ! »

Il remonta jusqu'au boulevard Saint-Michel, lentement sous l'impitoyable pluie qui, maintenant, tombait en fines et pénétrantes aiguilles.

« Imprudent, ce Russe, d'avoir donné son adresse d'avance ! Car enfin, je pourrais aller troubler d'un duel facile à rendre inévitable, la paix première de cette lune de miel improvisée. Ainsi, à minuit, elle me donne rendez-vous pour le lendemain soir chez elle et à cinq heures du matin elle s'abandonne à Moscowitch sur son lit en toilette de bal (le lit foulé, foulé, c'est assez clair), et à sept heures et quelque chose, les deux amants prennent le rapide pour Nice. Ou bien c'était concerté, et elle m'a leurré bien vilainement ; ou bien, comme je pense, il s'agit d'un impromptu et c'est faire bon marché d'une pudeur d'âme que l'on invoquait pour me repousser. Il est évident que Moscowitch l'attendait à la porte de l'hôtel Aubry, dans une voiture et qu'elle s'est laissée enlever. Ah ! c'est un adroit coquin. J'ai bonne envie d'avoir quelques détails. Si vraiment il avait suivi mes ironiques conseils ; si le plan que je lui dressai fut bon, je serais... je serais vraiment au-dessous du plus naïf collégien. Hé ! il me reste une satisfaction de dilettante : je n'ai pas gagné la bataille moi-même, mais pareil au chef d'état-major général, j'ai ordonné la marche de la victoire. Oui, en somme, je serais l'organisateur de ma propre défaite... Voyons il s'agit de produire un raisonnement strict et de ne pas se perdre dans les méandres de l'analyse. Une preuve ? Il n'y en a pas, ou pas encore. Je dois, jusqu'au bout, respecter la dignité de mon sentiment. Coïncidences, vraisemblances, mais enfin, elle me donnera bien une explication. Alors, je jugerai. Quels reproches ? Elle a suivi son plaisir. »

Il entra dans un café où de chauds alcools le réconfortèrent. A ce moment il s'aperçut qu'il était transpercé de froid et qu'un frisson agitait ses mains. Ce n'était pas de froid seulement qu'il tremblait, mais son orgueil n'en voulait pas convenir et fièrement se drapait dans le manteau de l'ironie. Il n'admettait même pas que son cœur pût saigner sous une réelle blessure ; les douleurs où il daignait étancher sa soif originelle de souffrances étaient divines, spontanées, et non l'œuvre d'une main humaine. L'art de se mettre lui-même en croix, de se stigmatiser, comme un visionnaire, de mener en d'effroyables tortures, vers une agonie lente, son cœur labouré de morsures, l'art du bourreau de soi-même, il le possédait à un haut degré. Il avait volontairement sué des sueurs d'angoisse, mais que d'un mignon coup de gantelet une femme vint lui enfoncer dans le crâne la couronne d'épine, non, non, non ! — « Car enfin, pour souffrir, il faut y mettre de la bonne volonté, il faut être complice, et c'est une grâce que n'obtiendra jamais de moi aucune créature. »

Tout bonnement, il songeait :

« Du moins cela fut bref et en trois mois, on en vit le commencement, le milieu et la fin. Il y a en cette trilogie de zodiaques des jours à revivre. Ainsi, cette première rencontre que, traîtresse, elle me rappelait elle-même, hier soir. Des sensations résiduelles vibrent encore dans mes nerfs et voilà que j'entends « le vent passer, remuant les feuilles sèches ». Puissent-t-elles sonner aussi en tes oreilles, Sixtine, et le bruit de leur poursuite, assombrir, comme des claquements de crotales, le « paysage choisi » où s'émeut ton âme captive ! Tu demandais à être volé, trésor : eh ! bien, te voilà prisonnier de la chair, adore ta prison, tes chaînes et ton geôlier.

« Ce voyage me fut l'occasion d'un retour sur ma jeunesse : ces revies sont des anthologies, mais s'il fallait relire le livre entier, lettre à lettre ! Oh ! non, oh ! non. Et pas plus que le marchand d'almanachs de Léopardi, je ne donnerais mon consentement : « Oh ! non ! monsieur, mais une autre, une toute neuve ! » Ah ! cœurs oxydés qui aspirez après la virginité d'une nouvelle frappe, vous y tomberez, au creuset ! Ah ! nous jouirons de la dévorante liquéfaction, patience : et nos molécules rentreront dans la matrice et d'autres monnaies de la divinité continueront, par l'espace, notre circulation brisée, — d'autres monnaies éternellement les mêmes !

« Misères de la logique : ces trois mois de ma vie

sont dominés par une absurdité qui en détermina l'ordonnance, un jeu lunaire dans une vieille glace usée !

« Sixtine, vous seriez bien aimable de me dire cette légende, maintenant que vous n'avez plus à réserver le charme des mystères, celle-ci et l'autre, vous savez bien celle du poison ! — Ah ! dire que je ne les saurai jamais, — non plus que la couleur de vos yeux quand ils se rouvrent à la lumière matinale !

« Quand je rentrai chez moi, « dans ma chambre « agrandie », c'était fini, vous me possédiez. Mais sachez que cela ne fut pas sans luttes intérieures et que bien des connaissances, déjà anciennes, se partageaient un cœur large et profond. Ainsi tenez, vers ces époques, Mme du Boys n'était pas sans attraits pour moi, en sa naïveté si ingénuement perverse, — et si vous n'étiez pas venue, j'aurais peut-être fait avec elle un second petit voyage en Suisse. Ah ! mais vous l'avez singée ! Sixtine, votre dignité a consenti à un subreptice envolement ? Envoyez-moi par la poste un bouquet de violettes !... Moi, je vous aurais appris le jeu des transcendantes plaisanteries, et cela vous eût fait du bien. Vous êtes trop sérieuse, vous accomplissez vraiment trop ! Vous prenez l'accident pour la destinée ; ce n'est qu'un fragment. Secouez donc la poussière d'éternité que l'illusion a semée sur vos ailes ! Avez-vous seulement pris un billet aller et retour ? C'est économique et cela donne de la valeur au paysage, car, sans cette précaution, on ne penserait jamais à le regarder : « — Nous avons bien le temps ! »

« Si nous étions partis ensemble, d'abord nous ne serions pas partis du tout, car à quoi bon se mouvoir, puisqu'on demeure, en tout lieu, identique à soi-même ; — ensuite, comme je sais à quoi m'en tenir sur les validités charnelles, je vous aurais ménagé d'irritantes surprises; ensuite...—eh bien, mais n'est-ce pas mon droit de croire que moi seul je pouvais jouer le rôle ?

« Avant d'avoir trouvé, en vos gestes, le tacite consentement de votre bon vouloir, — consentement bien momentané, à ce qu'il paraît, — mon amour déjà se parallélisait, incarné dans Guido della Preda. Son sort, à cette heure, m'inquiète sérieusement pour ses jours. Sixtine, vous avez un assassinat sur la conscience (cela fera deux), car si je n'en meurs pas, c'est que la mort de Guido m'aura sauvé la vie... Oui, il faut qu'il meure à ma place...

« Je vous ai revue. La soirée se para d'une minute charmante, diamant unique dont le resplendissement n'a pas quitté ma nuit. Ce fut quand... non ceci est dur. Ah ! dans l'éclosion de cette pierrerie, il y avait tout un orient de fantasmagories psychiques. C'était plein de douceurs et de tiédeurs et de langueurs. De telles minutes n'ont pas de lendemain ; aussi vaut-il mieux ne jamais les avoir vécues. On court après leurs sœurs qui se promènent sur le cadran et cela peut mener loin, jusqu'au fond des enfers où de mornes suppliciés gémissent le *nessum maggior dolore*.

« En d'ultérieures causeries, vous m'apparûtes telle qu'une amazone fière, intelligente et sensuelle.

La sensualité est le ferment de la nature féminine : sans ce don décisif, il peut y avoir des anges, il n'y a pas de femmes. Mais il est bien vrai que je n'ai pas su en éveiller la puissance et mon magnétisme s'est heurté à de soudaines neutralités. Vous n'êtes pas une femme de bonne volonté : votre fierté même vous induit à d'inopportunes résistances dont la force seule aurait pu avoir raison. C'est là qu'on est dupe de son intelligence ! Il faut avoir celle de la rejeter, à de certaines heures, comme un manteau ou comme la chemise de la Romaine. Car, ce ne fut pas la pudeur qui n'affère qu'à l'extrême jeunesse ou à l'ignorance première : non, ce fut bien l'intelligence. Vous avez voulu comprendre et sentir en même temps, et pour cela, vous vous êtes appliquée à garder votre présence d'esprit. Voyez comme cela se rencontra : je fis, de mon côté, avec moins de peine peut-être, le même effort. Nous savions très bien tous les deux ce que nous voulions et nos volontés, faute d'un peu de salutaire inconscience, s'annihilèrent dans leur immobile virtualité.

« Rien de plus. Voilà de suffisantes illuminations. »

(Ce fut une infraction à ses habitudes, — mais un besoin de personnelle sécurité lui imposait de jeter par la fenêtre une moitié de lui-même, pour sauver l'intégrité du reste : en quatre heures de nuit, il atteignit le point final de ce qu'il appelait maintenant « une folle anecdote ».)

XXXVII. — L'ADORANT

VI. — MEMORARE

> « Memorare, pia Virgo, non esse auditum a sæculo quemquam ad tua currentem præsidia, tua implorantem auxilia, tua petentem suffragia, a te esse derelictum. »
>
> Saint Bernard.

— « Seigneur, seigneur, chut! écoutez! fit Veltro pendant la montée de l'escalier de la Tour. N'allez pas me vendre surtout! Je crois bien qu'on intercède pour vous, car l'affaire était vilaine, si je m'y connais. Demain, seigneur, demain, entendez-vous, l'ordre viendra de vous ouvrir les portes, je le sais, mais chut!

— « Comment? interrogea Guido tout tremblant, demain je serai libre?

— « Oui, seigneur, mais en voilà assez sur ce sujet. Seulement, je crois que votre seigneurerie doit un présent à notre sainte madone. Elle a récompensé votre dévotion, elle a intercédé; c'est elle, je suis sûr que c'est elle...

— « Merci, Veltro, tu es un brave homme. Les premiers ducats qui me seront restitués seront pour la Novella, les seconds pour toi. »

Il se hâtait vers l'accoutumée vision, mais ses jambes ployaient, ses mains glissaient sur la corde d'appui, son cœur battait comme l'éternelle horloge, il lui fallut l'effort d'une suprême volonté pour vaincre l'éblouissement, gravir les dernières marches, aller tomber à genoux près de la balustrade.

Là, plein d'angoisses, étourdi par le soudain roulis qui secouait la Tour, comme un navire au milieu de l'orage, il se sentit défaillir, puis ses yeux se troublèrent, il pleura.

Indifférente comme une madone, la Novella le regardait pleurer.

Alors, sans autre transition, il sentit en son âme la colère des amants congédiés.

— « Que t'ai-je fait ? Trouves-tu que je ne t'ai pas aimée d'un amour assez insatiable ? Voyons, tu sais bien que je t'appartiens : souviens-toi du pacte ! Veux-tu que je t'appelle parjure ? Es-tu femme, tout de même ! Femme, mais madone, et je n'ai pas d'injures assez métaphysiques pour t'atteindre. Cependant, n'abuse pas de ta virginité, tu te ferais dire des choses désagréables. Tiens, nous allons transiger : prends-moi comme orphelin. Après nous verrons. »

Indifférente comme une madone, la Novella le regardait toujours.

« Ah ! songea Guido, elle est inflexible. Son cœur est un décret éternel. Je raille celle qui était avant le Temps, quelle stupidité ! et je m'abîme en des sarcasmes blasphématoires que son fils me comptera un jour. La passion m'égare, mais la passion avant tout.

— « Novella ! madone adorée, écoute-moi. D'autres

fois, tu fus plus clémente. Je t'en prie, parle-moi, fais-moi un sourire. Non? Rien? Ah! que je suis abandonné! Songe que je n'ai que toi. La ville blanche éparse à tes pieds divins, la mer bleue, ta sœur immortellement mourante, le firmament moins pur que ton âme inviolée, les roses qui sont le parfum de ta pensée très chaste, tout ce qui est charmant dans la nature, je l'aime comme une émanation de toi, comme un perpétuel mois de Marie Ah! je te réciterai le rosaire de mes douleurs, et je me crucifierai à la fin pour te plaire! Tu devrais au moins me savoir gré de ma réserve : quand tu es venue me voir, n'ai-je pas été convenable? Pourtant, tu m'aimais ce jour-là, et si j'avais bien insisté, ô Vierge permanente?...

« Que tu es belle! Ah! beauté thaumaturge, beauté tabernaculaire! Ah! ce n'est pas en vain que l'Infini a résidé dans ton sein : ton sourire en est imprégné à jamais. Mais tu ne veux plus sourire...

« Par pitié! sois réconfortante, puisque c'est écrit dans tes antiennes. Vas-tu, maintenant, encourager le scepticisme? Si tu es vraiment la consolatrice des affligés, prouve-le, car je suis plein d'affliction. Oui, je sens que c'est un raisonnement misérable : tu fais ce que tu veux et ta grâce auxiliatrice n'est dévolue qu'aux bonnes volontés. Je raisonne trop. Ce n'est pas ainsi que l'on touche le cœur d'une femme, ô femme entre toutes les femmes, n'est-ce pas?

« Avant de mourir, je voudrais, néanmoins, te rappeler encore ceci : « Souviens-toi qu'on ne t'a jamais implorée inutilement ! » Si tu n'as pas de condescendance pour mon amour, aies-en pour ma folie. Ne t'aperçois-tu pas que je divagues, et à quel point. Que veux-tu, c'est comme ça quand on aime !

« Ainsi, nous allons nous quitter...

« Ah ! pourpres virginaux ! sidérales aurores ! Ah ! matinées précoces et tardives tendresses ! Illusoire univers, va-t'en, Satan honteux qui gêne mes caresses ! Elle a souri ! Encore, encore ! Elle m'ouvre ses bras ! Ah ! Dieu ! est-ce possible ? Oui, je savais bien. Ah ! théurgie des mots, rien n'est fermé aux incantations verbales. A quoi tient le bonheur ?

« Elle m'ouvre les bras, elle m'aime. Me voilà, me voilà. Comme je vais t'adorer, comme je vais te réciter de belles litanies et toutes les oraisons essentielles ! Me voilà, me voilà. Rien ne me séparait de toi que ta volonté, et ta volonté m'accepte, enfin lavé des souillures humaines par le baptême du sang. Joie plus indéfinissable que l'immaculée conception, la Vierge des vierges ouvre au pécheur les portes d'ivoire de l'amour pur... »

Songeant de telles choses, Guido enjamba la balustrade, précipité vers la madone qui, souriante et les bras inclinés, attendait. — *Ave, Rosa speciosa !*

XXXVIII. — ORGUEIL

> « ... Voire mesme que si un de nos confraires se monstroit attaché à quelque chose, qu'il en soit aussitost privé... »
>
> *Règle de S. Benoist*, ch. xxxviii

Quand Azélia, le lendemain matin, se présenta la face bouleversée, presque pleurante, car « elle était sûre maintenant qu'on avait assassiné Madame; jamais Madame ne s'était absentée ainsi sans la prévenir, » Entragues put la rassurer :

— « Madame est à Nice, au Grand Hôtel des Deux-Mondes. Elle y est arrivée hier dans la soirée, elle se porte fort bien et trouve que la mer est bleue; — si bleue! Et les palmiers et les fleurs! Tout est parfumé. Elle n'avait pas senti encore combien la vie est douce, — pas encore!

— « Monsieur a donc reçu une dépêche. Ah! tant mieux. Mais partir ainsi sans me prévenir! Si Madame écrit, je le ferai savoir à monsieur, car madame aime beaucoup monsieur.

— « Oui, nous sommes, comme on dit, une paire d'amis. »

Un jour passa, puis un autre et Hubert réellement s'ennuyait. C'était la sensation du vide si conformément ressentie par toutes les créatures sensibles en occurrences telles.

La lumière s'était retirée de lui: il se mouvait dans les déserts de l'étendue noire.

Nulle distraction n'est alors possible puisque le seul être d'où peut venir le plaisir s'est retiré du champ visuel, puisque l'âme génératrice de toute joie s'est enfuie, puisque les rayonnements ont péri, puisque règne la nuit de l'absence.

Il aurait vécu près d'elle, à la distance de quelques rues, sans un très grand besoin de fréquentation. La possibilité d'une rencontre, la certitude d'un accueil suffisaient à la vitalité de ses désirs. Ici s'érige la tyrannie de l'Esprit de contradiction et son immuable dédain de l'heure présente. A ce propos les moralistes ont toujours querellé l'homme : Tu ne sais pas jouir de la fugitive minute. Non, mais comment faire, car pour jouir de la fugitive minute il faudrait qu'elle suspendît sa fuite, il faudrait qu'elle existât. Or, c'est une notion vulgaire que le passé seul ou l'avenir ont une apparence d'objectivité : le moment ne se réalise jamais.

Hubert n'avait pas la liberté même d'aussi élémentaires déductions. Il souffrait comme un exilé, souffrance pure et à idée fixe. La jalousie n'en troublait aucunement les ondulations : c'était l'unique sensasation de l'objet perdu. Sa joie tombée à la mer gisait sous les vagues mouvantes ; à chaque flot le diamant s'enlizait dans les sables plus profondément et la tempête n'était pas à prévoir qui le ferait surgir à la surface, le roulerait vers la grève parmi les éternels galets.

Ah! la solitaire maison de rêve sur les dunes, elle lui était échue vraiment à l'improviste et trop tôt. Il n'avait pas eu le temps de faire ses paquets, d'emporter la moindre illusion, plus dépouillé de confortable spirituel, que de luxe un ermite de la Thébaïde.

Un tel état d'âme ordonnait cette réaction : Je me suis trompé peut-être sur la valeur de ces coïncidences. Allons il ne faut pas désespérer.

Quelques heures il se complut en cet avilissement, flairant sa lâcheté et s'y roulant comme dans une boue tiède. Tout de même, ce furent des instants de répit et le soir, il alla tranquillement vers la demeure de l'absente, d'un pas normal, mais fiévreux comme un homme attendu.

Azélia ouvrait la porte avant qu'il n'eût sonné.

— « Monsieur ! ah ! justement tenez ! »

Et elle tira de son corsage, une lettre.

— « Madame m'a écrit et voilà pour vous. »

L'enveloppe blanche aux obliques vergeures ne portait aucune écriture.

« Tiens, de la prudence ! »

Au froissis des doigts, il sentit la cassante pelure d'oignon d'un très subtil papier anglais.

« Elle m'en écrit un volume, ah ! Prolixité ! Un mot ne suffisait-il pas ? — Adieu ! »

En recevant cet arrêt de mort, Hubert se montra très calme et même son indifférence, parfaitement jouée, encore que pour lui seul, scandalisa la bonne Azélia.

Elle croyait à ses baisers, qu'il allait ainsi que dans les romances et les chromos, qui sont des romances peintes, presser l'objet sur son cœur, éjaculer quelques tendresses.

Il mit sans rien qu'un « merci » la lettre dans sa poche, et poussant une porte, entra dans le petit salon où dans les coins, comme d'ironiques dryades jouaient peut-être encore, sans souci de la prochaine agonie, ses mourantes illusions.

« *Moriuntur ridendo!* »

Et il eut vraiment un léger rire aphone :

« C'est les ruines de Carthage. Elles sont bien conservées et pourtant depuis combien de siècles les avons-nous laissées, déjà à l'etat de ruines ? Huit ou dix jours, huit ou dix siècles. Des générations en moi se sont succédées ; la même essence d'humanité règne, l'homme est un autre homme. Ah! que tout cela est loin !

« Ces objets me furent familiers, jadis : j'en reconnais l'usage. J'étais leur maître un peu. Ils ont échappé à mes mains. Eh bien j'abandonne le reste. Que tout soit transitoire. Comme ça sent la mort ! C'est mon cœur qui se décompose...

« La lettre à quoi bon même la lire. Elle me raille ou elle me plaint et je n'ai jamais toléré l'un ou l'autre. »

Il l'emporta par les rues.

« Je me croyais, songeait-il, plus solide et plus logique. Aurais-je à ce point renié ma vieille philosophie? C'est bien la peine de railler le monde extérieur pour tomber dans le premier piège tendu par l'innocente Maïa, ainsi que s'exprime le théosophe. Y aurait-il donc une invicible nature humaine plus stable, en sa versatilité, que les architectures de la pensée ? Invincible, non puisque d'altiers méprisants l'ont domptée C'est que je manque de méthode. Des entraînements spirituels me sont nécessaires. Il faudrait, d'abord, élémentaire précaution, poser à la porte des sens d'attentives sentinelles prêtes à croiser les armes contre toute sensation suspecte, à n'en admettre aucune que dénudée de son manteau de mensonge...

« Ah ! je n'ai aucune lucidité et je m'ennuie. Nul remède, la crise nerveuse accomplira son cycle. Si j'allais à Nice les transpercer de mes ironies, cela serait assez distrayant, mais après ? Puis, la vulgarité de cette conduite serait répugnante et bonne à peine pour un quatrième acte : ensuite, la boîte de pistolets, le dénouement que la mort sauve à peine d'un ridicule aussi bourgeois que théâtral...

« Lire cette lettre ? Je suis sûr qu'elle est pleine de choses qui ne m'intéressent plus... »

Il s'arrêta, frappa le sol d'un violent coup de talon :

« Honte ! Assez. Non, il n'y aura pour moi ni Circés, ni Dalilas. Ma tête dépasse d'une hauteur de tête les astuces et les luxures. Ceux qui tombent aux rets des faiseuses de pourceaux, ceux qui se font prendre aux pièges des élégantes châtreuses, — ceux-là remplissent leur destinée. La mienne est différente. Je ne serai lâche ni devant la douleur, ni devant le plaisir, ni devant l'ennui. Tu ne me feras pas souffrir au delà de ma volonté et ni toi, ni la pareille de toi ne me tentera à d'autres désobéissances. Quand bien même je serais dupe de mon orgueil, j'aime cela mieux encore que d'être dupe de ma sensivité, et je dédaignerai jusqu'au souvenir de l'inconsciente tueuse qui aurait pu m'écraser. »

Il entra dans un café et poussant à l'extrême sa bravade brutale écrivit, afin de se railler jusqu'au sang, d'étranges vers et faux exprès, que des lectures égyptiennes lui avaient suggérés.

HIÉROGLYPHES

O pourpiers de mon frère, pourpiers d'or, fleurs d'Anhour
Mon corps en joie frisonne quand tu m'as fait l'amour,
Puis je m'endors paisible au pied des tournesols.
Je veux resplendir telle que les flèches de Hor :
Viens, le kupi embaume les secrets de mon corps,
Le hesteb teint mes ongles, mes yeux ont le kohol.
O maître de mon cœur, qu'elle est belle, mon heure !
C'est de l'éternité quand ton baiser m'effleure,
Mon cœur, mon cœur s'élève, ah ! si haut qu'il s'envole.

Armoises de mon frère, ô floraisons sanglantes,
Viens, je suis l'Amm où croît toute plante odorante,
La vue de ton amour me rend trois fois plus belle.
Je suis le champ royal où ta faveur moissonne,
Viens vers les acacias, vers les palmiers d'Ammonn :
Je veux t'aimer à l'ombre bleue de leurs flabelles.
Je veux encore t'aimer sous les yeux roux de Phrâ
Et boire les délices du vin pur de ta voix,
Car ta voix rafraîchit et grise comme Elel.

O marjolaines de mon frère, ô marjolaines,
Quand ta main comme un oiseau sacré se promène
En mon jardin paré de lys et de sesnis,

Quand tu manges le miel doré de mes mamelles
Quand ta bouche bourdonne ainsi qu'un vol d'abeilles
Et se pose et se tait sur mon ventre fleuri,
Ah ! je meurs, je m'en vais, je m'effuse en tes bras
Comme une source vive pleine de nymphéas,
Armoises, marjolaines, pourpiers, fleurs de ma vie !

Ensuite, Hubert rentra chez lui, vérifia quelques terminologies, se coucha.

Très accalmi, à la lueur d'une petite lampe, il lut la lettre de Sixtine.

XXXIX. — LA CLEF DU COFFRET

> « Figurez-vous que cette clef!..
> Nous poserons d'abord le coffret
> fermé entre nous deux, puis nous
> l'ouvrirons, puis nous verrons...
> Je voudrais qu'il ne contienne
> rien... rien du tout... »
>
> GŒTHE, *Wilhem Meister*,
> t. II, liv. III, ch. II.

« *Nice, Vendredi.*

« Adieu.

« Cela vous fera un roman sans conclusion, à la moderne, — car vous l'écrirez, n'est-ce pas? Sinon, à quoi bon? Et ainsi l'ombre fugitive s'arrêtera un instant et les passances vaines se réaliseront — oh! bien relativement — au souffle créateur de l'Art.

« Sans conclusion, — à moins que la Logique ne vous impose des devoirs supérieurs.

« Sans conclusion, — mais je n'ai pas la cruauté, vous sachant dénué d'imagination, de vous laisser la torture de courir en vain après la solution des deux ou trois inquiétudes que firent surgir en votre esprit mes paroles inconsidérées. Je tiens donc à vous expliquer les quelques mystères — psychologiques et autres — qui pourraient troubler la sérénité de vos matins.

« D'abord, comment je suis partie ? Ah ! ne me le demandez pas, je ne le sais plus, — mais c'est irrévocable.

« Que voulez-vous ? Il m'a prise. Il fallait me prendre. Vous l'ai-je assez dit qu'il fallait me prendre et capter par de la force et de la ruse le vol de ma volonté ? Il y a de si belles stratégies qu'on se rend, non à bout de résistances, mais parce que le coup est si bien joué que cela fait plaisir. Ah ! vous croyez les femmes insensibles à l'Art ? Enfin, cela est clair : il m'a prise.

« Nous valsions. Il m'emportait : Emporte-moi où tu voudras ! — C'est la première condescendance que, mentalement, je lui faisais.

« C'était vers l'heure où la griserie du bal commençait à s'évaporer, à me laisser songer aux joies du sommeil. Il me demanda l'honneur (voyez, rien de prémédité, l'honneur) de me reconduire, juste au moment, où désirant partir, je craignais de partir et après l'éblouissement de me trouver seule dans la nuit. J'acceptai et l'envoyai s'assurer d'une voiture et m'y attendre. Mais il se trouva que je m'amusais encore ; il dut se passer des heures. Enfin, je m'enfuis comme Cendrillon.

« Je lui avais dit d'attendre, il attendait.

« Tout cela, je le crains, n'explique rien, mais la suite est bien plus inexplicable encore. Enfin, je ne veux que me justifier de tout complot et vous convaincre de ma parfaite innocence. Ce fut lui, ce pouvait être vous, — et je croyais que cela serait vous.

« Voyons, est-ce ma faute ? La fleur appartient à qui la cueille.

« Je puis bien vous l'avouer, à cette heure. Obscurément, je vous aimai. Ah ! ça en dit long ! Mais vous n'avez projeté aucune lumière sur ce confus crépuscule. Oui, des tentatives, des essais, des à peu près, des presque, etc., de quoi faire un traité sur l'Indécision analytique, — et puis quoi ? Enfin, vous ne m'avez pas prise, vous !

« Pourquoi je n'y ai pas mis de bonne volonté ? Ah ! ce n'est pas dans nos habitudes de femmes, et, je vous l'ai déjà dit, il me semble, je fus trop punie d'un premier choix pour en faire un second. Maintenant, c'est comme dans les romances : A la grâce de Dieu ! Et pas de responsabilité.

« (J'avoue qu'il s'en est fallu de peu que notre intronisation ne s'accomplît, mais il y a des moments où deviennent féroces les pudeurs les plus raisonneuses. Voyons, vous vous êtes tenu tranquille jusqu'alors, ou presque, arrêté au premier signe, désarmé au premier geste et ce jour, vous insistez ! Ne dites pas que je vous encourageai, car vous n'ignorez pas (vous qui savez si bien les femmes) qu'il ne faut pas se fier à nos encouragements : ce sont des pièges, une manière de répétition, pour se rendre compte, hors du péril, comment cela se passerait un jour qu'on serait désarmée (prenez garde aux avances une autre fois et guettez si au coin des lèvres une raillerie ne s'est pas nichée); ce sont des manœuvres préparatoires, assez amusantes, car même à ce jeu d'enfants, nous sommes sûres de vaincre sans alternatives : si notre partenaire s'enhardit, ô puissance de la parole! un mot le remet à sa place; s'il reste froid, nous avons cette consolation qu'après tout nous n'y perdons rien, puisque la conclusion est impossible.)

« Donc j'épousai, ayant dix-huit ans, celui de mon élection : eh bien! mon grand amour d'avant fut de la haine après. Comment cette métamorphose de mes sentiments? Ce serait intéressant, n'est-ce pas? mais encore aujourd'hui j'en ignore le mécanisme. Je crois que je fus pareille aux enfants qui veulent un jouet, absolument, crient, trépignent, se convulsent en de vraies douleurs, et sitôt qu'ils le tiennent en leurs petites mains, le jugent, le jettent, songeant : ce n'est que ça? Celui que j'avais choisi n'était que ça. Il aimait ma chair et la dévorait en égoïste ; il proférait d'immodestes plaisanteries, avilissait en lupercales des actes au delà desquels je sentais un infini et le possible dévoilement du mystère ineffable. Je me croyais la créatrice même de la Joie et mes gros désirs, mes désirs gros de sanglots avortaient en un travail d'ilote : je compris ma destination.

« (Imaginez qu'un rire le prenait après, un rire nerveux qui durait des minutes, un rire à scandaliser l'Enfer !)

« Oui, je compris ma destination et je la refusai. Je déniai une fois pour toutes le rôle de donneuse de plaisir et d'excitatrice aux effusions soulageantes. Je fermai ma porte, à jamais.

« Eh bien, savez-vous ce qu'il advint? Ce monstre m'aimait et ne pouvait vivre sans se vautrer sur les gazons de mon corps, au soleil de mes yeux. Il me pria, me menaça, se fit esclave et chien : je fus sourde. Nous luttâmes maintes fois, mais j'avais avec la force de mes poignets, qui sont de fer, la force de ma volonté, qui est d'acier, et je le couchais à mes pieds et je le piétinais et je crachais sur son sexe. Cela dura une année, une longue et odieuse année.

« Enfin, à l'anniversaire du premier refus, avec des larmes d'amour dans la voix, mais un certain calme assez noble, il me supplia encore, un revolver tourné vers sa poitrine : « — Non, jamais ! » Il tomba, et je compris que ce n'était pas sa faute.

« Vous trouverez la suite dans vos souvenirs :

« Résolution de ne plus jamais choisir ; résolution, en une seconde et telle occurrence, de me sacrifier, moi, en expiation du premier meurtre. Sur ces deux points, nous avons, je pense, épilogué jadis.

« Voilà tout le poison que je versai, d'une inconsciente main.

« (Ah ! un jour vous m'avez bien refroidie, en hésitant à me garantir mon lendemain. Un oui net et spontané me jetait en vos bras immédiatement.)

« *Samedi.*

« Voici la légende de la chambre au portrait :

« Tout homme qui couche dans cette chambre voit, au cours de la première nuit, la vieille glace verdie lui refléter le portrait de celle qu'il doit aimer. Il n'est mariage, il n'est fiançailles, il n'est liaison, il n'est serments qui tiennent : la magique image s'impose et c'est comme un envoûtement. »

« Pouvais-je vous dire cela, même en riant ?

« Ah ! il n'est pas écrit que la possession sera réciproque.

« J'avoue que votre vision lunaire où je me reconnus, m'impressionna. Je vous crus longtemps destiné à me conquérir. La tradition ancienne et irraisonnable m'obsédait ainsi qu'une prophétie. Si vous l'aviez connue, dites ? en quels rets de mystère vous me captiez ! car les femmes courbent volontiers leurs caprices sous la Fatalité qui les sacre tragédiennes. Songez donc ! Être l'élue des siècles et des obscurs décrets de la Nécessité ! Tomber en des bras inévitables ! Subir une exceptionnelle loi, fabriquée tout exprès ! C'est ça qui vous rehausse l'état de femme et donne de la valeur au sexe.

« Enfin, ô analytique romancier, vous n'avez su jouer de rien !

« Vous l'écrirez, n'est-ce pas votre roman ? Eh bien, je refuse de le lire, parce qu'il sera plein de naïvetés pénibles. Naturellement, vous glorifierez votre intelligence, votre sensibilité et votre connaissance des âmes, et puis de la négation, le détachement...

« Pourquoi m'avez-vous désirée, alors ? Si rien n'existe en dehors de vos imaginations, quel fantôme poursuiviez-vous ? Il faudrait pourtant s'entendre et se renseigner sur la qualité des mensonges que l'on affronte. Quel réveil au harem des ombres, parmi les formes que vous avez assassinées, barbe-bleue de l'idéal ! Les avez-vous comptées ? Je suis la septième, à n'en pas douter, celle qui ouvre l'armoire aux secrets... « Et ils lui passèrent leur épée au travers du corps. » Ainsi la Vie a tué le Rêve. Adieu. »

P.-S. « D'ailleurs, ce n'est pas, sachez-le, n'importe qui. M. Renaudeau va publier son drame — si émouvant, si plein de génie. L'autre soir, chez la comtesse, il me l'affirma. Et cela, malgré vous, bénévole méprisant, malgré vous qui l'aviez déprécié, — sans le connaître ! Enfin, chacun... Enfin, enfin ! »

XL. — LE REPOS FINAL

> « Muchas vezes, Senor mio, considero que si con algo se puede sustentar el vivir sin vos, es en la soledad, porque descansa el alma con su descanso. »
>
> Sainte Thérèse, *Exclamations de l'Ame à son Dieu.*

« Je me trompais, songeait Hubert à son réveil cette lettre est pleine d'intérêt, mais je ne puis comprendre ce besoin de me railler pendant six menues pages. Et puis me répéter à chaque ligne : « Si vous aviez su, si vous aviez pu ! » Est-elle assez montée sur les échasses de son bonheur ! Oui, elle est heureuse parce qu'un mâle s'est rué sur elle et l'a clouée à la croix. Ah ! il faudra se relever, il faudra la porter, il faudra plier sous le faix. Ah ! elle t'écrasera et ton amant montera dessus et trépignera dessus, car ce talion t'est dû.

« Oh ! je n'ai pas soif de vengeance et je ne désire pas me désaltérer au sang qui coulera de tes veines déchirées : je ne veux même plus te voir et je te ferme mon imagination.

« Seulement... Ah ! la malheureuse ! Elle n'a pas

l'air de se douter que je l'aimais! Tout, sous l'abri de métaphysiques passionnelles, se réduisait à une question d'adroite et décisive pénétration. Oui, l'amour, c'est de la menuiserie.

« Et j'entre dans la grande absence, mais sans arrière-pensée. Je n'évoquerai pas les magies simplistes de Claudien Mamert, je les ai perfectionnées, mais ni de celles-là ni des miennes, je n'userai. La grande absence, comme on dit le grand désert, sans eau et sans amour. Marie l'Egyptienne y vécut quarante ans avec quatre petits pains qu'elle avait achetés à Jérusalem et où elle grignotait, quand elle avait trop faim. Moi de même, je rongerai mes souvenirs, mais sans excès et sans m'efforcer à de douloureuses représentations corporelles : je veux méditer en paix. Note bien, Sixtine, mon cher amour, que c'est de la grandeur d'âme, car je pourrais t'emporter sur mes épaules et te coucher sur le lit de ma caverne, où se voient des ossements d'hyènes mortes de faim. Tu vois que ça n'est pas gai. Aussi, je t'épargne cet exil. Pourtant, « tu dois savoir ce que c'est que la vision corporelle et tu te garderais bien lorsque tu penses à ton ami absent, de le croire réellement absent. Tu le penses et corporellement il t'apparaît, puisque c'est à son corps que tu penses (et comment le penser autrement, puisque le corps est le signe de son existence et de son humanité?) Et il s'érige en ta présence, et de même, à travers tous les obstacles, tu vas en sa présence et il te voit. »
Et l'auteur du *De Statu animæ* (il fit aussi le *Pange, lingua* : ce n'était pas un sot), après avoir réfléchi,

ajoute : « La vraie fonction de l'intelligent, c'est la vision »; et « l'image des choses est leur vraie réalité ».

« Non, décidément, je me contenterai de mes petits pains, tu ne subiras pas mes familiarités. Saint Thomas d'Aquin dit, en ses « Monitoires », qu'une trop grande familiarité engendre le mépris, en même temps qu'elle détourne de la contemplation et arrête l'esprit sur les extérieurs phantasmes.

« Il donne l'exemple de saint Dominique qui ayant, à Toulouse, des amis trop tendres, alla demeurer à Carcassonne.

« Eh bien, je ne veux pas te mépriser sous le vain prétexte que tu as fait ton métier de femme, et je veux méditer en paix, car il ne me reste rien de plus à faire. Donc, je te laisse à tes amours et je m'en vais au grand désert. Adieu. »

A feuilleter ses théologiens, Hubert retrouvait déjà un peu de cette paix qu'il convoitait. Tant que Sixtine avait duré, il les avait oubliés pour des lectures plus concordantes à ses inquiétudes et à ses désirs. En remettant en place les deux tomes, il s'attarda devant ce rayon de sa *librairie*, épelant les lettres dédorées, surpris de ne pas toujours deviner juste. Son Origène le tenta : il se promit d'en commencer l'étude longtemps différée. Sous ses doigts, le volume s'ouvrit au « Commentaire sur le cantique des cantiques », ironie des sorts virgiliens : « Sa main gauche soutient ma tête et sa main droite me caresse. » Mais Origène qui fait remarquer que dans le geste de cette main droite il y a tout, « *omnia sunt* », avertit de ne pas s'arrêter à des interprétations sensuelles. « Soit, et aussi bien, je ne suis pas en train. »

Fermant le livre, il revint s'asseoir. Il relut le dernier chapitre de l'*Adorant*, s'applaudit d'avoir résolu selon les nécessaires conséquences le sort suprême de Guido :

« Mon rêve, du moins, sera logique, comme elle le désire. Si la vie m'échappe, la transcendance m'appartient; je l'ai payée assez cher, je l'ai payée du prix de toutes les joies terrestres. Les fruits où je mords sont des bulles sitôt évanouies, mais les bulles qui sortent de mes lèvres s'envolent, planent et demeurent : mes idées, comme des rayons, s'irrisent en les transperçant et l'éternel vent qui arase le monde s'amuse et joue avec elles.

« En te perdant, Sixtine, je me suis retrouvé, — mais, je l'avoue, madame, ce n'est pas une compensation digne d'être notée. Bien que vous me jugiez égoïste et que j'admette ce jugement, je n'ai pour moi nul amour. Un peu de haine plutôt, quand je franchis l'indifférence, car je sens que je ne suis qu'un mauvais instrument aux mains d'un Maître inconnu et transcendant, — celui qui me raille si à propos, quand je mésuse de mon âme... Destiné à quelle besogne ? Ah! il le sait, lui!...

Dis-le-moi, Maître ! Songe à l'invincible dégoût que m'ont suggéré mes frères et mes sœurs ! Songe que j'ai besoin de distractions !... O Seigneur des mornes prés bleus où les Chimères broutent des étoiles, dis-moi mon secret et je serai capable d'un certain dévouement... J'aime déjà beaucoup la grâce de tes

saints, car ils furent seuls, délicieusement seuls :
« ... Souvent ô mon Seigneur, je considère que si quelque chose peut faire suporter la vie où l'on ne vous possède pas, c'est la solitude, parce que l'âme s'y repose en celui qui est son repos... »

Paris, octobre 1888 — juillet 1890.

TABLE DES MATIÈRES

I.	Les feuilles mortes	7
II.	Madame du Boys	18
III.	Notes de voyage : Rai-Aube	22
IV.	Indications	30
V.	Suite des notes de voyage. — La lune pâle et verte.	35
VI.	Figure de rêve	41
	Séquence	47
VII.	Marcelle et Marceline	48
VIII.	Le rideau transparent du temps	53
IX.	La promenade du péché	61
X.	La pate azyme	73
XI.	Poussière de diamant	79
XII.	L'adorant. — I. Couleur du sang	89
XIII.	Christus patiens	97
XIV.	Le faune	109
XV.	L'heure charnelle	120
XVI.	Les idéales abeilles	130
	Moritura	133
XVII.	L'adorant. — II. Plumes de paon	138
XVIII.	Une femme « accomplie »	146
XIX.	Nouvelles indications	158
XX.	Le 28 décembre	168
XXI.	La barque mystique	174
XXII.	Le simoniaque	185
XXIII.	L'adorant. — III. La fumée de l'encens	194
XXIV.	La couleur du mariage	199
XXV.	S'en aller	208

XXVI.	L'ADORANT. — IV. La forêt blonde.	219
XXVII.	L'ÉDUCATION DES FILLES.	222
XXVIII.	LE FRISSON ESTHÉTIQUE	226
XXIX.	PANTOMIME.	234
XXX.	L'HOMME ET LA JOLIE BÊTE.	241
XXXI.	LA HONTE D'ÊTRE HEUREUX.	245
XXXII.	L'IVRESSE.	250
XXXIII.	UNE SOIRÉE DANS DE MONDE	262
XXXIV.	LYRISME	273
	Fortitudo.	274
XXXV.	L'ADORANT. — V. La visitation.	278
XXXVI.	COLÈRE.	281
XXXVII.	L'ADORANT. — VI. *Memorare.*	289
XXXVIII.	ORGUEIL	293
	Hiéroglyphes.	298
XXXIX.	LA CLEF DU COFFRET.	300
XL.	LE REPOS FINAL.	307

ÉVREUX, IMPRIMERIE DE CHARLES HÉRISSEY

A LA MÊME LIBRAIRIE

A. HAMON et G. BACHOT
L'AGONIE D'UNE SOCIÉTÉ
2ᵉ édition. — Un vol. in-18 jésus, br. : 3 fr. 50

Les auteurs visent à démontrer que la société actuelle « composée de classes dirigeantes affamées de lucres, asservies à la haute finance juive » est une société mal organisée, agonisante et qui doit bientôt périr. *(Journal des Débats.)*

Ce n'est pas qu'il n'y ait un fonds de vérité dans beaucoup de pages du livre de MM. Hamon et Bachot.
(Henry MARET. Le *Radical*.)

L'*Agonie d'une Société* est l'exposition de théories violentes que je ne partage pas, mais que j'excuse en raison des coups de trique que les auteurs administrent à la haute banque juive.
(A. DE JASSAUD. L'*Autorité*.)

C'est une œuvre surtout documentaire, c'est un livre parfaitement utile.
(L'*Intransigeant*.)

Dans leur œuvre, MM. Hamon et Bachot ne prouvent pas toujours et ne concluent pas du tout. (La *Réforme* de Bruxelles.)

Malgré ses lacunes et en tenant compte du pessimisme des auteurs, le livre est instructif.
(*Etudes philosophiques et religieuses*.)

Ce tableau est animé, terrible, navrant, et il est bien fait pour vulgariser la conclusion révolutionnaire par laquelle les auteurs n'ont pas hésité à clôturer leur œuvre. (L'*Egalité*.)
Cette œuvre mérite d'être louée.
(F. VON BERVAL-LAMOTHE. *Deutsches Volksblatt* de Vienne.)

Les documents ne manquent pas dans ce réquisitoire développé avec l'accent de la conviction la plus sincère.
(*Samedi-Revue*.)

Dans un style brillant, avec une solide argumentation, les auteurs montrent les maux qui rongent la société moderne.
(*El Liberal* de Madrid.)

Il est certain qu'on dévore ces pages avec un plaisir infini.
(L'*Observateur français*.)

C'est une œuvre délicate que seules des âmes fières pouvaient mener à bonne fin. (L'*Etendard* de Montréal.)

Ce livre est poignant et laconique comme un journal d'interne d'hôpital. Pas de phrases : des faits, des notes. (L'*Initiation*.)

Les auteurs ont mis beaucoup de soin à recueillir les documents et à les grouper. (L'*Univers*. — *Revue littéraire*.)

EN VENTE A LA MÊME LIBRAIRIE

Henri LEVERDIER et NÉVROSINE

VOYAGE AUTOUR DU DEMI-MONDE
EN 40 NUITS
Deuxième édition. 3 fr. 50

Quarante nuits ! diable ! mais à courir ainsi le guilledou, on risque fort de perdre le souffle. Il faut dire que la besogne est rude, et qu'en nos pays de monogames l'entraînement n'est guère complet. Aussi, l'auteur ou les auteurs, ont-ils été chercher pour guide un fils du Pacha envoyé à Paris pour y étudier la civilisation occidentale dont cette ville est le centre. Afin d'éviter à leur héros des courses trop longues, les deux écrivains complices en érotiques forfaits, ont réuni, comme Zola, dans la maison de la rue de Choiseul, une société assez *demi-mondaine* dans un hôtel de la rue Chabanais et, là, *in anima vili*, le fils du Pacha peut faire à tous les étages l'étude demandée sur la *civilisation occidentale*. C'est assez roide comme on doit bien le penser.
(*Revue des Livres nouveaux*, 15 mai 1887.)

Un entrain diabolique dans ce volume qu'il ne faut pas laisser traîner sur les tables ; beaucoup de bonne humeur et d'esprit — seulement, pour goûter le plaisir complet, il faut, paraît-il, être au courant des masques, car on affirme que ce sont là des portraits. Pas flattés, alors !
(*Lettres et Arts*, 1er novembre 1887.)

Ce livre est une fantaisie destiné à désopiler la rate du *Tout-Paris* qui s'amuse. La hardiesse du style et les situations souvent risquées font du *Voyage autour du demi-monde* un livre que la mère ne laissera pas traîner entre les mains de sa fille.
(*Siècle*, 21 octobre 1887.)

Il y a de la vérité, de l'observation et de l'art dans le *Voyage autour du demi-monde en 40 nuits*. Les auteurs ont écrit ce guide pour dégoûter du voyage. S'ils l'eussent écrit plus cynique ils manquaient peut être leur but. (*Rappel*, 17 août 1887.)

Les voyageurs aux régions galantes reconnaîtront-ils sous le pseudonyme de Névrosine l'un de nos artistes les plus minces et les plus en vue qui a bien voulu collaborer très activement à cette œuvre de verve parisienne. Cette exploration audacieuse en pays joyeux ne peut donc manquer d'obtenir un franc succès dans la patrie du bon rire. (*Soir*, 11 mai 1887.)

www.ingramcontent.com/pod-product-compliance
Lightning Source LLC
Chambersburg PA
CBHW071257160426
43196CB00009B/1325